学前教育专业规划教材

# 学前教育史

XUEQIAN JIAOYU SHI

主　编　杨　雄　黄玉娇
副主编　徐春桥　薛庆符
编　委　王丽娟　李永涛　何　浩　邓家英
陈晓蓉　杨小利　刘桂玲

西南师范大学出版社
国家一级出版社　全国百佳图书出版单位

图书在版编目(CIP)数据

学前教育史 / 杨雄, 黄玉娇主编. — 重庆 : 西南师范大学出版社, 2018.6(2019.10重印)
ISBN 978-7-5621-9259-6

Ⅰ. ①学… Ⅱ. ①杨… ②黄… Ⅲ. ①学前教育—教育史—世界 Ⅳ. ①G619.1

中国版本图书馆CIP数据核字(2018)第098565号

# 学 前 教 育 史

XUEQIAN JIAOYU SHI

杨 雄 黄玉娇 主编

责任编辑：钟小族

装帧设计：尚品视觉 CASTALY 周 娟 钟 琛 何欢欢

排 版：重庆大雅数码印刷有限公司·陈智慧

出版发行：西南师范大学出版社

地址:重庆市北碚区天生路2号

市场营销部:023-68868624

邮编:400715

印 刷：重庆紫石东南印务有限公司

幅面尺寸：185mm×260mm

印 张：18.5

字 数：301千字

版 次：2018年6月 第1版

印 次：2019年10月 第2次印刷

书 号：ISBN 978-7-5621-9259-6

定 价：49.00元

# 学前教育专业规划教材

# ZONGXU 总序

党的十九大报告指出,我国社会主要矛盾已经转化为人民日益增长的美好生活需要和不平衡不充分的发展之间的矛盾。在学前教育领域,就是人们日益增长的对高质量学前教育的需要和学前教育质量不平衡不充分发展之间的矛盾。目前幼儿教师的专业性薄弱成为制约学前教育发展的关键因素。为了满足社会对优质学前教育人才的需要,我国必须建立健全应用型学前人才培养机制。2010年,《国务院关于当前发展学前教育的若干意见》中指出“师资队伍不健全”是学前教育薄弱环节的主要表现之一,提出要“完善学前教育师资培养体系”;2014年,《国务院关于加快发展现代职业教育的决定》再次强调:“在学前教育、护理、健康服务、社区服务等领域,健全对初中毕业生实行中高职贯通培养的考试招生办法。”可见,师资培养已经成为当前学前教育发展的重中之重。

教材建设是幼儿教师教育改革的重要环节,直接影响着未来幼儿教师的专业素养。我们立足于学前教育师资培养的实际,着眼于夯实学生的基本理论和基本能力,培养符合时代要求、具有良好专业素养的新型幼儿教师,力求体现时代性、科学性和实践性,组织编写了本套教材。教材的特色体现在以下几个方面:

1.编写队伍上,阵容强大,经验丰富

本套教材的主编、副主编及参编人员来自各级各类院校、教研机构以及一线名园,均长期从事相关专业工作,有着扎实的理论基础和丰富的实践经验。

2. 内容选择上，以生为本，适应学情

教材编写强调以学生为中心，融合“教材即学材”的理念，符合职业教育的培养目标与学生认知规律，适应学生的学习能力和自主学习的需要。

3. 呈现形式上，创新模式，易教利学

融入多种板块（如学习目标、学习重难点、知识结构图、案例导入、本章小结、思考与练习）和学习材料（资料链接、人物介绍、拓展阅读），部分学科采取以项目执行来设置教学单元，增强了可读性，易教利学。

4. 配套资源上，立体建设，拓展资源

配合教学中的教、学、做、测各环节，采用不同的技术手段，开发了多样的教学资源，具体包括PPT、典型案例、题库、名师名课视频等等，为教学提供全面支持。

总之，本系列教材注意了课程结构，反映了各门课程结构之间的联系和衔接，内容分配合理，既相互联系又相互区别，在帮助学生尽快掌握幼儿教育的基本理论和从事幼儿教育工作最基本的工作技能等方面做了有益的探索。

最后，要感谢参与本系列教材编写和审稿的各位老师所付出的大量辛勤劳动，也要感谢西南师范大学出版社职业教育分社的编辑们对本系列教材的支持和编辑工作。由于编写时间紧、人员能力有限等原因，本套教材还存在一些不足。在使用本教材的教师和学生的关心和帮助下，我们会不断改进和完善这套教材，促进我国学前教育专业的教学改革和课程建设，提高人才培养质量，进而促进学前教育质量的提升。

2018年6月

#  QIANYAN 前言

自《国家中长期教育改革和发展规划纲要(2010-2020年)》明确提出学前教育发展战略目标后,我国的幼儿教育事业迎来了一个快速、规范发展的历史时期。为了满足学前教育事业发展对合格师资的紧迫需求,作为师资培养单位之一的中高职院校的学前教育专业必须拓宽渠道,扩大规模,加强建设,提升质量,同时,这也对中高职院校学前教育专业的教材建设提出了更新、更高、更大的挑战。目前市场专门针对中高职院校学前教育专业的教材有限,不成体系,且针对性不强。因此,我们编写了本书,以提高本类教材的科学性和实用性。

《学前教育史》作为中高职院校学前教育系列教材之一,最大的特点就是密切结合中高职院校学生的认知规律和学习特点,坚持理论联系实践、讲学做结合的原则,内容注重真实性、时代性和实用性,力求贯彻能力为本、学生为本的精神。每章开头部分的“学习目标”“知识结构图”以及后面的“小结”“思考与练习”,有利于学生更好地预习、巩固和实践操作。

本书讲述了中外学前教育发生、发展的历史;总结了中外悠久而丰富的学前教育思想和经验;阐明了古代、近现代和当代学前教育发展的历程,以及中外著名教育家为学前教育的发展在理论和实践两方面所做的杰出贡献。《学前教育史》由中国学前教育史和外国学前教育史两部分构成，这种结合有利于学生全面理解、把握学前教育发展的规律。

本书是由来自全国各地中高职及本科院校的教师所组成的编写小组共同创作完成的。主编为西南大学教育学部学前教育学博士杨雄和遵义师范学院黄玉娇，编写人员有重庆幼儿师范高等专科学校陈晓蓉、杨小利、刘桂玲，安康学院王丽娟，眉山职业技术学院薛庆符，铜仁学院邓家英，铜仁幼儿师范高等专科学校何浩，黔南民族师范学院李永涛。具体分工是：第一章（陈晓蓉），第二章（黄玉娇），第三章（李永涛），第四章（黄玉娇），第五章（薛庆符），第六章（杨小利），第七章（邓家英），第八章（何浩），第九章（刘桂玲），第十章（王丽娟）。

本书在编写过程中，得到了西南大学杨晓萍教授、重庆师范大学牟映雪教授以及西师出版社各位领导和编辑的大力支持，在此真诚地表示感谢。

本书在编写过程中，本着中高职院校学生的学习规律和未来职业特点，力求体现科学性和实用性，但是由于编者水平有限，书中不足之处，肯请广大读者批评指正。

编者

2018.6.29

# MULU 目录

## 上篇　中国篇

## 下篇　外国篇

# 上　篇

## 中国篇

# 第 1 章

# 古代学前教育的发展与实施

我们在学中外学前教育史时，常常会产生疑惑。有的人说："中国古代有学前教育吗？幼儿园不是近代才产生的吗？"有的人说："中国历史悠久，是礼仪之邦，没有幼儿园不意味着没有学前教育。古代肯定是有幼儿教育的，只是在产生幼儿园之前只有家庭教育。"……

这些讨论的重点在于中国学前教育的形式和内容等方面。通过本章的学习，我们将会系统地了解中国古代学前教育。

## 【学习目标】

1. 了解我国古代儿童社会公育的实施、内容及特点；
2. 掌握我国古代家庭教育的目的、主要内容、原则和方法；
3. 掌握古代胎教的内容和方法；
4. 了解古代儿童的游戏与玩具。

## 【学习重难点】

1. 掌握古代家庭教育的内容和方法；
2. 领悟古代胎教经验对于当今胎教的启示。

## 【知识结构图】

- **古代学前教育的发展与实践**
  - 氏族社会的公育制度
    - 氏族社会儿童教育的形式
    - 氏族社会儿童教育的内容
  - 宫廷内的学前教育
    - 保傅制度
    - 三母制度
  - 古代家庭教育及慈幼机构的建立
    - 家庭教育
    - 慈幼机构的建立
  - 古代的胎教
    - 胎教的产生与发展
    - 胎教的内容
    - 胎教的方法
  - 古代儿童游戏与玩具
    - 儿童游戏
    - 儿童玩具

# 第一节
# 氏族社会的公育制度

## 一、氏族社会儿童教育的形式

大约170万年以前,中国已经进入原始社会时期。当时的生产力水平低下,生活条件极其艰苦,常受洪水猛兽的袭击和疾病、饥饿的威胁。先民们为了生存,常常十几个或者几十个结成群体,集体进行生产劳动,也集体教育子女。《列子·汤问》中的“长幼侪居,不君不臣。男女杂游,不媒不聘。”形象地描述了原始社会人群集体教育子女的生活状态。《礼记·礼运》中说:“大道之行也,天下为公……故人不独亲其亲,不独子其子。”这正是对原始社会的儿童教育形式的描述。上述文献反映了原始社会一直以儿童公育的形式对儿童进行教育,整个氏族部落共同承担起养育和教育幼儿的职责。

## 二、氏族社会儿童教育的内容

### (一)生存教育

在原始社会的氏族公社阶段,人人必须参加劳动以获得相应的生活资料,从而满足最基本的生存需要,所以生产劳动就成了原始社会最重要的活动。儿童教育紧密结合生产劳动,并为生产劳动服务。为了让儿童能够参加社会生产,成人把生产经验和劳动技能传授给他们。长辈教孩子制造简单的劳动工具、取火、渔猎、采集、农作物栽培等,使他们从小就会劳动。

### (二)思想教育

原始人群在集体生活中,不仅积累了丰富的生产经验,而且积累了很多生活经验，形成了整个氏族部落共同遵守的准则。为了维护部落的长久稳定，这些经验都需要传授给下一代。因此，氏族部落教育除了生产劳动教育外，还需要对孩子进行道德教育和宗教教育。

道德教育包括：教育孩子自觉遵守氏族公社成员之间待人处世的规范，不能损人利己，不能侵犯氏族公共利益，否则会受到公众的谴责；教育他们要尊重长辈，爱护幼小；教育他们要照顾、赡养老人。

氏族公社时期，原始宗教活动普遍存在。宗教教育包括自然崇拜、图腾崇拜、鬼魂崇拜、祖先崇拜、巫术占卜等形式。在这些宗教活动中，儿童接受原始宗教的熏陶。举行这些仪式，对认识氏族的亲属关系，学习先辈团结互助的精神，有潜移默化的作用。

### （三）艺术教育

在原始社会，人类已经形成了审美意识，他们把原始歌舞作为宗教祭祀活动的重要组成部分。祝贺胜利、欢庆丰收、抒发感情，均用歌舞来表达。在对儿童实施教育的过程中，艺术教育成为重要的一部分。艺术教育除了歌舞以外，还有绘画、雕刻等。

### （四）体格和军事教育

在环境恶劣的原始社会，氏族中的所有成员都必须和大自然做顽强的斗争，只有健康的体格才能经受环境的考验。到了原始社会后期，部落之间战争频发，为了战争的需求，体格和军事训练也成为一项必要的教育内容。孩子从小要接受军事训练，五六岁的男孩要学习弓箭、木枪，七八岁要练习骑马、遛马等。

## 三、儿童公育机构

我国最早的学校叫“庠”，它出现在虞舜时期。《礼记·王制》说：“有虞氏养国老于上庠，养庶老于下庠。”《礼记·明堂位》中说：“米廪，有虞氏之庠也。”米廪是氏族储存粮食的地方，也是老人养老的地方。史书上的记载和解释都说明，经验丰富的老人在庠这个地方集中起来，集体供养，也将自己丰富的生活和生产经验传授给下一代。这个“庠”，便是我国学校的雏形。

儿童公育的主要特征有：（1）以生活经验为教育内容；（2）儿童教育的手段是言传身教；（3）实行公养公育；（4）老人是教育的主要承担者。

# 第二节 宫廷内的学前教育

宫廷内的学前教育是一种特殊的学前教育，是古代帝王在宫廷内实施的教育，主要教育对象为太子、世子。由于太子、世子的教育成败将会影响国家的命运，所以历代帝王都非常重视太子、世子的教育。他们未出生就开始实施胎教，婴幼儿期和青少年期实施保傅制度，由德高望重的官员担任教师，对他们进行严格的教育。宫廷教育与一般家庭教育的区别在于建立了较为规范的教育制度，其中较有代表性的就是保傅制度和三母制度。

## 一、保傅制度

宫廷专门选出贵族和官僚中出类拔萃的男子，要求才华出众、学识超群，贤能忠厚，德高望重，政治经验丰富，在朝中有一定的政治势力，负责太子们的道德、知识、身体训练，这就是保傅制度。这些人称为师、保、傅，又分为太师、太保、太傅和少师、少保、少傅，统称为“三公”“三少”。“三少”是“三公”的辅助人员。

太保负责太子日常生活举止合乎规范，生活要有规律，以及太子的身体安全和健康；太傅负责从道德和政治方面教育和训练太子；太师负责太子的学业，还要教太子管理国家和统治百姓的方法。少师、少保、少傅辅佐“三公”，要随时陪在太子身边，保证太子的教育质量。

西周时期继承了殷商的保傅制度。《尚书》记载，西周初期，“召公为保，周公为师,相成王为左右”。年幼的周成王的师傅由召公、周公、姜太公担任。召公和周公都是周武王的亲弟弟,姜太公是辅佐周武王的名臣。这三人都是当时统治阶层中最杰出的人物,可见保傅制度的要求之高。

## 二、三母制度

保傅之官都是男子担任,是朝廷的正式官员。他们的活动主要在外廷。在后宫中,则挑选适宜的女子来承担保育和教导太子的事务,这就是三母制度。《礼记·内则》记载,太子出生之后不久,就要“异为孺子室于宫中,择于诸母与可者,必求其宽裕慈惠、温良恭敬、慎而寡言者,使为子师,其次为慈母,其次为保母,皆居子室,他人无事不往。”子师、慈母、保姆合称三母。她们共同承担教养太子的任务,但有分工:子师负责规范太子的道德行为;慈母负责根据太子的需要,供给衣食和其他;保姆负责料理睡眠。

除了三母之外,宫廷内还为幼小的太子设乳母,以其乳汁喂养太子。乳母在大夫之妻或士之妻中选择,要求性格温良、身体健康、乳汁充足。乳母哺乳期为三年,太子断奶后,乳母出宫。为答谢乳母哺乳之功,国君常予以重赏。

# 第三节 古代家庭教育及慈幼机构的建立

到了奴隶社会，原始社会的儿童公育被取消，由各个家庭承担教育儿童的任务。春秋战国时期，中国进入了封建社会。随着社会的变革，学术开始下移，文化也开始下移。大批有文化的官吏流落民间，成为当时的“士”阶层，他们使私学蓬勃发展。而私学的兴起，使儿童的家庭教育更加受到重视。

## 一、古代家庭教育

### （一）家庭教育的目的

在封建社会时代，社会以家庭为单位，家庭是儿童接受学前教育的重要场所。家庭教育质量决定了整个社会风气。《礼记·大学》记载：“古之欲明明德于天下者，先治其国；欲治其国者，先齐其家；欲齐其家者，先修其身；欲修其身者，先正其心；欲正其心者，先诚其意。”意思是治国先治家，治家先修身。这表明家庭教育与治理国家之间有着紧密的联系，所以古代中国非常重视齐家的作用。

中国封建社会视子女为父母私有，同时也非常重视亲属血缘关系，将个人与家族紧密联系在一起。正所谓“一人得道，鸡犬升天”“一人得祸，全家遭灾”，尤其是在实行科举以后，平民的孩子通过勤奋读书而考取功名，就能光宗耀祖。于是孩子从小便开始“头悬梁，锥刺股”，他们将考取功名、光宗耀祖作为报答父母的方式和自己一生的奋斗目标。

## （二）家庭教育的内容

### 1. 身体养护

我国古代十分重视孩子的身体养护，在实践中也积累了丰富的育儿经验。特别是随着古代医学的发展，很多医学家从科学的角度系统论述养育婴幼儿的方法。我国养护幼儿的经验主要有以下几点：

（1）食勿过饱，穿勿过暖。古人认为养护婴幼儿最重要的就是吃和穿。我国民间有句谚语："若要小儿安，须带三分饥和寒。"吃得过饱或穿得过暖，都会影响孩子的身体健康。在饮食方面，古人已经积累了相当丰富的经验，主张母乳喂养，婴儿出生24时后便可以授乳。但婴儿每次吃得不能过多，次数不能太频繁，吃得过多容易导致呕吐或消化不良。等孩子稍大点儿，可以慢慢添加辅食，食物应选择易消化的食物。同时，在婴幼儿饮食方面，应注意从小培养孩子不偏食、不挑食的好习惯，否则会影响身体健康。在穿着方面，婴幼儿不宜穿得过多过暖。为了提高婴幼儿抵抗疾病的能力，应锻炼孩子的抗寒能力，不但要少穿，还要从小让孩子到户外经受风吹日晒。

（2）勿勤抱，任啼哭。《教女遗规》讲道："小儿初生，勿勤抱持，裹而置之，任其啼哭可也。"古人主张，婴儿若因身体不适或饥饿啼哭，应加以细心照料和喂养。除此之外，就让他尽情啼哭，不予理睬。若一哭便抱起喂食，或满足无理的要求，那孩子就容易养成以哭要挟、依赖父母的坏习惯。

（3）安全避险，避免惊吓。婴幼儿年龄小，应注意安全避险。婴幼儿拿东西、走路都不稳，父母应注意扶持。另外，儿童天生好动，好奇心强，爱摸这儿摸那儿，但又不懂危险。因此，父母应该消除生活环境中的安全隐患，保证孩子的安全。婴幼儿应避免受惊吓，保证身心健康发展。古人主张不要将孩子放倒或举高，小儿可能表面强笑，但内心已经受到惊吓。

### 2. 生活常规

中国古代十分注重思想行为的规范。常规教育主要培养儿童良好的行为习惯，一般指生活中的礼仪常规训练和卫生习惯养成。

礼仪常规又称"幼礼"或"童子礼"，主要是训练儿童待人接物的礼仪和训练儿童的姿态。在待人接物方面，要求儿童稳重、恭谨、谦卑，尤其是对待长辈要谦恭、礼让，不可随意。能自主活动后，儿童便要学会作揖鞠躬；每日早晚要给父母请安；有事求见长辈，要先行求见之礼；家中来客，父亲让见就见；见客人不得妄自开口，问话时才答。这些都是对长辈的礼节，从小就要养成待人接物的礼仪，为成人后做准备。

儿童的日常生活举止如坐、立、行、跪、拜、起居、饮食、卫生习惯等方面，古代都有严格的规定。例如，坐要正身、敛手、齐脚，不得翘腿、托腮帮、打哈欠等；站应正身，双足相并，不得靠墙等；吃饭不能挑食、拨食、撒饭、剩饭等。在卫生习惯方面，古人要求儿童从小就养成良好的个人卫生习惯，要注重整理衣冠，鞋袜等皆要干净整洁。儿童也要为家庭卫生做一些力所能及的事情。这些要求使儿童自幼养成良好的行为规范，动静有度、举止优雅。但要求过于严格，内容过多，也会束缚儿童的个性发展。

### 3. 道德教育

中国古代教育以道德教育为核心，"德教为先"是数千年封建社会教育的主要思想，也是家庭教育的纲要。家庭对幼儿进行教育，主要从以下几个方面进行：

（1）孝悌。孝悌是中国古代道德教育的根本，培养幼儿的孝悌观念，是学前教育的首要任务。孝指尊敬长辈，悌指兄弟友爱，要求幼儿从小服从父母的绝对权威，养成孝敬父母的习惯。孔子主张父子之间以孝为基础，强调父子有亲，君臣有义，夫妇有别，长幼有序，朋友有信，在这"五伦"中最基本的是"父子"和"兄弟"。其次，要求孩子从小学会侍奉父母，关心父母及长辈。古代为推行孝道，还出现了一些通俗易懂的读物，例如《二十四孝图》。悌就是教育儿童要兄弟友爱，要求年幼的尊敬年长的，年长的关爱年幼的，强调兄弟姐妹之间要相互尊敬，《孔融让梨》就是著名的典故。

（2）立志。中国古代教育家把立志视为道德教育的重要内容。树立志向，往往会影响孩子的一生，它时刻鼓励和鞭策孩子努力奋斗。如南宋时期的岳飞，年幼时，他的母亲在他背上刻了"精忠报国"四个大字，以此勉励他刻苦读书、报效国家，后来成了一位爱国英雄。为了让儿童立志学习，考取功名，古人还编写了很多立志的典故，如：《头悬梁》《锥刺股》《凿壁偷光》等，这些都成了家长教育孩子勤奋好学的故事，在民间广为流传。

（3）崇俭。崇尚节俭是中华民族的传统美德，也是家庭教育的一项重要内容。古人教育儿童自幼养成勤俭节约的习惯，要求孩子穿着要简单朴素，吃饭不挑食、不浪费。中国古代有很多有名之士，从来不给子孙留很多财产，要求子孙自食其力，过勤俭简朴的生活。他们认为过多的财富会让子孙堕落懒散，甚至带来灾难。

（4）诚信。古人要求孩子从小为人要诚实，说真话，做错事情要勇于承认错误。要诚信对待他人，不能欺骗别人。幼儿本性善良，不会弄虚作假，但受不良因素的影响，有时会说谎，长此以往，童心便会失真。因此，当孩子说谎时，家长应该给予正确的引导。《曾子杀猪》就是教人诚实的典型例子。

（5）为善。古代家庭教育非常注重行善积德观念的灌输，父母常常教育幼儿要做利人之事，不做害人之事。三国时期刘备曾教导后主说："勿以恶小而为之，勿以善小而不为。"家长要重视引导幼儿，不要因为善事小而不去做，不要因为坏事小而去做，因为善与恶都是积少成多的。

#### 4. 文化知识教育

中国古代长期受"学而优则仕""万般皆下品，惟有读书高"等思想的影响，非常重视儿童早期的知识教育。当时早期的知识教育主要有识字、学习诗赋等。识字是知识教育的基础，很多孩子三四岁便开始识字。古代启蒙教育的教材有赵高的《爰历篇》、周兴嗣的《千字文》、无名氏的《百家姓》、王应麟的《三字经》等。这些教材编写得生动有趣，主要采用三言或四言，朗朗上口，便于幼儿记忆。

### （三）家庭教育的原则和方法

#### 1. 家庭教育的原则

（1）及早施教。孩子年幼时，学习能力和接受能力较强，容易接受新事物和新知识，成人不应该低估孩子的接受能力。中国古代较早就开始提倡"早谕教"，《治安策》记载："太子之善，在于早谕教与选左右。"就是说太子在年幼无知时就应该接受教育了。幼年时不抓紧对孩子的教育，养成了坏习惯就难以改变。

（2）风化陶染。中国古代比较重视环境对儿童的影响。人的思想、性情都会受到外部环境的影响。墨子说："染于苍则苍，染于黄则黄，所入者变，其色亦变。"说明人是会受环境影响的。《荀子·劝学》记载："蓬生麻中，不扶自直；白沙在涅，与之俱黑……故君子居必择乡……"从文献中可以看出，荀子认为环境对人有着重要的影响，因此必须选择环境和身边的人。

（3）量资循序。量资循序是指要依据儿童实际的能力，逐步进行教育。同时还要顺应儿童的自然发展规律，及时给予教育，不要错过最佳的发展时机。王安石在《伤仲永》中讲到，宋仁宗时期，方仲永从小就非常聪明，五岁时就有过人的表现，能指物作诗，在当时就已经小有名气。于是他的父母不再继续培养他，反而把他当作赚钱的工具，再加上他本人也不求上进，到十一二岁写诗也就没什么特色了，到二十多岁已经无异于常人。所以，在孩子幼年时应尽可能地提供良好的教育，抓住教育时机，给予孩子好的引导。

（4）慈严结合。子女是父母所生，父母爱子女是人之常情，但过于溺爱和娇惯孩子，对孩子来讲有害而无益。家长对子女既要严格也要慈爱，要严慈相济，这样才能使子女受到良好的教育。司马光在《家范》中提到“慈母败子”、父亲“知爱不知教”会坑害了孩子。曾子主张，对孩子的爱不应在表面，而是在心里。在孩子面前要严肃，不要故意讨孩子欢喜。他还主张不偏爱子女，对孩子要一视同仁。偏爱只会害了子女，使子女之间的关系不和睦，造成他们之间的矛盾，给家庭带来极大的灾难。

### 2. 家庭教育的方法

（1）游戏。在中国的传统教育中，游戏有相当重要的作用，是儿童生活中必不可少的一部分。中国古代儿童游戏流传久远，种类较多，如捉迷藏、荡秋千、斗草、骑竹马、玩泥沙等。李白《长干行》写道：“郎骑竹马来，绕床弄青梅。同居长干里，两小无嫌猜。”竹马，指的就是当时儿童经常玩耍的一种游戏。

（2）讲故事。讲故事是中国古代家庭教育中最普遍的方式，对幼小的孩子来说，讲故事是最好的教育方式。孩子在听故事的同时也会接受有益的知识。受封建礼教的影响，在传统的家庭教育中，故事内容是以封建道德为主，如《子路负米》《黄香扇枕》等。司马光在《家范》《居家杂仪》中，就用历史故事和典故教育其子弟。

（3）体罚。中国封建社会盛行体罚。父母常常体罚子女，把它当作教育子女的必要手段，甚至有“不打不成才”一说。《礼记·内则》说：“挞之流血，不敢疾怨，起敬起孝。”要求子女对于父母的责罚，不仅不能怨恨，还要心存感激，更加孝敬父母。古代教育家颜之推就主张体罚儿童。应该说，这种方法压抑儿童的个性发展，违背了儿童自然发展的规律。

## 二、古代慈幼机构的建立

重视学前教育是我国的优良传统，长久以来形成了有民族特色的慈幼观念。随着慈幼观念的发展，我国历史上也曾出现过不同形式的慈幼机构。

### （一）慈幼观念

根据生物学原理，动物都有延续和保护自身种系的本能。人作为高等动物，也具备这种本能。人类在发展的同时，还创造了自身的文明。因此，人类特别重视自己的下一代，其中包含了对文化的延续和保护意识。当人们意识到死亡和衰老是不可改变的事实时，就有意识地将知识、经验、生活本领和技能等传授给后代。

《礼记·礼运》中提出“不独子其子”的美好愿望，这是中国最早的慈幼观念。这种观念在我国的考古挖掘中得到了证实，在西安半坡村的仰韶文化遗址中发现了“罐葬”文化。人们将夭折的儿童装进罐子里，将其埋葬。装有尸体的陶罐并未放在离居室较远的区域，而是就埋在居室附近。这种处理方式表明了他们并不认为这样不吉利，凸显了人们对去世孩子的情感。同时，在墓葬里面还发现了很多石球、陶球，这些烧制或打磨好的小球被认为是儿童生前的玩具。在当时生存都很艰难的情况下，人们还专门烧陶供孩子玩耍，可见原始人类的慈幼观念很强。

中国从夏代开始，社会就以家庭为单位，进入“各亲其亲，各子其子”的“天下为家”的时代。在以后几千年的时间里，中国一直以家庭为单位抚养和教育下一代。受各个时代的观念影响，慈幼观念也蕴含了不同的历史内涵。

战国时期，人们的慈幼观念是“有教为爱”，指出要严格教育子女，勤加督导，这才是真正的爱子。《孟母断织教子》的故事阐述的就是这个道理。

汉代以后主要有两种慈幼观念。其一，强调合理养育儿童。汉代以前的生育观念认为生孩子是不吉利的事，这种观念害了不少的妇女和儿童。汉代的王充驳斥了这种观点，他指出妇女生孩子就如草木滋生、牲畜繁殖一样，是一种自然现象。王充批判了封建迷信的观点，开始从科学的角度树立慈幼观念。唐代开始开设专门的医疗教育机构，医学中设有小儿科，极大地丰富了慈幼观念的内涵。宋代的《小儿卫生总微论方》20卷，被视为我国最早的儿科医学保健大全。

元代朱震亨所著的《格致余论·慈幼论》，讨论了儿童的饮食、衣着等问题。这些育儿经验，很多已经被现代科学所证实，对今天的儿童保健也有一定的借鉴意义。

其二，强调合理教育儿童。汉代以后，越来越多的学者和教育家致力于儿童教育，提出"爱而有教"，指出在爱的基础上严格教育。诸葛亮在《诫子书》中告诫自己的子孙，只有树立远大的志向才能成就大业，要修学成德。宋代教育家朱熹指出，应通过格言、故事、须知、学则等形式给儿童灌输行为规范，这样才能积久成习，自成方圆。

## （二）慈幼机构

中国自古以来就是农业大国，传统的学前教育主要由家庭来进行，对社会化的学前教育几乎没有需求，所以中国古代始终未能产生社会化的学前教育机构。但是，在某些时期也曾产生过一些慈幼机构，主要有宫廷慈幼机构和社会慈幼机构。

### 1. 宫廷慈幼机构

公元前11世纪，西周出现了中国最早的慈幼机构——孺子室，这是在西周王宫内和各诸侯宫室内都设有的婴幼儿教养机构。孺子室内有专门的保育人员管理孩子的饮食起居，引导孩子的个性发展，教孩子良好的行为品行。

东汉出现了中国第一个具有教育性质的慈幼机构，据《后汉书·和熹邓皇后纪》中记载，119年，邓太后在宫廷中开设邸舍，将宫室内5岁以上子女40余人和近亲子弟30余人集中起来，教学经书，并加以监督，还专门为年龄较小的孩子聘请师保。严格来说，邸舍不是专门的学前教育机构，它还进行年龄较大的儿童的读经教育，只是给予了幼小的孩子特殊照顾，但也有一定的历史价值。

### 2. 社会慈幼机构

从北宋开始，中国出现了由地方政府和中央主办的社会性质的慈幼机构。苏轼在密州任职期间，曾出公粮收养女婴，这是社会慈幼机构的雏形。宋朝以后，各地社会慈幼机构纷纷出现，大体可以分为两类：一是慈幼局；二是予惠仓或举子仓。如果遇到天灾、兵灾，民不聊生时，政府往往会给钱出粮，收养弃婴。清代在一些大城市设立育婴堂，由政府拨款收养弃婴。总的来说，这些机构仅仅是慈善形式的，不具备真正的教育功能。

# 第四节 古代的胎教

胎教是指母亲在怀孕期间采取的一系列自我调节措施，有意识地给胎儿良好的影响，以便孕育出健康、聪明的后代。我国古代并未形成独立的胎教学，这方面的信息散见于哲学、医学、教育类古籍中，有很多经验值得我们借鉴。

## 一、胎教的产生与发展

中国古代胎教很早就产生了。据史籍记载，距今3000多年前，西周时期周文王的母亲曾施行胎教。刘向《列女传·周室三母》中记载，周文王的母亲在怀孕的时候，要求不看丑陋的东西，不听邪恶的声音，不说傲慢的话，自觉地实施胎教。西周是胎教实践和理论发展的初期，主要在宫廷内实施。当时统治者非常重视胎教，对百姓“秘而不宣”。到了春秋战国时期，学术下移，教育下移，胎教也走到宫外，渐渐为民间所知晓。

成书于春秋之际的《黄帝内经》是我国最早的中医学著作，该书就有“胎病”的记述，指出人的某些疾病源于胎儿时期，称为“胎病”。为了保证胎儿健康发育，有必要对孕妇的日常生活进行指导，通过母教实施胎教。这是我国最早从医学角度论述胎教问题。但胎教形成一种理论，则是在两汉。汉代为了维护封建统治，使之代代相传，学者们开始研究胎教的实践与理论，促进了我国胎教理论的初步发展。

三国两晋时期，胎教学说有所发展。西晋的张华在《博物志·杂说下》中系统论述了胎教，并且提出了一些独到的见解，如提出孕妇饮食禁忌等。

隋唐以后，我国医学迅速发展，与胎教有关的儿科、妇科日渐分化出来。大批医学家对胎教进行了研究，他们一方面总结前人的经验，一方面从医学的角度进行研究，进一步提出了胎养与胎教相结合的主张。

唐代名医孙思邈在《千金方》中，专门写有《胎养》一篇，系统阐述了妊娠脉象、饮食、居处禁忌、胎教等问题，并提出了“外象内感”学说。他指出：“妊娠三月名始胎，当此之时，未有定仪，见物而化。”意思是三月胎儿已经成形，但是禀性未定，很容易受到外界的影响，因此应该特别注意外界环境对胎儿的影响。

## 二、胎教的内容

### (一)注意精神状态的调节

孕妇精神状态的调节是古代胎教的重要内容之一，它对胎儿的健康发育有很大的影响。明代医学家万全从医学角度对情绪对胎儿的影响做了科学的解释。他说：“受胎之后，喜怒哀乐，莫敢不慎。盖过喜则伤心而气散，怒则伤肝而气上，思则伤脾而气郁，忧则伤肺而气结，恐则伤肾而气下。母气既伤，子气应之，未有不伤者也。其母伤则胎易堕，其子伤则脏气不和，病斯多矣。”所以孕妇应加强心理调节，注意控制情绪。

总之，为了给胎儿创造良好的发育条件，孕妇要有良好的精神状态，要保持平和的心态，多看赏心悦目的东西，多听悦耳动听的声音等。

### (二)重视饮食的调节

饮食的营养调节，是古代胎教的重要内容。妊娠期间母子同饮食，需要大量的营养才能保证孕妇和胎儿的健康。

#### 1. 割不正不食

封建统治者非常遵从礼教，一切追求正道、正礼。所以，即便是孕妇怀孕期间所进食物也必须正而不邪，来不得半点马虎。张华在《博物志·杂说下》中记载了“割不正不食”之说，强调孕妇应食正不食邪，对食物的表面形式也有严格的要求，必须按规范切割食物。

### 2. 饥饱适中、饮食清淡

胎儿在母体中时，母亲的状况直接影响胎儿的发育。明代医生徐春甫说：“孕妇要饮食清淡，饥饱适中，自然妊娠气清，身不受病。”他将此作为胎教和胎养的重要方法。古代胎教多主张孕妇饮食要“饥饱适中”，因为过饱或者过饥均会损伤母体和胎儿。妊娠期间要饮食清淡，少吃辛辣、煎炒的食物，才可以保证胎儿的健康。古人还特别强调孕妇不能饮酒，酒精容易导致中毒，使胎儿大脑发育不良，引发疾病。

此外，古代胎教理论对食物禁忌也相当重视。如孕妇不能吃螃蟹、鲜鱼、兔肉、狗肉、生姜等食物，认为孕妇吃兔肉将来孩子会是兔唇，吃生姜孩子会长出多指，这些说法是毫无科学依据的。

## （三）注重外部环境的选择

在唐代医学家孙思邈的“外象内感”学说影响下，古代胎教非常重视外部环境对孕妇的影响。“外象”是指外界客观事物的物象；“内感”指母亲所接触的外界物象会直接影响到体内的胎儿。

因此，孕妇在怀孕期间应选择环境优美的地方养胎。居处要安静，视听正美，潜移默化地使胎儿受到良好的教育。《大戴礼记·保傅》《新书·胎教》和《颜氏家训·教子》中都提到，妊娠期间要搬到为孕妇准备的特殊房间，让孕妇在安静清幽的环境里安心养胎。我国古代胎教经验证明，安静优美的环境对孕妇和胎儿的健康都十分有益。至于孕妇看什么孩子就会像什么，则是“外象内感”学说唯心主义的一面，忽视了胎儿的遗传因素以及自身发展的规律，无限夸大了“外象”的作用，是不科学的。

## （四）保持良好的生活习惯

孕妇必须保持良好的生活习惯。首先，注意卫生保健，怀孕期间应“勤沐浴，勤梳洗”，保持卫生，有病应立即就医。其次，生活要有规律，劳逸结合。王充在《论衡·命义》中指出，妇女怀胎要注意身体调养，劳逸有节；孕妇不可过度劳累，但“小劳”是有益的。此外，古代医书还指出，妊娠期间要严禁房事。总之，良好的生活习惯是保证孕妇和胎儿健康的重要方面。

## 三、胎教的方法

中国古代胎教理论对如何进行胎教也有相关的阐述，主要有监督法、小劳法、瘦身法等。

### （一）监督法

监督法主要运用于宫廷中，《新书·胎教》中记载："王后有身，七月而就蒌室，太师持铜而御户左，太宰持斗而御户右，太卜持蓍龟而御堂下，诸官皆以其职御于门内。比三月者，王后所求声音非礼乐，则太师抚乐而称不习。所求滋味者非正味，则太宰荷斗而不敢煎调，而曰，不敢以侍王太子。"意思是太师监督王后听音乐，让她耳不听淫声；太宰监督王后吃东西，让她口不食邪味。太师、太宰看似御护王后，实际上是在监督王后。

### （二）小劳法

孕妇参加一些户外活动或一些轻微的体力运动，有利于筋骨和血脉流通。如徐之才在《备急千金要方》卷二《妇人方》中记载："妊娠六月，始受金精，以成其筋，身欲微劳，无得静处，出游于野。""妊娠七月，始受木精，以成其骨，劳身摇肢，无使定止，动作屈伸，以运血气。"孕妇出游于野、劳身摇肢、动作屈伸都是轻微的活动，可以促进血脉流通，活动筋骨，有利于健康。

### （三）瘦身法

为了使胎儿在母体中长得不太肥胖，孕妇需要瘦身。首先要控制饮食，要饥饱适中；再就是采取一些措施，约束胎儿不要长得过大。如用六七寸的布带横缠孕妇的腰部，直至临盆前解开。这种方法还可以支撑孕妇的腰部，防止堕胎。

# 第五节 古代儿童的游戏与玩具

## 一、游戏

游戏由“游”和“戏”构成,“游”指自由的身体活动;“戏”指玩耍活动。在我国,“游戏”与“玩耍”“嬉戏”等词极其相似。游戏一词最早出现在战国时期的文献中。中国的儿童游戏历史悠久,在陕西西安半坡遗址中发现了几个石球,均出土于一个三四岁小孩的墓葬中。这一事实表明,在原始社会已经出现了游戏和玩具。

游戏作为理论研究对象,大约要追溯到19世纪中期。德国教育学家福禄贝尔认为游戏是儿童内部存在的自我活动的表现,是一种本能性的活动,他将游戏的特征归纳为生物性、本能性。维果茨基认为游戏是社会性的活动,以角色为中介,在这种活动中,儿童能学习和掌握基本的人与人的社会关系。弗洛伊德认为人的欲望不能随意表现,而游戏可促使儿童发泄内在的情感,发展自我力量,补偿现实生活中不能满足的要求和欲望,从而得到正常的发展。

### (一)古代儿童游戏的种类

中国古代游戏种类较多,可归纳为以下几类:(1)智力类:下棋、玩积木、华容道、九连环等;(2)运动类:斗蟋蟀、老鹰抓小鸡、丢沙包、拍皮球、滚小球、踢毽子、堆雪人、滚铁环、木头人、跳绳等;(3)文艺类:歌舞、手影子、唱大戏等;(4)语言类：排七、对对子、顶针、绕口令、猜谜语等。

### （二）古代儿童游戏的意义

儿童游戏具有重要的意义：（1）游戏有利于儿童身心发展；（2）游戏有利于儿童形成良好的道德品行；（3）游戏有利于儿童学习知识；（4）游戏有利于文化的传承；（5）游戏有利于儿童审美情趣的养成。

## 二、玩具

中国古代玩具主要分为以下几种：（1）泥陶类玩具：泥球、陶俑、人像面具、动物陶器等；（2）音响类玩具：哨子、空竹、拨浪鼓等；（3）动作类玩具：风筝、走马灯等。

古代儿童玩具的特点如下：（1）玩具与游戏相结合；（2）材质便宜多样，玩法简单有趣；（3）科技含量较低；（4）种类繁多，蕴含教育意义。

## 【小结】

通过本章的学习，学生能掌握我国古代宫廷教育特有的内容和方式，即通过保傅制度和三母制度来培养君主继承人；能明白古代社会家庭的主要职责和学前教育实施情况；掌握胎教的演变历程及积累的丰富经验；了解我国古代各阶段学前教育的特点。

## 真题模拟

1. 南朝周兴嗣所著的儿童识字类教材是(　　)。

A.《千字文》　B.《三字经》　C.《急就篇》　D.《蒙求》

2. 在我国,胎教作为一种理论,初步形成于(　　)。

A. 隋代　B. 北宋　C. 唐代　D. 两汉

3. 古代宫廷教育中,太师、太保、太傅统称(　　)。

A. 三少　B. 三公　C. 三母　D. 三太

4. 中国古代流行最广、影响最大的启蒙读物是王应麟所撰写的(　　)。

A.《百家姓》　B.《千字文》　C.《幼学琼林》　D.《三字经》

5. 古代宫廷挑选符合条件的女子承担保育和教导太子的职责的制度是(　　)。

A. 三公制　B. 三母制　C. 三少制　D. 三太制

6. 古代儿童接受生活常规教育的核心是(　　)。

A. 礼教　B. 幼仪　C. 环境教育　D. 能力培养

7.《孟母三迁》讲的是孟母择邻的故事,体现了家庭教育的(　　)原则。

A. 及早施教　B. 风化陶染　C. 量资循序　D. 慈严结合

8. 中国最早的专门的慈幼机构出现在(　　)。

A. 夏　B. 西周　C. 商　D. 春秋

9. 下面哪一项不属于中国古代胎教的方法?(　　)

A. 监督法　B. 猴戏法　C. 瘦身法　D. 小劳法

### 思考与练习

1. 简述原始社会幼儿教育的主要特征。

2. 简述古代胎教的内容和方法。

3. 简述古代家庭教育的内容。

参考答案

# 第2章 古代学前教育思想

教师的专业技能固然重要，但更为重要的是价值取向、专业理念及反思意识等。通过了解和掌握古代学前教育家的生平、实践及幼儿教育思想等，学生不仅能丰富专业知识面，还能提升综合素养，学会从各个不同维度思考问题，培养反思意识和批判精神，进而提高岗位适应能力。

## 【学习目标】

1. 了解贾谊的学前教育思想；
2. 了解王充的胎教思想及学前教育思想；
3. 理解和掌握颜之推的家庭教育思想；
4. 理解和掌握朱熹、王守仁的学前教育思想及特点。

## 【学习重难点】

1. 理解和掌握颜之推的家庭教育思想；
2. 理解和掌握朱熹、王守仁的学前教育思想及特点。

## 【知识结构图】

- **古代学前教育思想**
  - 贾谊的学前教育思想
    - 慎交感与早谕教
    - 慎选左右
    - 评价及启示
  - 王充的学前教育思想
    - 胎教思想
    - 在活动中学习
    - 评价及启示
  - 颜之推的学前教育思想
    - 家庭教育思想
    - 幼儿德育思想
    - 评价及启示
  - 朱熹的学前教育思想
    - 学前教育思想
    - 儿童教育的原则与方法
    - 评价及启示
  - 王守仁的学前教育思想
    - 循序渐进
    - 全面教育
    - 评价及启示
  - 张履祥的学前教育思想
    - 耕读相兼
    - 严格教育
    - 评价及启示

# 第一节 贾谊的学前教育思想

贾谊（前200—前168），世称贾太傅、贾长沙、贾生。西汉初年著名的政论家、文学家。18岁即有才名，年轻时由河南郡守吴公推荐，被文帝召为博士，不到一年被提为太中大夫，因遭群臣忌恨，被贬为长沙王的太傅。后被召回长安，为梁怀王太傅。梁怀王坠马而死后，贾谊深感歉疚，33岁时忧伤而死。其著作主要有散文和辞赋两类。散文如《过秦论》《论积贮疏》《陈政事疏》等都很有名；辞赋以《吊屈原赋》《鹏鸟赋》最著名。他关于早期教育的论述，主要见于《新书》的《傅职》《保傅》《劝学》《胎教》中。

## 一、学前教育思想

### （一）“慎交感”与“早谕教”

贾谊的胎教思想是其学前教育思想中极具特色的部分。在《新书·胎教》篇中，贾谊引述了《周易》《春秋》《诗经》等经典著作说明“君子慎始”的观念。他的胎教理论也是基于这样的逻辑，认为要想将儿童培养成德行高尚的人才，必须注重胎教。他的胎教思想主要阐发了“慎交感”与“早谕教”的两大理念。他认为：“心未乱而先谕教，则化易成也。”[1]及早施教有利于训蒙养正，从而培养圣贤。从重视成人的教育逐渐下移至胎教，反映了我国古人对教育规律把握的逐渐深

①贾谊著，阎振益、钟夏校注．新书校注．北京：中华书局，2000.

入。实施胎教的理念源于古人在观察自然的时候，认识到母子之间存在着相互感应，他们认为母亲在怀孕期间的饮食起居，能够为胎儿生长提供良好的身心发育环境和道德成长环境。

贾谊对“早谕教”与“慎交感”的论证，主要体现在以下方面：

第一，要注重婚配对象的选取，他认为：“谨为子孙婚妻嫁女，必择孝悌，世世有行义者；如是，则其子孙慈孝，不敢淫暴，党无不善，三族辅之。故凤凰生而有仁义之意，虎狼生而有贪戾之心，两者不等，各以其母。”①贾谊认为儿童性格的养成与母亲的天性有着密切的关系，所以要谨慎地选取婚嫁的对象。这种注重母子之间遗传关系的观点影响了我国后世众多思想家。王充就认为人的成长与先天气禀有关，他说：“禀得坚强之性，则气渥厚而体坚强，坚强则寿命长，寿命长则不夭死。禀性软弱者，气少泊而体羸窳，羸窳则寿命短，短则早死。”②这种观念的形成与我国古代生育观的变化也有密切联系。自羲皇之世起，史料中记载古人的生育观经历了物生、感生与性生三个阶段，他们逐渐认识到人类自身在繁衍后代中的作用。古代婚姻制度也从原始的群婚时代走向单偶婚制阶段，社会分工关系上，“男主外，女主内”的传统家庭模式逐渐占据主流，女性在幼儿教育中凸显出重要作用。陆世仪在《思辨录辑要·修齐类》中就指出：“男正位乎外，女正位乎内。男子虽有治家之责，然其势处暂。妇人终日在家，若不知礼，便多操御家政也。人欲齐家，只是齐妻子。”③康有为也认为：“人道文明之事，借女子之功最多。”④女性在家庭教育中的地位得到重视，与女性在生养哺育方面的责任息息相关。李树军认为：“中国家庭一般是以血缘关系为纽带，以父、母、子为基点而形成的三角结构。母亲是家庭三角的感情重心和稳定所系。在子女的教养上，父母之间有着明确的分工，最普通的分工便是严父慈母的安排。”⑤在这种家庭结构中，父母之间也有明确的分工，可以称为“父教母育”的模式。许慎在《说文解字》中解释说：“教，上所施下所效也；育，养子使作善也。”母亲更多地负责子女

①贾谊著，阎振益、钟夏校注．新书校注．北京：中华书局，2000.

②王充著，袁华忠、方家常译注．论衡全译．贵阳：贵州人民出版社，1993.

③陆世仪．思辨录辑要二(卷之十)．上海：商务印书馆，1936.

④康有为．大同书．郑州：中州古籍出版社，1998.

⑤李树军．从社会习俗看“二十四孝”．民俗研究，1985(1).

道德的培养、情感的陶冶，注重“育”的方面，“养子使作善”的使命落在了母亲肩上。为了提前给施教做好准备，选择一位贤妻良母就成了古代婚姻中最看重的因素，也成为胎教中首先要考虑的因素。

第二，贾谊阐发了“慎交感”的胎教观念。这种母子之间的感应思想既与汉初思想家普遍认同“天人感应”的理念有关，也反映出古人的一种经验思维。我国古代哲学是一种建立在观察基础之上的经验哲学，《周易》中说：“包牺氏之王天下也，仰则观象于天，俯则观法于地，观鸟兽之文，与地之宜，近取诸身，远取诸物，于是始作八卦，以通神明之德，以类万物之情。”[①]通过这种观天道以通人事的方式，古人逐渐形成了“天人相感”的思想。在这种感应思想的影响下，胎儿生长受到母体感应的理念容易被人接受。要有效地保胎、养胎，就需要从母亲的角度来实施有效的措施。《新书·胎教》中记载，王后怀孕以后，饮食起居都获得了特殊的照顾，并且进行了专业分工。这种做法试图通过加强外部管束和诱导，促使王后按照礼仪去养胎、保胎，是值得肯定的。贾谊还以周妃后妊成王的例子来说明胎教的标准：“立而不跛，坐而不差，笑而不喧，独处而不倨，虽怒而不詈，胎教之谓也。”[②]刘向也在《列女传·周室三母》中说，由于注重胎教，西周开国君主大都是圣君明主。这种注重胎教的“慎交感”理念逐渐发展为“外象内感”的理论，被中医学说所吸收和发展，成为我国古代胎教的理论基石。

### （二）慎选左右

根据史料记载，早在西周时期，幼儿教育就受到了充分重视。这首先表现在宫廷教育当中，尤其是太子的启蒙教育。周代设有专门辅导和教谕君主及太子的官员，称为师、傅、保。其中太师、太傅、太保合称“三公”，他们的副职分别是少师、少傅和少保，合称“三少”。这类官员统称为师傅、师保或保傅。贾谊在他的论著中系统地总结了古代的幼教经验。《新书·保傅》一文中记载：“古之王者，太子初生，固举以礼，使士负之，有司齐肃端冕，见之南郊，见于天也。过阙则下，过庙则趋，孝子之道也。故自为赤子而教固已行矣。昔者周成王幼在襁褓之

①郭彧译注．周易．北京：中华书局，2006．

②贾谊著，阎振益、钟夏校注．新书校注．北京：中华书局，2000．

中，召公为太保，周公为太傅，太公为太师。保，保其身体；傅，傅之德义；师，道之教训，三公之职也。于是为置三少，皆上大夫也，曰少保、少傅、少师，是与太子燕者也。”[1]贾谊认为太子一出生就应受到严格正规的专业教育，并让“三公”“三少”以道习之，逐去邪人，不使见恶行。太子出生以后“见正事，闻正言，行正道，左右前后皆正人”，从而达到“少成若天性，习惯成自然”。

太子的老师周公、召公、太公都是当时著名的贤臣和文化大师。对比西方教育，我们可以发现西方古代的幼儿教师多由教仆担任，而教仆多由没有任何学识的奴隶充当。这种差异与教育观念有着密切的关系。陈桂生教授就认为，西方教育偏重把“引出”作为教育的题中之义，主要诉诸教育对象自身；我国教育偏重于“上所施，下所效”，主要诉诸教育者。总的来说，外铄论在中国教育观中占主导地位，而西方国家较倾向于内发论。[2]在外铄论的主导下，我国古代幼儿教育过程中注重儿童学识、品性的养成与外界环境的关系，即使贫民百姓家庭也会出现“孟母三迁”的故事，思想家们也普遍认同儿童是被塑造的对象。墨子就提出了“染于苍则苍，染于黄则黄”（《墨子·所染》）的“素丝说”。尽管孟子也有“扩充善端”的内发论倾向，但他的措施还是“服尧之服，诵尧之言，行尧之行”（《孟子·告子下》），并强调：“观于海者难为水，游于圣人之门者难为言。”（《孟子·尽心上》）个体的成长受外在环境的影响。荀子更是强调外在环境对个人成长的影响，他指出：“干、越、夷、貉之子，生而同声，长而异俗，教使之然也。”（《荀子·劝学》）基于此，荀子非常注重教师的选择，他认为：“师术有四，而博习不与焉。尊严而惮，可以为师；耆艾而信，可以为师；诵说而不陵不犯，可以为师；知微而论，可以为师。”（《荀子·致士》）教师不但要德高望重，而且要见解深刻，表达合理。贾谊充分吸收了先秦思想家的教育思想，认为殷、周国运长久，暴秦二世而亡，与太子教育有着密切联系。于是他认为：“夫教得而左右正，则太子正矣，太子正而天下定矣。”[3]太子成长过程中，通过身边品行高尚的人的影响，潜移默化地形成习惯，长大以后就不会被恶劣的习俗所改变，成为百姓信赖的人。

---

①贾谊著，阎振益、钟夏校注.新书校注.北京：中华书局，2000.

②陈桂生.“教育学视界”辨析.上海：华东师范大学出版社，1997.

③贾谊著，阎振益、钟夏校注.新书校注.北京：中华书局，2000.

**知识链接**

## 关于外铄论

外铄论的著名代表人物有中国的荀子、英国的洛克和美国的华生、斯金纳等。

有些人认为心灵犹如一块白板，本身没有内容，可以任人涂抹，外部的力量决定了人的发展状况。英国哲学家洛克的“白板说”是典型代表。外铄论的另一个代表人物是美国著名的行为主义心理学家华生。他甚至认为，给他一批健康的婴儿，不管他们的祖先状况如何，他可以任意把他们培养成从领袖到小偷等各种类型的人。斯金纳继承了华生的观点，认为人的行为乃至复杂的人格都可以通过外在的强化或惩罚手段来加以塑造、改变、控制或矫正。

外铄论强调外部因素对身心发展的作用，一般都重视教育的价值和作用，对教育改造人的本性，形成社会发展所需要的知识、能力、态度等方面持积极乐观的态度。他们关心的重点是人的学习、学习什么以及如何有效地学习等。

### （三）重儒术

贾谊是西汉初期继叔孙通、陆贾之后又一位向西汉统治者提出以儒术治国的儒家学者。对于太子的早期教育，他当然希望以儒家思想统摄其心。为此，他向统治者进言，请求注重儒术，按儒家的理想人格来塑造太子，以儒家学说作为太子早期教育的主要内容。对太子的文化知识教育，贾谊主张应注重《春秋》《礼》《诗》《乐》等儒家经典的传授。在贾谊看来，儒家经典不仅是古代文化的记载，而且含有丰富的道德价值。他说：“或称春秋，而为之耸善而抑恶，以革劝其心。教之礼，使知上下之则。或为之称诗，而广道显德，以驯明其志。教之乐，以疏其秽，而填其浮气。”[①]儒家治学要求“述而不作，信而好古”[②]，治国则提倡效法古圣先王之道。因此，贾谊还提倡加强历史知识的学习，他说：“教之语，使明于

①贾谊．贾谊集．上海：上海人民出版社，1976.

②贾谊．贾谊集．上海：上海人民出版社，1976.

上世，而知先王之务明德于民也。教之故志，使知废兴者，而戒惧焉。”[①]太子只有接受了古代典籍知识的教育，才能通晓先王以德治国的方法，明了历代兴亡的史实，从而产生警戒、畏惧的心理。

在道德教育方面，贾谊主张应使太子自幼形成儒家倡导的忠、信、义、礼、孝、仁等道德观念。在他看来，具有“圣人之德”的人，就是道德上的完美者，具备了儒家理想人格。对于太子不合上述道德规范的行为，教师应及时予以矫正，如当太子“将学趋让，进退即席不以礼，登降揖让无容，视瞻、俯仰、周旋无节”[②]时，太保就应当进行劝谕。

对将来会君临天下的太子的教育，传授“君国畜民”之道自然是不可少的。为此，贾谊提出，师、保、傅应使太子自幼通晓儒家德刑并举的治国方略，懂得文武之道乃治国之本，知道对臣子应赏罚分明、公正，切忌“赐予侈于左右近臣，吝授于疏远卑贱”[③]。

此外，关于太子的早期教育，贾谊还提出了教养结合的主张，即除进行道德与知识教育外，还应由少保负责培养其身体。一方面监护太子，注意防止有可能伤害身体的过激行为，如暴饮暴食、狂欢无态等；另一方面，照料太子的日常起居，使太子避免“饥而惏，暑而暍，寒而懦，寝而莫宥，坐而莫侍”[④]。正是由于贾谊把保护太子的身体视作师、保、傅的一项重要职责及教育内容，所以梁怀王坠马而死后，他引以自责，竟郁郁寡欢，英年早逝。

## 二、评价及启示

现代教育学理论认为，遗传、环境、教育等是影响人的发展的基本因素。这些因素在古代教育过程中也早已被人们察觉。贾谊之所以强调婚嫁对象的选取和胎教环境的改善，正是考虑到遗传在人的发展中的重要作用。遗传因素为人的发展奠定了可能，有了这种条件，“生命体成为一个开放的、具有自稳定性能的结构，它能够不断地从外界吸取自己发展所必需的各种养料，进行加工改造，使

①贾谊．贾谊集．上海：上海人民出版社，1976.
②贾谊．贾谊集．上海：上海人民出版社，1976.
③贾谊．贾谊集．上海：上海人民出版社，1976.
④贾谊．贾谊集．上海：上海人民出版社，1976.

机体能维持生命的存在与成长，为个体发展提供了可能”①。

强调婚嫁对象的选取已经有了初步的优生学意识，而“慎交感”的理念也已被现代医学和心理学的相关研究所证明。养胎期间提供合适的营养和适宜的环境有利于胎儿的机体成长，这是贾谊胎教思想的精华之处。当然我们也应该看到，贾谊过分强调了母亲的身世对儿童成长的作用，忽视了儿童自身发展主观能动性的作用。他强调婚嫁对象必须选择世代孝悌仁义之家，也反映出两汉时期门第观念逐渐形成的现状，体现了贾谊学前教育思想的时代局限性。

“慎交感”的理论也存在经验哲学模糊性和直观性的缺陷，而且贾谊把朝代更替与太子早期教育联系起来，把时代变化的原因归因于个人因素，具有典型的个人英雄史观特征，没有意识到生产力变化等因素才是社会进步的直接因素，反映出贾谊胎教思想中的历史局限性。

贾谊关于“慎选左右”的幼教思想注意到了环境因素对个体成长的重要作用。儿童处于世界观形成阶段，还没有形成稳定的人生观和价值观，环境教育的因素显得更加重要。正如很多儿童教育专家所指出的，幼儿教师掌握着祖国的未来。儿童生长早期处于情感和智力发展的关键阶段，抓住发展的关键期进行合理的施教，能够形成优良的习惯和性格，对儿童成长无疑具有重要的影响。儿童成长过程中保育人员的专业分工也有利于儿童的发展，在儿童情感发展的关键期注重道德培养，这些都是贾谊教育思想中值得借鉴的因素。

同时，我们也应该看到，贾谊的幼教思想是基于太子教育的，需要批判地继承。过分注重外部环境的影响，而忽视儿童主动认知和建构知识的能力，也会导致形成严密的制度规范，压抑了儿童成长的活力。

贾谊的学前教育思想形成于我国教育思想尤其是学前教育思想的初创时期，具有明显的时代局限性，但是他系统地总结了先秦时期我国的学前教育思想，结合自己的经验形成了独特的学前教育理论，影响了我国后世的学前教育，也使其成为我国古代教育史上寥若晨星的学前教育家之一。

---

①叶澜.教育概论.北京:人民教育出版社,2006.

# 第二节 王充的学前教育思想

王充(27—约97),字仲任,浙江上虞人,是我国古代唯物主义哲学家和无神论者。他的学前教育思想散见于他的哲学和其他著述中。《论衡》的《齐世》《气寿》《命义》《率性》《本性》《别通》《说日》《实知》《超奇》等篇中,都有关于学前教育的论述,提出了许多宝贵的见解,是我国古代学前教育史上的优秀成果。

## 一、胎教思想

### (一)人性的教育作用

王充根据他的人性论,充分肯定了教育的作用,继承贾谊、刘向的思想,主张胎教。他是第一个抛开民间荒诞离奇的胎教传说,而以朴素唯物主义态度对待胎教的人。他认为:"遭者,遭得恶物象之故也。"[1]母亲在怀孕期间,母体内外环境的变化可以改变五常之气的比例,甚至会使其中某个方面残缺不全。如孕妇受外界不良因素的影响,使胎儿某些地方不能正常发育,造成生下来后的各种先天残疾,就属于这种因素。

人有性,这是王充胎教思想的核心内容。人有性就是说人有遗传性。因为有遗传,所以人在结婚时要有选择,正如王充所说"性本自然也"。应该指出的

①王充.论衡.长沙:岳麓书社,2015.

是，在《论衡》中，“人性”的含意是双重的:一方面，“人性”是指人的身体好坏和脑力聪明与否等自然生理机能；另一方面，也指人的善恶的遗传。前者是唯物的，后者是唯心的。我们在论述他的胎教思想的时候，在忠实于原意的基础上，可以把“人性”前一个方面的含意引申出来，作为精华加以发扬，而对“人性”后一方面的含义，则视为糟粕予以批判。[①]

### (二)胎教思想的基本内容

#### 1.气的厚薄

父母体质的好坏，决定了后代的体质强弱和寿命长短。王充认为，气是构成人和万物的物质元素。因此，人的身体好坏、寿命长短，不是取决于什么“上天”或“神”的意志，而取决于人自身。具体来说，是取决于人生下来所含之气的多少、厚薄。他说:“妇人疏字者子活，数乳者子死。何则?疏而气渥，子坚强；数而气薄，子软弱也。”[②]这就是说，生的孩子少，母亲体格健壮，孩子也健壮；生的孩子多，则母亲体质弱，孩子也弱。这里有唯心论的成分，但总体来说，王充认识到妇女生育多会影响孩子的健康成长，是有其科学性的。

#### 2.人性的遗传

父母的道德、性格、爱好、外表等各种因素，影响着后代的成长。比如说，孕妇在怀孕期间碰到了恶物，就会带来不好的影响。对此，王充举例说明了孕妇遇恶物所带来的后果。孕妇吃过兔子，生的孩子可能会豁嘴，“妊妇食兔，子生缺唇”。夏历二月，夫妻同房，遇有雷声，妻子怀了孕，将来孩子在形体上有缺陷，“《月令》曰:‘是月也，雷将发声。有不戒其容者，生子不备，必有大凶，”凡是哑巴、聋子、瘸子、瞎子，都是因为气碰上了恶物，使他在胎期受到了损伤。春秋时晋国大夫叔向的儿子羊舌似我初生时，啼声像豺狼，长大后性恶，“被祸而死”。尧的儿子丹朱、舜的儿子商均不能继承帝位，都是因为母亲怀他们时遭遇恶物而使他们品质恶劣。

---

①杨中新.王充的胎教思想.人口学刊，1981(02).

②王充.论衡.长沙:岳麓书社，2015.

### 3. 实行胎教的具体方法

关于胎教的具体方法，王充列举了以下内容。

他首先引用儒家经典上的话："席不正不坐，割不正不食，非正色目不视，非正声耳不听。"[①]这里的"割不正不食"，是指不按礼的规定屠宰的牲畜肉不能吃；长大之后，找一位好的老师教他，"及长，置以贤师良傅，教君臣父子之道"[②]；妇女怀孕期间，要贤慧，要孝敬父母，因为胎儿会跟母亲一样，"贤不肖在此时矣"[③]；夫妻同房时，妻子要谨慎，否则，孩子形体丑恶，"受气时，母不谨慎，心妄虑邪，则子长大，狂悖不善，形体丑恶"[④]；妇女怀孕期间，不能发生不正当的关系，因为这既伤害父母自身，而且伤害下一代，"素女对黄帝陈五女之法，非徒伤父母之身，又贼男女之性。"[⑤]这些都是为了保证胎儿发育阶段内外环境的和谐，让出生后的幼儿有良好的起点。

他认为教育的主要作用在于陶冶儿童的性情，发展人的才能。良好的教育，可以使人"学问日多，简练其性，雕琢其材"，成为既"知大圣之意"，又"晓细民之情"的出色人才。

当儿童受胎时，父母的居处、言行以及思虑都是有规律的，所感必然是善的影响；反之，所感必是恶的影响，所以他认为："初生意于善，终以善；初生意于恶，终以恶。"他的《论衡·命义》中提出，行胎教法是有效的。

人性
- 上等之人………善的………后天不能移的
- 中等之人………善的／恶的………后天能移的
- 下等之人………恶的………后天不能移的

（以上）行胎教法是有效的

王充承认教育对于幼儿禀性的改变是有效的，所以他承认教育的价值；教育不仅可以锻炼儿童的本性，还可以完善他们的人格。[⑥]

①王充．论衡．长沙：岳麓书社，2015.
②王充．论衡．长沙：岳麓书社，2015.
③王充．论衡．长沙：岳麓书社，2015.
④王充．论衡．长沙：岳麓书社，2015.
⑤王充．论衡．长沙：岳麓书社，2015.
⑥陈青之．中国教育史．上海：上海书店出版社，2013.

## 拓展阅读

王充认为婴儿"本无争夺之心"，但长大以后，接受"利色"思想的影响，逐渐产生了"争夺之心"；同样，婴儿也"无推让之心"，长大后，由于环境和教育的影响，也可以养成"推让之心"。他认为学习过程中，首先要通过感觉器官接触外界事物，"不目见口问，不能尽知也"。但仅凭耳目等感官的感知，还会产生真伪、虚实不分的假象，不可能认识事物的本质。所以还必须"铨订于内"，"以心意义"，即经过思考，才能做到"订其真伪，辨其实虚"，达到理性认识。①

### (三)在活动中学习

王充认为，儿童的认识是在活动中产生的，活动是造就人才的基本条件，还强调手脑并用，他说："齐郡世刺绣，恒女无不能：襄邑俗织锦，钝妇无不巧。目见之，日为之，手狎也。"她们之所以都能刺绣、织锦，就是因为她们生活在刺绣、织锦的环境中，天天看着、想着，手上做着。他还提出活动越广泛，认识就越全面越深入的观点，他说："涉浅水者见虾，其颇深者察鱼鳖，其尤甚者观蛟龙。足行迹殊，故所见之物异也。"②

## 二、评价及启示

王充以鲜明的批判精神为特点，敢于破除传统，批评权威，给人以耳目一新之感，在一定程度上起到了思想解放的作用。在东汉大肆宣扬谶纬迷信、政治专制的黑暗时期，王充不畏强权，本着"疾虚妄"的批判精神，在《论衡》中建构了超越时代的教育思想体系，并在一生的治学过程中实践着自己的教育理念，这是难能可贵的。笔者也希望通过对王充教育思想的研究，使我们能够学习王充学前教育思想中的精华，来丰富现代学前教育理论，促进现代学前教育的进步与发展。

①刘生龙．中国古代教育的那些事．北京：国家行政学院出版社，2013.

②王充．论衡．长沙：岳麓书社，2015.

# 第三节
# 颜之推的学前教育思想

颜之推（约531—595），字介，原籍琅琊临沂，世居建康（今南京），出身于世族名门，早年接受家传儒学的教育，奠定了他作为儒学学者的思想基础。由于颜之推生活在儒学衰微，佛学、玄学、辞章之学等并兴的南北朝时期，其学术思想呈现出多元化特征。他博览群书，善为辞章，旁通佛学、玄学，在音韵、训诂、校勘等方面颇有造诣。

颜之推著述甚多，有文集三十卷，有《还冤志》《颜氏家训》等。《颜氏家训》是我国古代第一部系统完善的家庭教科书，在家庭教育史上有重要的影响，被后世誉为“家庭规范”。

## 一、学前教育思想

### （一）胎教思想

施行胎教，必须注意选择适宜的环境。颜之推在著作中明确写道：“古者，圣王有胎教之法：怀子三月，出居别宫，目不邪视，耳不妄听，音声滋味，以礼节之。”别宫是宫廷中专门施以胎教的场所，它远离喧嚣，且环境静谧优美，使孕妇“耳不听恶声”。这种思想强调胎教应遵守礼的规范。

### （二）家庭教育思想

#### 1. 及早施教

与注重婚姻与胎教的思想相联系，颜之推也讲究及早施教。颜之推具体指出："当及婴稚识人颜色，知人喜怒，便加教诲。"他还引用民间谚语说："教妇初来，教子婴孩。"要求当婴儿略知人事，能辨别大人的赞许或反对的态度时，就必须进行教育。

### 2. 重视早期知识教育

早期教育不仅表现在德育方面，也表现在智育方面。学前儿童求知欲最为旺盛。颜之推说："吾家儿女，虽在孩稚，便渐督正之。一言讹替，以为己罪矣。"[①]父母要注意要求孩子正确发音，若孩子有错误之处，应视为父母的过错。颜之推以语言学习为例，说明了知识教育的重要性。

### 3. 严教均爱

幼儿出生后接触最多的人就是自己的父母，所以父母对孩子的教导和影响，在幼儿的成长过程中极为重要。那么，父母在教导孩子的过程中应该持什么态度呢？颜之推认为应坚持严格施教："父子之严，不可以狎；骨肉之爱，不可以简。简则慈孝不接，狎则怠慢生焉。"[②]如果父母因孩子幼小而有慈无威，则很容易导致孩子在行为上出现问题。齐梁时期，士族政治逐渐衰弱，不少贵族子弟整天放纵。颜之推认为这是由于其父母太过溺爱孩子而疏于教育的结果。

### 4. 主张博习致用

颜之推主张上自明王圣帝，下至凡夫俗子，都应勤奋学习。学习的目的在于"行道以利世"，要掌握"应世经务"的真实本领。他主张要广泛接触社会生活，学习各种杂艺，熟悉农业生产知识，强调要有一技之长，以为立身之本，即所谓"积财千万，不如薄技在身"。

### 5. 注重环境，慎交学友

颜之推继承了孔子、孟子等注重环境、"慎交学友"的教育思想，十分注重孩子社会生活和交往的环境。颜之推认为，父母应注意自己的言行，还应注意开展家庭教育时选择邻友。因为幼儿的心理处于发展阶段，尚未定型，没有判断的能力。而幼儿的好奇心、模仿能力都很强，周围的人或事都会在无形之中对幼儿产生极大的影响。

---

①颜之推著，檀作文译注．颜氏家训．北京：中华书局，2016.

②颜之推著，檀作文译注．颜氏家训．北京：中华书局，2016.

### (三)幼儿德育思想

#### 1. 德育的内容

(1)重视纲常教育——守孝道,养孝德。魏晋南北朝时期,虽然儒学一度遭到玄学、佛学的冲击,封建纲常礼教受到极大的冲击,但在幼儿教育中仍然十分重视纲常教育。颜之推主张“父母威严而有慈”来让“子女畏慎而生孝”[①],并把孝作为“百行之首”。这足以表现颜之推利用纲常教育来促进幼儿德育的思想。

(2)提倡谦恭、节俭及恤贫的良好风尚。《颜氏家训》中引用《论语》的内容:“奢则不孙,俭则固,与其不孙也,宁固。”“如有周公之才之美,使骄且吝,其余不足观也已。”也就是说,奢侈了就不恭顺,太节俭了就显得寒酸。与其不恭顺,宁可显得寒酸。即使有周公那样的才那样的美,但只要他既骄傲又吝啬,余下的也就不值得称道了。现在有的人往往舍得施予却流于奢华,有的人知道节俭却又显得吝啬。因此,人们(包括幼儿)都应养成谦恭、节俭、恤贫的习惯。

#### 2. 德育的方法

(1)陶冶教育法。通过教育者如父母、教师的行为熏陶及人格感化,潜移默化地培养幼儿的思想品德。从颜之推强调德育的内容来看,做父母的既要威严,又要慈爱。在父母良好的人格感化下,子女就会谨慎而有孝敬之心。这就是说,要通过父亲或兄长的人格来熏陶幼儿,使其行为、思想端正。

(2)榜样教育法。即以正面人物的高尚品德、模范行为、先进事迹和卓越成就来影响幼儿思想品德的方法。颜之推在《颜氏家训》中不仅表达了自己的观点,还列举了一些人物的事迹、行为、品德等,以便子孙从小就在榜样的感化下仿效其行为。人们要向圣贤们学习,特别是年幼且“神情未定”者更应如此。

(3)品德评价法。即根据一定道德规范的要求,对幼儿的思想品德做出评价和判断以进行教育的方法。他在《颜氏家训》中对车骑大将军王僧辩的母亲魏夫人“性甚严正”,对儿子从小严格要求、毫不娇惯溺爱的做法大加推崇。王僧辩四十岁时,由于疏忽而在公务中出了错,母亲“犹捶挞之”。她正确对待孩子的错误,而不因孩子年龄 大而忽略。可见,颜之推对魏夫人的做法十分赞同,并希望所有父母应该像魏夫人一样“性甚严正”。

---

①颜之推著,檀作文译注.颜氏家训.北京:中华书局,2016.

## 二、评价及启示

颜之推的儿童教育思想因其科学性和合理之处，为当代父母进行家庭教育提供了很好的帮助和启示。当代父母对孩子进行家庭教育时，可以规避一些陈旧的思想，借鉴一些经典、有效、合理的教育方法。由于颜之推生活在封建时代，他的教育思想难免会有与当代冲突的部分，我们需要取其精华，去其糟粕，选择性地吸收其合理的部分。总而言之，颜之推的儿童教育思想在今天依旧是值得借鉴、值得学习的。

颜之推主张“德艺双修，博专统一”的教育。对于幼儿来说，身心得到全面和谐的发展最重要。很多家长想从小为幼儿培养一项技能以便长大后获利的想法并不明智，幼儿教育不能急在一时，早期教育本身就是为他们的未来打基础。此外，当代家庭对幼儿的过度保护，导致幼儿缺乏足够的运动量以及与户外世界接触的机会，家长认为这样做有效避免了孩子受伤的可能，殊不知这样不仅不利于孩子的成长，更不利于孩子的身心全面发展。

颜之推关于家庭教育的另一个观点是父母应当严肃对待儿童教育，重爱轻教或重教轻爱都会使亲子关系产生疏离，动摇父母在子女心目中的威信，最后导致管教无效。如今大多数家庭是独生子女，我们担心的不是偏爱，而是过度溺爱导致幼儿早期教育的缺失。所以，父母对孩子的爱也应张弛有度，将孩子视为一个独立的个体，尊重他们的发展规律，爱教结合，避免过度溺爱而造成不可弥补的过失。

颜之推重视环境，不仅仅因为和谐的氛围适宜幼儿成长，关键在于幼儿善于学习长辈的行为，良好的氛围、优良的“风化”教育更有利于幼儿道德行为的养成。儿童学习父母及周边人在日常生活中表现出的道德规范，加上父母对其行为的要求，建立起自己的判断。因此，严于律己，言传身教，这样的教育远远好过对儿童语重心长的训诫。

# 第四节 朱熹的学前教育思想

朱熹(1130—1200),字元晦,号晦庵。祖籍婺源(今江西婺源县),南宋著名的思想家、哲学家、教育家、诗人。他是理学之集大成者,创立的学派被后人称为"闽学"。他的著作主要有《诗集传》《四书章句集注》《周易本义》《近思录》等,后人编有《晦庵先生朱文公集》《朱子语录》等。他的学前教育思想集中反映在他为儿童编写的教材《小学》和《童蒙须知》中。

## 一、学前教育思想

### (一)注重蒙养教育

朱熹对蒙养阶段基础教育的作用特别重视,并且根据古代教育经验,把整个学校教育的过程划分为小学和大学两个阶段,其中8—15岁为小学教育段,即蒙养教育段;15岁以后为大学教育段。他认为这是两个相互独立又相互联系的阶段,小学教育是大学教育的基础,大学教育是小学教育的扩充和深化。[①]

朱熹特别重视幼儿教育,他说:"必使其讲而习之于幼稚之时,欲其习与知长、化与心成,而无扞格不胜之患也。"[②]他认为幼儿时期的教育十分重要,在幼儿时期要对儿童进行教育,使智慧和知识得以增长,德行和道义也随着知识教育潜移默化地得到培养。他还认为小学阶段的教育是为后来奠定基础,形象地将其比喻为"打坯模",说:"古者小学,已自暗养成了。到长来,已自有圣贤坯模,只

①唐淑,钟绍华.中国学前教育史.北京:人民教育出版社,1998.

②朱熹撰,朱杰人,严佐之,刘永翔编注.朱子全书.合肥:安徽教育出版社,2010.

就上面加光饰。”[1]他认为从小注重儿童的教育，长大后只需稍加打磨修饰，就能成为圣贤。同时还说“自小失了，要填补，实是难”[2]，认为蒙养阶段的教育对儿童成长有着至关重要的作用。

### 拓展阅读

《童蒙须知》分衣服冠履、言语步趋、洒扫涓洁、读书写字、杂细事宜等目，对儿童的生活起居、学习、道德、行为、礼节等均做了详细规定。如“凡为人子弟，当洒扫居处之地，拂拭几案，当令洁净”；“凡读书，须整顿几案，令洁净端正”；“读书有三到。谓心到、眼到、口到。心不在此，则眼看不仔细。心眼既不专一，却只漫浪诵读，决不能记”；“凡为人子弟，须是常低声下气，语言详缓，不可高声喧哄，浮言戏笑”。

### (二)要求慎择师友

朱熹强调在教育中应注意慎择师友。幼儿教师要对幼儿身边的人进行选择，首先就是慎重选择乳母，使幼儿从小受到良好的影响，他强调“乳母之教，所系尤切”[3]。因为乳母与婴幼儿接触的时间较长，对婴幼儿身体的发育、性情的调理、情感的交流、知识的增长和道德的形成等都有重要的影响。[4]

其次，要慎择幼儿的朋友，提出要亲近“益友”，远离“损友”。朱熹在《与长子受之》这封家信中就教育儿子要辨别是非，慎重地选择朋友，说：“大凡敦厚忠信，能言吾过者，益友也；其谄谀轻薄，傲慢亵狎，导人为恶者，损友也。”因此要注意培养儿童明辨事理、交益友的能力。

普通人家的子弟要善择师友，对太子、皇孙来说，师友的选择就更为重要。针对当时太子、皇孙选择师友不当的情形，他大胆地指出太子、皇孙左右的官僚之选，罕有称其职者，同时劝告统治者，应效仿古之圣王教世子法，选拔端方正直、道术博闻之士为太子师友。[5]

---

①张伯行辑注．小学辑说，徐梓等编．蒙学要义．太原：山西教育出版社，1991.

②朱熹撰．朱子语类，见朱杰人、严佐之、刘永翔主编．朱子全书．合肥：安徽教育出版社，2002：269.

③张伯行纂辑．丛书集成初编本：小学集解(一)．北京：中华书局，1985.

④廖其发．中国幼儿教育史．太原：山西教育出版社，2006.

⑤周玉衡，范喜庆．学前教育史．上海：复旦大学出版社，2009.

### （三）强调学“眼前事”

朱熹认为事事之中都存在一个理，主张儿童学习“眼前事”，提出小学的学习内容应当是“学其事”，即学习眼前日常的事。具体而言，包括“洒扫应对之节”“礼乐射御书数之文”和“爱亲敬长隆师亲友之道”这样一些内容。朱熹认为儿童学习这类“眼前事”，不仅符合儿童认识的发展水平，而且也能为大学“学其理”打下基础。[①]

为使儿童对“眼前事”的学习有章可循，朱熹亲自为儿童编写了《小学》与《童蒙须知》两部教材。其中《童蒙须知》是朱熹为儿童制定的学习“眼前事”的具体标准与要求，对儿童的生活行为训练都做了细致的规定。儿童通过学习日常生活中具体事，注重“眼前事”，从小事做起，能养成良好的行为习惯，学到初步的文化知识与技能，增长才干。

### （四）提倡正面教育

朱熹一贯重视和提倡以正面教育为主，尤其是对儿童教育，他更强调多积极诱导，少消极限制，要求“多说那恭敬处，少说那防禁处”。他编写的《童蒙须知》，对儿童的日常生活行为的规定也主要着眼于进行正面的具体的指导。

根据正面教育为主的原则，朱熹还对教师提出指导、示范和适时启发的要求，并把教师对学生的适时启发比喻为“时雨之化”。

朱熹的儿童教育思想是他多年教育实践经验的总结，在某种程度上反映了他对儿童身心发展规律的直观理解，包含不少有积极意义的内容，在古代学前教育理论发展史上占有重要的地位。

## 二、儿童教育的原则和方法

为了培养“圣贤坯模”，朱熹根据自己的实践和前人的经验，提出了一些儿童教育的原则和方法。

### （一）先入为主，及早施教

在朱熹看来，“人之幼也，知思未有所主”，他认为儿童的思想可塑性强，容易受各种思想影响。倘若受到一些不良思想学说的影响，接受了其他学说，再教

---

①崔聚兴.中外学前教育简史.天津：南开大学出版社，2014.

以儒家的伦理道德，就会遇到抵触。因此，必须先入为主，及早进行教育，以积极进步的思想和学说影响儿童，为儿童今后的发展打下基础。

### （二）严格要求，慎择师友

朱熹引用张载的话指出，教小儿，首先要使其安详恭敬，严格履行各种道德规范。如果不严格要求，男女自幼便娇惯坏了，等到长大后就更加凶狠。之所以如此，就在于自幼就未按为人子弟的规矩行事。[①]这就是说，对儿童的教育从幼儿时期就应严格要求。

由于幼儿的模仿性很强，辨别是非能力弱，容易受周围环境的影响，因此要慎择师友。朱熹认为，对于普通的士大夫家庭，慎择幼儿的教师应从慎择乳母开始，并提出了选择乳母的要求：宽裕慈惠、温良恭敬、慎而寡言。乳母与婴幼儿接触时间较长，对婴幼儿的影响也较大，作为婴幼儿最初的教育者，应当注意其品行，谨慎选择。

儿童稍长后，除须慎择教师外，还应开始培养儿童辨别是非、交结益友的能力。[②]

**人物介绍**

张载（1020—1077），字子厚。祖籍大梁（今河南开封），居凤翔横渠（今陕西眉县横渠乡）。少孤自立，遍习经史，喜谈军事。38岁中进士后，历任祁州司法参军、云岩县令著作佐郎、渭州军事判官、崇文院校书等职。后归里讲学，创立“关学学派”，为理学的四大派系之一。他的学术抱负宏大，欲以自己的学说，“为天地立志，为生民立道，为去圣继绝学，为万世开太平”[③]。其代表作有《正蒙》《横渠易说》《经学理窟》《张子语录》等。张载提出的幼教原则和方法主要有循序渐进、适时而教、恒常一贯、教学相长四个方面。[④]

### （三）寓教于乐，适时启发

朱熹根据儿童活泼好动的特点，要求教学形象生动，因势利导，激发他们的学习兴趣。他在《小学》里曾引用程颐的话：“教人未见意趣，必不乐学。”他主张用历史故事、道德诗歌来教育儿童，并开展“咏歌舞蹈”等娱乐活动，以引起他们

①徐梓，王雪梅．蒙学须知．太原：山西教育出版社，1991．

②田景正．学前教育史．长沙：湖南大学出版社，2015．

③张载撰，章锡琛点校．张载集．北京：中华书局，1985．

④喻本伐．中国幼儿教育发展史．武汉：华中师范大学出版社，2012．

的兴趣，增强他们学习的自主性。[①]

朱熹把教师对学生的适时启发比喻为“时雨之化”，要求教育者抓住时机，适时启发，从而收到事半功倍的效果。

### （四）重视环境，正面教育

朱熹十分重视环境对教育的影响，主张胎教，重视人文环境对胎儿的影响；重视家庭幼儿教育，要求父母、长辈加强自身修养，为儿童营造良好的家庭氛围。提出慎择师友，让幼儿结交益友。对于宫廷幼教，朱熹指出当朝皇子、皇孙教育的弊端，建议皇上“逐去邪人，不使见恶行”，重视宫廷幼教的人文环境。就启蒙教育而言，朱熹尤其重视塾师的选择，认为教师的言行举止会对儿童产生巨大影响，对塾师的知识学问、教学技巧提出了要求。[②]在儿童成长过程中有意识地进行环境净化，在今天看来也是十分有意义的。

### （五）知行相须，行为训练

“知”指认知，多与智育相关；“行”指实践，可与道德行为联系起来。因此，“知行相须”可以理解为：智育和德育的关系是相辅相成、互促互补。[③]

道德教育是理学思想的核心，也是朱熹教育思想的重要内容。朱熹认识到，儿童道德行为习惯的形成必须有一个从不自觉到逐步自觉的过程，因此，他主张严格地、不间断地对儿童进行道德行为习惯的训练。[④]从他的蒙学教材中可以看出，他十分重视儿童良好的学习习惯和生活习惯的培养，制定了《童蒙须知》以及《训学斋规》来规范儿童的道德行为习惯。

## 三、评价与启示

朱熹关于儿童教育的很多见解和主张，包括对儿童教育的重视、小学和大学的划分，小学阶段的学习内容、学习方法以及正面教育为主的教学原则，注重生活规范的养成，主张直观教学，注重寓教于乐，这些不仅有对教育的重视和深入

①崔聚兴.中外学前教育简史.天津：南开大学出版社，2014.

②喻本伐.中国幼儿教育发展史.武汉：华中师范大学出版社，2012.

③喻本伐.中国幼儿教育发展史.武汉：华中师范大学出版社，2012.

④喻本伐.中国幼儿教育发展史.武汉：华中师范大学出版社，2012.

④崔聚兴.中外学前教育简史.天津：南开大学出版社，2014.

的思考，更有对儿童的尊重和对儿童教育的深入研究。

朱熹的儿童教育观念主张及早施教，强调儿童教育是打好基础的教育，要在小学阶段打好基础。他关于“眼前事”的学习主张既是必要的，又是可能的，体现了他对家庭教育的充分理解。他主张学习的“眼前事”，也就是儿童日常生活中的知识。对这些日常之事的学习，也是循序渐进地对儿童良好生活常规、基本劳动观念、热爱劳动思想以及初步劳动能力的培养。在当代家庭物质生产职能弱化甚至消失、家庭社会职能发生改变、家庭结构小型化和多元化的情况下，认真学习和思考朱熹的儿童教育主张也有现实意义。

# 第五节 王守仁的学前教育思想

王守仁(1472—1529),字伯安,别号阳明。浙江绍兴府余姚县(今属宁波余姚)人,因曾筑室于会稽山阳明洞,自号阳明子,学者称他为阳明先生,亦称王阳明。明代著名的思想家、文学家、哲学家和军事家,陆王心学之集大成者,精通儒家、道家、佛家。21岁中浙江乡试,28岁举进士,曾任刑部主事、兵部主事等职。武宗正德元年(1506年),因上书援救戴铣等而得罪宦官刘瑾,被谪为贵州龙场驿丞。刘瑾被诛后,王守仁先后任庐陵知县、南京刑部主事、考功郎中、南京太仆寺卿、鸿胪寺卿等职。

王守仁继承和发展了陆九渊的学说,提出"心即理""致良知""知行合一"等命题,创立了"阳明学派"(亦称"姚江学派""王学"),其学说以反传统的姿态出现,在明中叶以后曾广为流行,并流传到日本,对明治维新产生过积极影响。

## 一、学前教育思想

### (一)揭露和批判传统儿童教育不顾儿童的身心特点

王守仁说:"近世之训蒙稚者,日惟督以句读课仿,责其检束,而不知导之以礼;求其聪明,而不知养之以善。鞭挞绳缚,若待拘囚。"[①]指出当时从事儿童教育的老师每天只是督促儿童读书写字,责备他们,不知道用礼义来引导;想使他们聪明,但不知道用德行来培养。对待儿童用体罚,就像对待囚犯一样。而这种教

①孟宪承.中国古代教育文选.北京:人民教育出版社,1979.

育不仅使学生厌恶学习，憎恨教师和学校，“视学舍如囹圄而不肯入”“设师长如寇仇而不欲见”[1]，常常借故逃学，“以肆其顽鄙”“以遂其嬉游”，放肆地从事各种顽劣的活动，达到嬉游的目的。久而久之，学生品德日渐败坏，“偷薄庸劣，日趋下流”。因而，他认为这种教育“是盖驱之于恶而求其为善也，何可得乎！”不顾儿童的身心特点，把他们当作小大人，这是传统儿童教育的致命弱点。

### （二）主张激发儿童的学习兴趣

王守仁认为，遵循儿童性情进行教育，最重要的就是要激发儿童的学习兴趣，兴趣在提高儿童教育质量方面起着十分重要的作用。他说：“今教童子，必使其趋向鼓舞，中心喜悦，则其进自不能已；譬之时雨春风，沾被卉木，莫不萌动发越，自然日长月化。”[2]儿童如果对学习兴趣盎然，则学习时必然心情愉悦，能生动活泼地学习，这样自然不会停止进步。就像时雨春风滋润草木花卉，没有不生机勃发、自然而然地一天天长大的。反之，如果忽视了儿童兴趣的培养，则会压抑儿童学习的积极性，使儿童的学习很难进步，如同遭遇冰霜的花木，“生意萧条，日就枯槁”[3]。

### （三）主张循序渐进

王守仁认为对儿童进行教育，必须注意“从本原上用力，渐渐盈科而进”[4]。在他看来，任何人的认识水平都有一个由婴儿到成人的发展过程，譬如“婴儿在母腹时，只是纯气，有何知识？出胎后方始能啼，既而后能笑，又既而后能识认其父母兄弟，又既而后能立能行，能持能负，卒乃天下之事无不可能”[5]。教育者必须根据儿童这种“精气日足，则筋力日强，聪明日开”[6]的成长过程，循序渐进地进行教育。

### （四）主张因材施教

王守仁认为：“人的资质不同，施教不可躐等。中人以下的人，便与他说性、

---

①孙培青.中国教育史.上海：华东师范大学出版社，2008.

②孟宪承.中国古代教育文选.北京：人民教育出版社，1979.

③孟宪承.中国古代教育文选.北京：人民教育出版社，1979.

④王守仁著，王晓昕、赵平略点校.王文成公全书.北京：中华书局，2015.

⑤王守仁著，王晓昕、赵平略点校.王文成公全书.北京：中华书局，2015.

⑥王守仁著，王晓昕、赵平略点校.王文成公全书.北京：中华书局，2015.

说命，他也不省得也。须漫漫琢磨他起来。”[①]因此，教育者对儿童施教不仅要考虑儿童认知发展水平的共性特征，而且还要注意个体发展水平的差异，针对每个人的个性差异，因材施教。

王守仁认为，因材施教的目的在于使受教育者“各成其材”，他说：“因人而施之，教也，各成其材矣，而同归于善。”[②]他认为每个儿童都有其长处。教育者如能就其长处加以培养，就可以使他们某一方面的才能得到发展。他举例说，譬如有三人习射，“一能步箭，一能马箭，一能远箭。他射得到，俱谓有力，中处，俱可谓之巧；但步不能马，马不能远，各有所长，便是才力分限有不同处。”[③]这是就才能而言。针对儿童性格方面的不同，他也要求教师应根据儿童各自的特征，采取不同方法，分别予以适当的陶冶，各成其材。他说：“圣人教人，不是个束缚他通做一般，只如狂者便从狂处成就他，狷者便从狷处成就他，人之才气，如何同得？”[④]

### （五）主张全面的教育内容

王守仁说“教人为学，不可执一偏”[⑤]，提倡对儿童授以广泛的教育内容，以促进儿童多方面发展。他拟定了一个很详尽的日课表：“每日功夫，先考德，次背书诵书，次习礼，或作课仿，次复诵书讲书，次歌诗。”[⑥]

王守仁认为对儿童“诱之歌诗”，不但能激发他们的意志，而且能使其情感得到正当的宣泄，这有助于消除他们内心的忧闷和烦恼，使其“精神宣畅，心气和平”。“导之以礼”，不但能使儿童养成威严的仪容和仪表，而且通过周旋揖让、拜起屈伸等礼仪动作，“动荡其血脉”“固束其筋骸”，也有利于锻炼身体，增强体质。“讽之读书”，不但能增长儿童的知识，开发其智力，而且还能“存其心”“宣其志”，有利于培养儿童的道德观念和理想。总之，在王守仁看来，对儿童进行“歌诗”“习礼”和“读书”教育，是为了培养儿童的意志，调节他们的性情，在潜移默化中消除其鄙吝和粗顽，让他们日渐礼义而不苦其难，入于中和而不知其故，在德、智、体、美诸方面都得到发展。

---

①王守仁著，王晓昕、赵平略点校．王文成公全书．北京：中华书局，2015.
②王守仁著，王晓昕、赵平略点校．王文成公全书．北京：中华书局，2015.
③王守仁著，王晓昕、赵平略点校．王文成公全书．北京：中华书局，2015.
④王守仁著，王晓昕、赵平略点校．王文成公全书．北京：中华书局，2015.
⑤王阳明著，支伟成校订．阳明全书．上海：上海大中书局，1934.
⑥王阳明著，支伟成校订．阳明全书．上海：上海大中书局，1934.

## 二、评价及启示

### (一)顺应儿童天性

正如王阳明所说,儿童生性活泼,喜欢无拘无束、自由自在地玩耍。但目前多数教师认为儿童年龄较小,思想上不成熟,应该对其严格教育,以保证其健康成长。实际上,教师没有认清儿童的天性,如果一味束缚儿童的天性,将使儿童的发展存在严重缺陷。因此,在教学过程中,教师应充分发挥儿童的天性,使其健康成长。

### (二)尊重学生个性,因材施教

由于儿童的家庭教育背景不同,因此,儿童的学习基础、学习兴趣等也不尽相同。针对这种情况,教师应采用“循序渐进,因材施教”的教育思想,加强对儿童的针对性指导。

### (三)注重培养儿童独立思考的能力

引导儿童多角度进行思考。通常,儿童都有较强的好奇心,喜欢问各种问题,有些问题在成人看来特别奇怪,但无论儿童提出什么问题,都要耐心解答,不能嫌儿童烦,更不能打击儿童的积极性,应引导其从多个角度考虑问题,不断提高儿童独立思考的能力。还要营造独立思考的氛围,在教学中,教师可以通过各种方式引导学生独立思考并加以奖励,从而激发儿童的思考热情。

# 第六节
# 张履祥的学前教育思想

张履祥(1611—1674),字考夫,号念芝,浙江桐乡人,明末清初著名的理学家和教育家,因世居清风乡炉镇杨园村,又称杨园先生。9岁丧父,母亲沈氏授以《论语》《孟子》,并以"孔、孟都是无父儿"勉励他。15岁中生员,于崇祯十二年(1639)、十五年(1642)两应乡试不中,遂以青衿授塾终老。张履祥从23岁开始从事教学工作,并立下做教师的志愿,认为"今世贫士众矣,皆将不免饥寒,宜以教学为先务,盖亦士之恒业也"。他非常重视教育,把教书育人看作为国进才的头等大事,指出"在上则进贤才,在下则育贤才,无非为天下国家"。他通过教育实践,对传统教育存在的问题进行了深刻的揭露和批判,在人才培养、教育内容、教学方法等方面都有不少超越前人的见解。其教育思想主要体现在《愿学记》《初学备忘录》《训子语》《训门人语》等著作中,均被收入《杨园先生全集》。[①]

## 一、家庭教育思想

张履祥继承了古人的思想,重视家庭教育。在他看来,父母不应只是抚养子女,还要对子女进行相应的教育。张履祥说:"父母有子,未得谓之有子,教成而后谓之有子。"

父母仅仅抚养子女,不能算作是有子女,要把子女教育成才后才真正算是有子女,从这里可以看出张履祥对家庭教育的重视程度之高。他甚至用耕种田地与子女的教育相比,提出:"田畴不垦,宁免饥寒?子孙不教,能无败亡?"[②]

①张建琴,单智伟.张履祥的教育思想与当代大学生的德育培养.嘉兴学院学报,2016(5).

②张履祥著,陈祖武点校.杨园先生全集.北京:中华书局,2014.

### (一)注重早期教育

张履祥认为:“少年血气未定,善者固易流于不善,不善者亦易反而之善。”年少之时,幼儿的性情尚未固定,品性好的有可能往品性不好的方向发展,而品性差的也有可能往好的方向发展。因此,张履祥极为重视早期教育,提倡通过早期教育培养幼儿良好的品德,学习丰富的知识。

张履祥甚至认为,但凡有所作为的名人志士,皆是在其幼年受过良好的教育,并树立远大志向。他曾说:“幼稚之时,必见奋起之志,若举动无恒,苟且颓惰,即将事无一济矣。”[①]在年幼的时候勤学好问,并树立远大的志向,待其成年后必定大有作为;如果颓废懒惰,长大后将一事无成。张履祥忽视了人在成年后通过学习和努力,最终也能有所成就的这种大器晚成的情况。这种说法虽过于绝对,但从中也可以看出张履祥对早期教育的重视程度。他也曾多次用自己幼年时没有受到良师指导的经历劝诫后人:“仆幼无先人之教,亦尝失足于此,后虽悔之,至今言及,犹然惭色形于颜面,可为前鉴也。”[②]

### (二)强调道德教育

张履祥传承孔、孟两家的思想,一心追求圣贤之道,他的思想主张由“放龙蛇驱虎豹”的王学转为“规矩准绳”严谨的朱学。这些都成为张履祥重视人的品德教育的理论来源。张履祥认为个人的品性不好,不仅会影响自己的一生,甚至还会牵连子孙后代,影响整个家族。他在《杨园先生全集》中的《备忘二》中明确说道:“一善在身,幼儿行之,长而不知舍也,善将自其身以及诸人,以及其子孙;一不善在身,幼儿行之,长而弗知改也,不善将自其身以及诸人,以及其子孙,慎之哉!”[③]

### (三)推行“耕读相兼”

“耕读相兼”是张履祥家庭教育思想中最具特色的观点,这一观点是对孔子“富而后教”、孟子“制民恒产”思想的发扬光大。[④]他认为幼儿不但要读书学习,还要参加农业劳动。因为参加农业劳动有利于让幼儿知道劳动的艰辛与不易,从而培养他们勤俭节约、坚韧不拔的品质,并在劳作过程中锻炼他们的身体,有

①张履祥著,陈祖武点校.杨园先生全集.北京:中华书局,2014.

②张履祥著,陈祖武点校.杨园先生全集.北京:中华书局,2014.

③张履祥著,陈祖武点校.杨园先生全集.北京:中华书局,2014.

④喻本伐.中国幼儿教育发展史.武汉:华中师范大学出版社,2012.

助于其身体的健康发展。

“耕读相兼”这一主张，在当时人们普遍读书就只顾读书、劳作就只顾劳作的社会风气来说，是一道亮丽的风景。张履祥反思明灭亡的原因时，认为是由于明朝的官僚、士人耻于学稼穑之事，对稼穑之事一窍不通，不懂得黎民百姓的艰辛，而务农的人对知识也一窍不通，不懂道理，不识一字。

张履祥自己也经常从事农业劳动，有不懂的地方还会请教当地的农民，并在前人的基础上著有《补农书》，以供子弟们参照和学习。“耕读相兼”的核心就是要自幼养成良好的行为习惯。农业劳作时懂得其艰辛，便会主动珍惜粮食，养成勤俭节约的好习惯；不断操劳农事，可以磨炼幼儿的意志力，让其具有坚韧不拔的优秀品质。而在操练农事的过程中，幼儿的身体不断运作，各个部分相互协调，达到了锻炼身体的目的，得到健康和谐的发展。

### （四）主张严格教育

张履祥主张严格教育子女。在他看来，圣贤与不肖子弟产生的关键在于严教与否。他说：“子弟童稚之年，父母师傅严者，异日多贤；宽者，多至不肖。”他认为不肖子弟多是由于父母、师长对其太放纵，没有严格教育而产生的。

张履祥极为反对父母对子女的溺爱，认为对子女的溺爱会导致其不孝，不能分辨是非曲直。他认为，在教育子女时要严格，让子女在做事情时有所顾忌，不敢放肆而任意妄为，一天也不能懈怠和放松。他还认为，教育子女应该让他们去实践，从中受到教育和磨炼。

### （五）要求教育者提高自身素质

张履祥认为，父母应该努力提升自己的素质，不仅在文化知识方面要提升，在道德素质方面也要有所修为。他强烈批判那些一味要求子女成才而不知道反省自己、提升自己修养的人。张履祥也指出，有的人只重视提升自己的素质，而没有把自己所学到的传授给下一代，也没有用其教化和影响下一代。有些人只知道一味强求子女达到自己所期望的地步，对子女百般苛刻，甚至有一些过高的目标，而对自己却毫无要求。这类人把教育的重点放在了孩子的身上，忽视了父母如果品德和文化都不断提升，也会对子女有较好的作用。

张履祥不但强调父母要有相应的文化素养和良好的道德，还提出应该使用合理的教育方法。他认为教育子女不是一件容易的事情。他说：“子弟教不率从，必是教之不尽其道，为父兄师长者但当反求诸己，未可全责子弟也。”[1]因此，张履祥也强调教育方法的选择应该慎重。

## 二、评价及启示

张履祥作为明末清初的教育家，不随波逐流并能坚持自己的观点是值得赞赏的。其家庭教育思想中有一些过激的观点，但还是有许多内容值得当今教育者借鉴和参考。在家庭教育中，以德育为核心的早期教育，通过“耕读相兼”的方法来教育子女、磨炼心志，同时还要注意父母自身素质和教育方法，这一系列的教育思想对我们有许多启示：

第一，为我国家庭教育提供了理论基础和经验参考；

第二，幼儿时期的教育有助于养成良好的行为习惯。幼儿时期人的性情还没有形成，此时进行教育有助于养成良好的品德，德育对人的一生都有很大的影响，因此，在幼儿时期进行德育也是很有必要的；

第三，“耕读相兼”有利于身体和智力协调发展。

总的来说，张履祥的家庭教育思想还是有许多值得我们借鉴的地方。

## 【小结】

贾谊是西汉初年著名的政论家、文学家及教育家，其著作主要有散文和辞赋两类。他关于早期教育的论述，主要见于《新书》中。他是中国教育史上最早系统地提出胎教和保傅学说的人。王充是我国古代唯物主义哲学家和无神论者，他的幼儿教育观念散见于他的哲学和其他著述中。他提出的许多宝贵见解，是我国古代幼儿教育史上的优秀成果。南北朝时期的颜之推生平著述甚多，其《颜氏家训》是我国古代第一部系统的完善的家庭教科书，在家庭教育史上有重要的影响，被后世誉为“家庭规范”。朱熹作为理学的集大成者，他的儿童教育思想除散见于诗文和门徒记述中外，集中反映在他为儿童编写的教材《小学》和《童蒙须知》中，对后世影响深远。王守仁是明中叶著名的教育家，在《训蒙大意示教读刘伯颂等》一文中，比较集中地阐发了他的儿童教育思想，揭露和批判了传统儿童教育不顾儿童身心特点的做法，对后世影响较大。张履祥是明末清初著名的理学家和教育家，他通过教育实践，对传统教育存在的问题进行了深刻的揭露和批

---

①张履祥著，陈祖武点校．杨园先生全集．北京：中华书局，2014.

判，在人才培养、教育内容、教学方法等方面都有不少超越前人的见解，对后世有很大影响。

## 真题模拟

1. 中国教育史上最早系统地提出胎教和保傅学说的人是(　　　)。

A. 贾谊　　B. 王充　　C. 刘青之　　D. 孔子

2.“教妇初来，教儿婴孩”出自(　　　)。

A.《朱子治家格言》　　B.《童蒙须知》　　C.《颜氏家训》　　D.《训子语》

3. 读书要“读得字字响亮，不可误一字，不可少一字，不可多一字，不可倒一字。”这种培养儿童读书习惯的主张出自(　　　)。

A. 颜之推　　B. 朱熹　　C. 王守仁　　D. 贾谊

### 思考与练习

1. 试析朱熹的学前教育思想对当今学前教育的启示。

2. 试析张履祥的“耕读相兼”如何合理运用到当今的学前教育中。

3. 试析王守仁的幼儿教育思想。

参考答案

# 第 3 章

# 近现代学前教育的发展与实施

1840 年以后，外国资本主义不断入侵，中国原有的经济体制逐渐瓦解，就此陷入了长达几百年的动荡之中，并一步步向半殖民地半封建社会转变。伴随着社会政治、经济、文化及思想领域的变革，中国传统的教育也随之发生了变化。清朝末期至中华人民共和国成立这一阶段，从 1904 年中国第一个近代学制——癸卯学制的颁布，蒙养院制度的确立，到中华民国时期壬子癸丑学制颁布，蒙养园制度的确立，以及后来幼稚园课程标准和幼稚园规程的确定，近现代学前教育在动荡中缓慢地向前发展着。

## 【学习目标】

1. 了解近现代学前教育思想发展变革的背景；
2. 了解近现代学前教育发展情况；
3. 了解近现代学前教育的相关规定及实施情况，把握其历史经验；
4. 理解和掌握近现代学前教育制度的发展与演变情况。

## 【学习重难点】

1. 理解和掌握清末时期癸卯学制中蒙养院的规定及实施情况；
2. 掌握近现代学前教育制度的发展与演变情况。

## 【知识结构图】

- **近现代学前教育的发展与实施**
  - 清末时期的学前教育
    - 颁布癸卯学制
    - 确立蒙学院制度
  - 南京临时政府时期的学前教育
    - 颁布壬子癸丑学制
    - 确立蒙养园及幼稚园制度
    - 学前教育机构及师资培训
    - 教会学前教育机构
  - 南京国民政府时期的学前教育
    - 颁布幼稚园课程标准及规程
    - 学前教育机构及师资培训持续发展
    - 学前教育社团产生
  - 老解放区的学前教育
    - 颁布托儿所组织条例
    - 各类托幼机构的建立和发展
    - 老解放区学前教育的特征及经验

# 第一节
# 清末时期的学前教育

自第一次鸦片战争起，中国就陷入长达百年的巨大动荡之中。随着外国资本主义的不断入侵，中国原有的经济体制开始逐渐瓦解，并开始向半殖民地半封建社会转变。伴随着社会政治、经济、文化及思想领域的变革，中国传统的教育也随之发生了变化。到清朝末期，中国传统教育逐渐走向衰败，变革陈旧落后的教育体制成了一件不得不为的事。在各种压力驱使下，清政府在1904年颁布了中国第一个近代学制——癸卯学制。这个学制中确立了蒙养院制度，学前教育正式被划入社会教育的范畴，明确了它的地位。从此，以家庭教育为主的学前教育渐渐被社会学前教育机构取代，学前教育进入了崭新的历史时期。

## 一、近代学前教育形式发生变革的历史背景

### （一）政治背景

清朝末期，闭关锁国的清王朝被鸦片战争的大炮打败，中国也由此逐步沦为半殖民地半封建社会。随着帝国主义的不断入侵，19世纪六七十年代，资产阶级维新派想通过政治、经济、文化、教育方面的变革来改变中国的面貌。1898年6月11日，在以康有为、梁启超、谭嗣同为首的维新派的积极推动下，光绪皇帝颁布《定国是诏》以期达到“以变法为号令之宗旨，以西学为臣民之讲求，著为国是，以定众向，然后变法之事乃决，人心乃一，趋向乃定”的目的。但不幸的是，新政只维持了103天便因慈禧太后发动的政变而夭折，史称戊戌变法。失败的变法虽然没有改变中国半殖民地半封建社会的性质，却是资产阶级改良运动的一次尝试，也激起了广大人民改变中国封建落后面貌的极大爱国热情。

19世纪末20世纪初，随着帝国主义列强对中国侵略力度的加大，民族危机日益加深。在资产阶级作为一股新生力量登上政治舞台的同时，爆发了“扶清灭洋”的义和团反帝爱国运动。无能的清政府却对外示好帝国主义，对内极力镇压义和团运动。虽然义和团运动以失败告终，但是清政府内的守旧势力却被大大地削弱了，在一定程度上减少了改革的阻力。

### (二)经济背景

纵观世界各国早期社会学前教育机构的出现，都与其工业的发展有密切的关系。正是在经济发展的驱动下，早期的幼儿教育学校才得以产生。如英国的罗伯特·欧文(1771—1858)在1800年为了减轻工人的家庭负担，为5岁以下的孩子创办了幼儿学校，用以培养幼儿良好习惯和纪律。1837年，德国的学前教育家弗雷德里克·福禄贝尔(1782—1852)在勃兰根堡正式创办了德国第一所学前教育机构。这些早期的幼儿教育机构都是在工业生产发展需要的驱使下产生的。

鸦片战争以后，一方面帝国主义资本不断入侵中国原有的手工业及小农经济体制，另一方面，中国也兴起了一批民族资本主义工业性质的工厂。在洋务运动的促进下，还有一部分由清政府主办的官僚买办性质的枪炮、弹药、船只等军工厂。无论是资本主义的入侵，还是清政府官僚买办性质的军工企业和民族资本主义工业的兴起，都对中国近代资本主义工业的产生起到了一定程度的促进作用。1870年以后，中国的一些手工作坊逐步开始采用机械化的生产方式，自给自足的自然经济体制开始瓦解，很多农民和手工业者破产，很多家庭妇女迫于生计也不得不走出家门，到新兴的纺织厂工作。在经济体制的变革下，原来以家庭教育为主的学前教育已经不能满足社会发展的需要，社会学前教育机构应运而生。

### (三)文化思想背景

社会性质的转变必然引起文化思想上的改变，帝国主义的入侵和清政府的衰败使得一部分开明的中国人以批判的视角看待中国社会的问题。维新运动虽然没有改变中国社会的本质，但迎来了思想的解放，为近代思想启蒙运动的蓬勃兴起开辟了道路。以康有为、梁启超为首的资产阶级维新派，猛烈地抨击中国数千年来的封建教育思想，在学习外国教育思想的同时，也提出了一套改良中国封建专制教育制度的教育体系，在这套体系当中就包括了全新的幼儿教育方案——儿童公育。康有为在他的《大同书》中提到，在大同社会里，家庭是不应该存在的。他认为，家庭以一种强制的形式将夫妻、妯娌、兄弟、姑嫂固定在一起，不仅违反了大同社会人和人之间的关系准则，儿童在这样的家庭环境中也得不到良好的教育。废除家庭之后，儿童是整个社会的儿童，不再是某个家庭或个人的子女，儿童的抚养和教育则由社会来承担。康有为设计的儿童公育体系，从母亲受孕进入人本院接受胎教起，到出生后进育婴院，然后再进入慈幼院，直到进入小学院。[①]

## 二、蒙养院制度的确立

### （一）颁布癸卯学制

中国的新式学制起于清末。1904年1月，清政府公布了张百熙、荣庆、张之洞等人以日本学制为蓝本拟定的《奏定学堂章程》，是年为旧历癸卯年，故称癸卯学制。癸卯学制把系统教育分为三个大的阶段：

第一阶段：初等教育，又分为学前教育和小学教育。学前教育即幼儿教育，但学前教育并没有纳入系统教育计划。学前教育的形式是设立蒙养院，其目的在于辅助家庭教育，使家庭教育现代化、科学化。蒙养院一般附设在育婴堂或敬节堂（为贫困丧偶孤寡妇女所设的民间自救机构）等慈善机构内。幼儿入学年龄为3岁至7岁，每日授课时间不得超过4小时，聘女子师范毕业生为教师。小学教育9年，分初等小学堂和高等小学堂。初等小学堂5年，高等小学堂4年。初等小学堂设置的学科有修身、读经讲经、中国文字、算术、历史、地理、格致、体操等。高等小学堂设置的学科有修身、读经讲经、中国文字、算术、中国历史、地理、格致、图画、体操等。视地方情形可增设手工、农业、商业等科。

第二阶段：中学教育5年。设中学堂，不分高、初中。课程设置有修身、读经讲经、中国文学、外国语（东语、英语或德语、法语、俄语）、历史、地理、算学、博物、物理及化学、法制及理财、图画、体操。

第三阶段：高等教育。设高等学堂和大学堂，高等学堂为专科，大学堂为本科，大学堂之外尚有通儒院。高等学堂（或大学堂预科）3年，“以教大学预备为宗旨”，按不同专业分为三大类：第1类为升入大学经学科、政法科、文学科、商科

①杜成宪，单中惠．幼儿教育思想史．北京：人民教育出版社，2010.

做准备;第2类为升入大学格致、工科、农科做准备;第3类为升入大学医科做准备。大学堂也称分科大学,分为八大学科:经学科大学、政法科大学、文学科大学、医科大学、格致科大学(现称理科)、农科大学、工科大学、商科大学。通儒院5年,顾名思义,"通儒"即通晓各科的渊博之士。通儒院类似于现在本硕连读的教育机构。①

除上述系统教育之外,教育体系中还设有实业补习普通学堂和艺徒学堂。

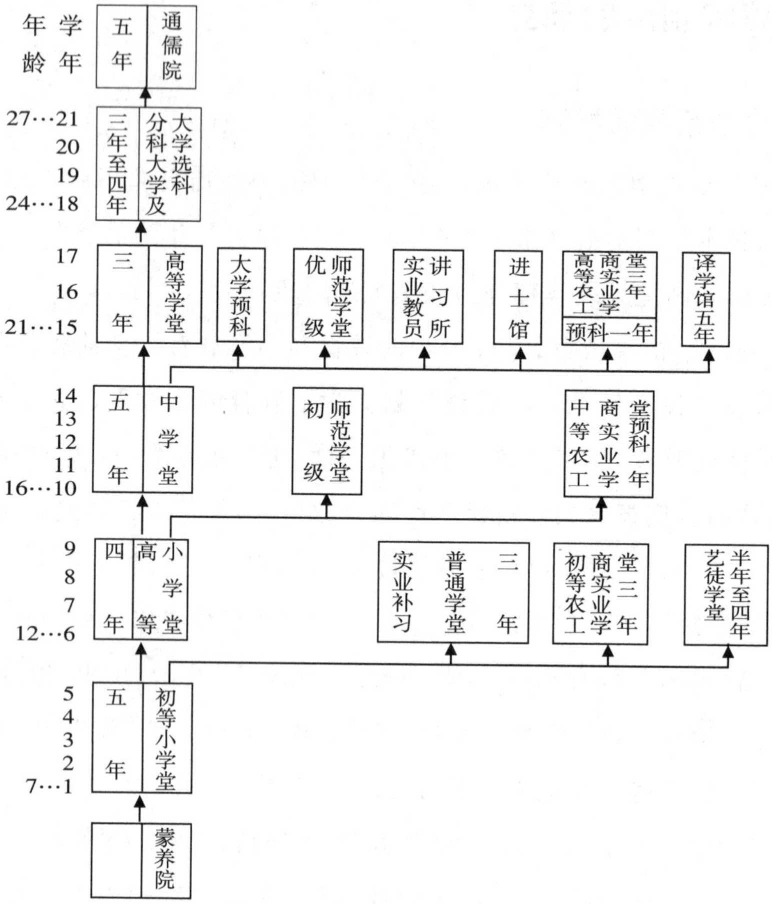


癸卯学制系统图

## (二)蒙养院制度的确定

癸卯学制针对学前教育专门制定了《奏定蒙养院章程及家庭教育法章程》(以下简称《蒙养院章程》),这是我国正式公布的第一部学前教育法规,也是我国近代学前教育制度化建设的重要标志。《蒙养院章程》主要包含以下四部分内容。

①舒新城.中国近代史资料(上册).北京:人民教育出版社,1961.

### 1. 蒙养院办学宗旨

蒙养院以蒙养、家教合一为宗旨，以蒙养院辅助家庭教育。蒙养院是专为3—7岁的幼儿设置的保教之所。当时中国幼儿众多，单靠蒙养院不能满足所有幼儿的需求，而受制于师资及政府能力，开设的幼稚园又十分有限，所以《蒙养院章程》很看重家庭教育在学前教育中发挥的作用。另外，《蒙养院章程》对家庭教育也做了相应的规定："蒙养院所教无多，则蒙养所急者仍赖家庭教育，惟有刊布女教科书之一法。应令各省学堂将《孝经》《四书》《列女传》《女诫》及《教女遗规》等书，择其最切要而极明显者，分别次序深浅，明白解说，编成一书，并附以图，至多不得过两卷。每家散给一本。并选取外国家庭教育之书，择其平正简易，与中国妇道妇职不相悖者（若日本下田歌子所著《家政学》之类），广为译书刊布。"除对蒙养院的设置做出规定外，《蒙养院章程》中还对附设的育婴堂及敬节堂在人数限制、保姆培育等方面都做出严格的规定，且政府每年都会有经费支持。

### 2. 蒙养院保教原则及内容

《蒙养院章程》强调在幼儿保教过程中，要遵从幼儿天性及年龄特点，从品德、性情、身体等方面给出了具体的原则：

（1）保育教导儿童……使之远于浇薄之恶风，习于善良之轨范。

（2）保育教导儿童，当体察幼儿身体气力之所能为，心力知觉之所能及，断不可强授以难记难解之事，或使为疲乏过度之业。

（3）保育教导儿童，务留意儿童之性情及行止仪容，使趋端正。

（4）儿童性情极好模仿，务专意示以善良之事物，使则效之，孟母三迁即此意也。[①]

《蒙养院章程》除对保教的原则给出了具体要求以外，在开展保教的方法上也指出要以儿童的兴趣为出发点，循循善诱，培养幼儿良好的品行。

### 3. 师资及课程设置

对于蒙养院中幼儿教师的选择，《蒙养院章程》也有明确的规定。蒙养院的教师以育婴堂和敬节堂中识字妇女为主，在正式成为蒙养院的女教师之前，要学习规定的课程，如择取中国传统教育的书籍（《孝经》《四书》《列女传》《女训》《女诫》等书）中精要的部分汇编成册，并以精通之人讲解清楚。另外，还会选取一些

---

①中国学前教育史编写组.中国学前教育史资料选.北京:人民教育出版社,1989.

外国经典的家庭教育书籍及初等小学的课本作为课程的辅助。

蒙养院在保教内容的选择上与小学有本质区别，是从幼儿的兴趣爱好出发，选取幼儿乐于参与的项目开展，并没有非常严格的课程设置，授课的形式大体分为以下四种：

（1）游戏。游戏分为随意游戏及同人游戏两种，类似于现代幼儿游戏活动中的自由游戏和集体游戏。随意游戏即幼儿各自随意玩耍，同人游戏即幼儿集体参与某项活动，且教师会让幼儿一边合唱一边做运动，目的是使幼儿在集体活动中养成乐于交往、热爱集体的品性。

（2）歌谣。歌谣可理解为现在的音乐教育，主要是选取古人短歌和五言绝句之类的浅易小诗，这也切合幼儿五六岁时萌发的喜好歌唱的心智，也可以“使幼儿之耳目喉舌运用舒畅，以助其发育”，并且能使幼儿“心情和悦为德性涵养之质”。

（3）谈话。谈话是开展幼儿语言教育的重要载体，《蒙养院章程》中明确规定，谈话的内容需要选择幼儿感兴趣、易于幼儿理解且对幼儿发展有帮助的故事或寓言，用来培养幼儿良好的品格和德行。谈话可以选取幼儿身边常见的事物，既能培养幼儿对常识性知识的了解，也能培养幼儿善于观察的品性。要用幼儿熟知的谈话内容，使他们学会概述要领。所谈之话，儿童已通晓时，保姆当使儿童演述其要领。《蒙养院章程》中对谈话时的声音也有要求，要以“务使声音高朗，语无滞塞，尤不许儿童将说话之次序淆乱错误”为标准。

（4）手技。手技涉及的内容很丰富，既有类似于现代幼儿的手工制作、积木等建构类游戏活动，如“授以盛长短大小各木片之匣，使儿童将此木片作房屋门户等各种形状；又授以小竹签数茎及豆若干，使儿童作各种形状，又使用纸作各种物体之形状，更进则使用粘土作碗壶等形”；还有自然科学类的认识活动如“使于蒙养院附近之庭院内，播草木花卉之种于地，浸润以水与肥料，使观察其自发生以至开花结实等各形象”。总之，手技的目的在于锻炼幼儿手部动作，培养幼儿手眼协调及乐于探索的科学兴趣。①

### 4. 校舍房屋及玩教器具的规定

《蒙养院章程》中对校舍房屋、玩教器具都有明确的规定。如在房舍建造上，要求最好在平地建造，且不能建造楼房，以避免幼儿上下时的安全隐患；蒙养院要设保育室、游戏室及其他必需的房间，且保育室的面积不能低于每5人占地

①中国学前教育史编写组.中国学前教育史资料选.北京:人民教育出版社,1989.

0.67平方米，庭院幼儿人均面积不低于0.67平方米；蒙养院中手技用的器物图画、游戏物具、乐器、板凳桌椅、时辰表、寒暑表、暖房器等，根据经费酌量置办，可以简单但不可缺少。

## 三、蒙养院制度的实施

在清政府颁布癸卯学制之前，在当时社会风气的促进下，国内已经掀起了一股办学热潮。在这股热潮中，学前教育学堂已初见端倪。癸卯学制颁布后，其宗旨虽然是蒙养、家教合一，用以辅助家庭教育，但是在各级政府的带动下，有不少地方极力促进学前教育的社会化，在这期间新建了不少社会化学前教育机构。

### （一）蒙养院的兴办

#### 1. 我国第一所学前儿童教育机构——湖北幼稚园的创办

《蒙养院章程》颁布之前，湖北巡抚端方于1903年9月创办了我国第一所学前教育机构——湖北幼稚园。《蒙养院章程》颁布之后，湖北幼稚园更名为武昌蒙养院，接着又改名为武昌模范初等小学蒙养院。

湖北幼稚园兴办之初，由于当时国内刚刚兴起办学热潮，还没有完备的师资力量，所以当时是从日本聘请了户野美之惠等3名日本保姆负责管理，由户野美之惠任园长，并由她主导拟定了《湖北幼稚园开办章程》。此章程对幼稚园的办园宗旨、招生对象、课程设置以及图书设备的配备等做出了明确的规定，为幼稚园正常的工作运行提供了强有力的依据。章程中指出，湖北幼稚园面向4—6岁儿童（男女均收）招生，以“因家庭教育之不完全而设，专辅小儿自然智能、开导事理、涵养德性，以备小学堂之基础”①为宗旨，以“保全身体之健旺”“培养天赋之美材”“习惯善良之言行”②为任务，主要开设行仪、训话、日语、手技、唱歌、游嬉等课程，每日上课时间以3小时为度，每周以18个小时为准。幼稚园在省内免费招生，外省生源每生每月收取学费4元。幼稚园除了设有游戏室、图书玩具室、游嬉场、开诱室、训话室等幼儿活动场所外，还配备有保姆助教休息室、仆妇室、办公室、宾客室等教师和保姆休息、办公的场所。幼稚园内的所有图书、玩教具等物

①中国学前教育史编写组. 中国学前教育史资料选. 北京:人民教育出版社,1989:.
②中国学前教育史编写组. 中国学前教育史资料选. 北京:人民教育出版社,1989.

品都由政府提供，但是不备餐饭。[1]

湖北幼稚园无论各个活动室的规划，还是课程设置，都在很大程度上借鉴了日本幼稚园的模式，但是从幼稚园的办学宗旨、办学任务及课程设置来看，考虑到了幼儿身体、智力和品德三方面的均衡发展，比较符合幼儿身心发展的特点。湖北幼稚园的建立是中国学前教育社会化历程上重要的一步。

### 2. 私立学前教育机构的兴起

在《蒙养院章程》颁布实施前后，除了由政府主办的蒙养院外（如湖北蒙养院和湖南官立蒙养院），私人出资开办的蒙养院也先后出现。私立蒙养院中典型的代表是由学部侍郎严修创办的天津严氏蒙养院，其办学方式主要也是借鉴日本幼稚园的经验，希望通过教育来改变国家落后的面貌。办学宗旨和课程设置上（开设有手工、唱歌、游戏、故事等课程），严氏蒙养院基本都符合《蒙养院章程》中的规定。在师资选择上，严氏蒙养院也是聘请的日本教师，园内的钢琴、风琴、座椅、玩教具等也大都是从日本购买的。

除了严氏蒙养院外，当时比较有影响力的私立蒙养院还有很多，如1904年建立的上海务本女塾附设幼稚舍、1907年建立的上海私立爱国女塾学社附设蒙养院、1908年江苏金山县节妇朱氏捐献田产创办的怀仁幼稚舍、北京曹氏创办的家庭幼稚园、1909年山西育婴堂附设幼稚园等。

清末出现的第一批私立学前教育机构的名称和设置方法各不相同，有的名为蒙养院，有的叫幼稚舍或幼稚园；有官办的，也有私立的；有达官富绅办的，也有乡间节妇捐办的；有独立设置的，也有附设于育婴堂、女塾、女学、女师的。但在办理过程中，它们都取得了一定的成绩并积累了一些办学和教育工作经验，如江苏、福建、山西等省都曾下令在贯彻执行《蒙养院章程》的过程中，推广已办经验，层报办院情况，为此，松江府还印发了《章程图说》和《育婴汇讲》之类的经验介绍资料。

## （二）蒙养院师资的培训

### 1. 《蒙养院章程》中对师资的要求

《蒙养院章程》中称幼儿教师为“保姆”，“保姆”主要来源于育婴堂中的乳媪

---

①中国学前教育史编写组．中国学前教育史资料选．北京:人民教育出版社,1989.

和敬节堂中的穷嫠（寡妇），乳媪和穷嫠在接受教育和训练之后才能承担保育教导幼儿之事。具体的学习途径主要是官府根据《蒙养院章程》中保育要旨条目，编著教科书和家庭教育书刊，分发给乳媪和穷嫠，先由其自相传阅学习，后请堂内识字的乳媪和穷嫠为堂内诸人讲授（如果堂内没有识字的乳媪或穷嫠，则单独从堂外聘请）。讲授的人每月会有额外的工资，具体工资数额由堂员酌情发放。在育婴堂和敬节堂开办一年以后，会由各堂堂员考查乳媪和穷嫠的讲授之法，对于讲习认真且保育教导的方法合法者，无论是堂内人员还是从堂外聘请的人员，均会给予奖赏，并发给保姆教凭单（类似于现在的教师资格证），可以凭此单自营生业，而讲习没有成效的人则不给教凭单。

### 2. 师资培训的规范化运作

早在《蒙养院章程》颁布实施之前，张之洞就在武昌蒙养院中附设女子师范学堂，招收15—35岁的女子专门学习幼儿师范课程。这所学堂开办时曾轰动一时，引得路人争相观看。1904年1月《蒙养院章程》颁布之后，张之洞担心在蒙养院内附设女学，将数十人之多的青年妇女聚集在一起，既与癸卯学制中规定不符，也易滋生流弊，所以他的女子师范学堂开办不到一年便停办了，停办时还没有学生毕业。之后，张之洞的武昌蒙养院中的教员继续由育婴堂和敬节堂中考查合格的乳媪和穷嫠担任。虽然张之洞创办的女子师范学堂中途夭折，但这是国人自办的最早的学前教育师资培训学校，也是国人在教师专业化道路上的一次有益尝试。

随着《奏定学堂章程》的颁布，国家教育制度、规模日渐完备，其中对女子教育的正式规定和开始发展师范教育，在某种程度上对学前教育师资专业化有一定的促进。1907年，清政府出于形势所迫，以“养成女子之德操，与必需之知识、技能，并留意使身体发育”为宗旨颁布了《女子小学堂章程》，以“养成女子小学堂教习，并讲习保育幼儿方法，期于裨补家计，有益家庭教育”为宗旨颁布了《女子师范学堂章程》，解除了传统学校教育中女禁的禁锢。女子师范学堂旨在培养女性师范生，使之将来能适合女子学堂及蒙养院保姆之职，且勉以“贞敬、顺良、慈淑、端俭”诸美德。就读女子师范学堂的学生均不收取学费，但是，在毕业后三年内须在女子学堂或蒙养院任教。女子师范须附设女子小学堂及蒙养院，以供实地练习，这样，培养学前教育师资成了女子师范学堂的办学目标。1911年，湖南开办全省女子师范，广东、北京等地也陆续设立了保姆传习所。到辛亥革命前，“全国女学生的数目已经有二三十万人，学幼稚教育的人数也大增了”。[1]

随着女子师范学堂的发展，学前教育师资培训需求的增多，国人也渐渐开始关注国外幼儿教育的理论，学前教育相关的书籍编著也渐有起色。1907年，顾倬参考了日本、德国等国的学前教育书籍，编辑了《幼儿保育法》一书。该书在内容上选择了保育中较重要的部分，全书共分为总论、养护身体、授予知识、陶冶情操、保育事项、结论六章。1909年，上海公立幼稚舍附属保姆传习所吸收日本的学前教育办学经验，编辑成《保姆传习所讲义初集——保育法、儿童心理学》，交由中国图书出版社公司发行。[2]

### （三）蒙养院制度的历史意义

《蒙养院章程》是中国历史上第一个官方出台的关于幼儿教育的文件，它的颁布和实施意味着中国学前教育走出了封闭的完全由家庭承担的教育模式，开启了学前教育社会化的新篇章。

但是，由于当时的中国还未摆脱半殖民地半封建社会的性质，既有封建落后的属性，又不断承受着西方思想文化的冲击。在这种历史背景下颁布的《蒙养院章程》，在一定程度上既带有封建观念，又带有西方相对成熟的幼儿教育理念色彩。蒙养院的办学地位定位于家庭教育的辅助，教员也仅是接受了简单培训的识字乳媪和穷嫠，可见，无论是办学宗旨，还是师资水平，都还比较保守和落后。另外，蒙养院重视中国传统观念的灌输，在课程设置、玩教具选择、教学方法上大多模仿日本，甚至部分蒙养院中还开设了日语课程，带有明显的半殖民地半封建教育的性质。

---

①张沪．张宗麟幼儿教育论集．长沙：湖南教育出版社，1985.

②田景正，杨佳．中外学前教育史．北京：北京师范大学出版社，2015.

# 第二节
# 南京临时政府时期的学前教育

随着民族危机的日益加深，以孙中山为首的资产阶级革命派，宣传革命思想，建立革命组织，掀起了资产阶级民主主义的革命运动，发动了辛亥革命，并于1912年1月成立了中华民国南京临时政府，结束了中国2000多年的封建专制。中华民国建立之后，进行了卓有成效、影响深远的教育改革，确立了资产阶级的教育制度和教育理念，从形式到实质都对封建主义教育的影响进行了消除。

## 一、南京临时政府时期的教育改革

辛亥革命后，孙中山任临时政府大总统，同时任命蔡元培为教育总长。孙中山对教育非常重视，他倡导教育平等，主张“凡为社会之人，无论贫贱，皆可入公共学校”。在孙中山的领导下，教育部在督促各地恢复正常的教学秩序的同时，在革除清末教育制度的前提下，为全国教育提供指导意见。

### 1. 确定普通教育改革办法

为统一全国的教育制度，教育部于1912年1月19日颁布了《普通教育暂行办法》和《普通教育暂行课程标准》。其主要内容为：(1)将原有学堂的称谓改为学校，监督、堂长通称校长；(2)初等小学男女可以同校；(3)各种教科书需合乎国民教育的宗旨，民间流行的教科书内容与民国宗旨不符者，即予改正；(4)废除小学经科教育，重视小学手工科；(5)中学应为普通教育，文实不必分科。这些规定明确否定了以“忠君”“尊孔”为核心的旧教育，体现了民主共和的基本精神，揭开了民国初期教育改革的序幕。[1]

①黄仁贤.中国教育史.福州:福建人民出版社,2003.

### 2. 颁布新的教育宗旨

蔡元培从中国教育的实际情况出发，参考欧美各国的教育经验，提出了军国民教育、实利主义教育、公民道德教育、世界观教育和美感教育等“五育并举”的教育方针，并于1912年7月通过了“注重道德教育，以实利主义教育、军国民教育辅之，更以美感教育完成其道德”的教育宗旨。新的教育宗旨体现了资产阶级关于人的德、智、体、美和谐发展的思想，否定了清末教育的宗旨，从而在教育方针上消除了封建专制教育的影响。这一教育方针以道德教育为核心，将培养教育者的健全人格作为首要任务。它的颁布，为民国初期资产阶级的教育确立了进步的指导思想。

### 3. 制定新的学校教育制度

1912年7月10日开幕的全国临时教育会议历时一个月，讨论了许多重要的教育政策与措施。会议讨论并制定了新的教育学制，以《学校系统令》于1912年9月3日颁布实行，史称“壬子学制”。“壬子学制”颁行后，至1913年8月，教育部又陆续公布了《小学校令》《中学校令》《师范教育令》《实业学校令》等，其中有些规定对“壬子学制”做了补充和修改。1913年（癸丑年）这些法令、规程与“壬子学制”综合为一个统一的系统，称为“壬子癸丑学制”。

“壬子癸丑学制”从横向上把整个国家教育分为三大系统：普通教育、师范教育与实业教育。从纵向上，把整个学校系统分为三段四级：第一段为初等教育，分为两级，初等小学4年，是义务教育，实行男女同校；高等小学3年，男女分校。第二段为中等教育，仅设中学校1级，学习期限4年。第三段为高等教育，有大学、专门学校和高等师范学校。大学修业期是预科3年，本科2年（法科和医科药学门）或4年（文、理、商、农、医、工等科）；专门学校和高等师范学校的修业期限是预科1年，本科3年。整个学制17～18年，儿童自6岁入小学，至23（或24）岁大学毕业。另外，小学以下设蒙养院，大学以上设大学院，均不计入学制年限之内。与癸卯学制相比，壬子癸丑学制在很多方面都是进步的。首先，废止了旧式教育的读经课和不合民国宗旨的教科书，取消了清末贵胄学堂，摒除了各级各类学堂毕业生奖励科举出身的制度。其次，女子教育在学制中有了一定的地位，在一定程度上体现了民国时期男女都有平等受教育的权利。再次，整个学制的年限比癸卯学制缩短了3～4年，加快了人才的培养。最后，在课程设置上，废除了清末“忠君”“尊孔”的课程，增加了自然科学课及职业类、法制类、经济类新课程，要求教育联系儿童实际，适应儿童身心发展的特点。

## 二、学前教育制度的规定

### （一）蒙养园制度的规定

壬子癸丑学制将蒙养院更名为蒙养园，招收6岁以下儿童。有关蒙养园的规定如下："在下面有蒙养园，在上面有大学院，不计年限。""女子师范学院于附属小学校外应设蒙养园，女子高等师范学校于附属小学校外应设附属女子中学校，并设蒙养园。"①

从这些规定可以看出，蒙养园是属于学制系统中的教育机构，但与大学院一样，不占学制年限，并未单独成为学制系统中的一级，它是其他教育机构的附属部分。从总体上看，蒙养园虽在学制上仍然属于其他机构的附属，但是已经纳入了学制系统当中，与癸卯学制中附属于育婴堂和敬节堂相比，在地位上已经有了很大的提高，这标志着学前教育地位在教育系统中的提高。

辛亥革命后不久，1912年3月，袁世凯就任临时大总统职位。为了复辟封建帝制，北洋军阀在教育上掀起了复古主义的逆流，从根本上否定了南京临时政府颁行的教育宗旨。北洋军阀颁布的《国民教育令》及《国民学校施行细则》中，都规定有读经的课程，从学校制度上完全恢复了中小学读经课，而在学前教育方面，没有把蒙养园纳入学校系统，明确提出推行小学的双轨制度，并在施行细则中对蒙养园的宗旨、保教内容和方法以及设备等做出了具体的规定。在这一时期，学前教育没有取得明显的进步。

### （二）幼稚园制度的规定

五四新文化运动中，随着民主与科学思想的传播，以民主主义教育与科学教育为中心，政府对教育的内容、方法、制度等均提出了新的要求和一系列改革措施，推动了当时教育管理的重大变革，主要集中在以下几个方面：(1)撤销《教育要旨》，恢复民国初年的教育宗旨，并制定了七项标准；妇女解放，允许男女同校，争取男女平等的受教育权；学校教育采用白话文，中等教育开始重视科学教育和职业训练；大学管理制度的改革。在教育领域，1922年提出的《学制改革系统案》（亦称新学制或壬戌学制），是教育领域改革的综合体现，是集国内外教育理论和教育经验于一体的产物。

---

①舒新城．中国近代教育史资料．北京：人民教育出版社，1979.

在学前教育方面，壬戌学制将蒙养园更名为幼稚园，并规定小学设幼稚园，接收6岁以下儿童，并把幼稚园正式列入学校系统，改变了以前蒙养院和蒙养园在学制中没有独立地位的状况，确定了学前教育机构在学制系统中作为国民教育第一阶段的地位。

新学制的颁布推动了中国学前教育的进一步发展。19世纪二三十年代，新学制颁布后，江西、浙江等省陆续开设公办幼稚园。尤其是在陈鹤琴等学前教育家的带动下，不仅在省市设立幼稚园，乡村地区学前教育机构也得到了一定的发展。

## 三、学前教育制度的实施

### （一）各类学前教育机构的设置

#### 1. 厦门集美幼稚园

集美幼稚园是爱国华侨陈嘉庚先生于1919年2月21日在福建厦门创办的，是一所私立且独立的幼稚园。1920年并入厦门集美学校，改名为集美学校附属幼稚园。1926年搬入新园舍，并于1927年秋季改名为集美幼稚师范附属幼稚园。1930年该园又改名为中心幼稚园，并作为集美幼稚师范的实习基地，以便更好地培养幼稚园师资。

集美幼稚园以增进儿童的身心健康，使幼儿幸福地成长，启发幼儿的智能，陶冶幼儿的情操，培养幼儿的基本品德和良好的行为习惯为教育目标，以故事、音乐、游戏、自然和社会、识字与计算、工作为教学内容的主要部分。在办园的指导思想上，集美幼稚园认为教育是立国的根本大计，幼稚教育是教育的基础，是造就良好国民的根本教育；教育应以儿童为中心，建立在儿童的需要与生活的经验上；教师是儿童的伴侣，教育儿童应把全部精力贯注在儿童身上，幼稚教育是爱的教育，教师要发现儿童，领导儿童，应走到儿童的队伍里去；幼稚园应成为"儿童的乐园"，幼稚教育是求孩子的解放与幸福。

#### 2. 南京高等师范附属幼稚园

南京高等师范附属幼稚园于1919年7月成立，初办时设立在南京高等师范附属小学内的旧式平房里，园舍设备并不完善。后来搬迁至一座名为"杜威院"的新式楼房中，种种设备才渐渐地添置完善。幼稚园招生之初，学生大都来自教员家，招生第一年只有17名儿童，11名男孩，6名女孩。

该园在办园思想上比较偏重于杜威的实用主义教育理论；幼稚园的目的在于使暂时离开家庭的幼儿慢慢习惯社会生活，并且锻炼幼儿的自发本能的能力；在课程设置上没有明显的分科，大致分为谈话、游戏、手工、音乐四大类，课程的开展是以贯穿于一日生活中“作业”的形式进行（作业都是从学生的兴趣和活动中生发出来的），作业的材料也大多来源于儿童在自然界和社会生活中体验最真切的生活材料。

### 3. 北京香山慈幼院

北京香山慈幼院于1919年10月正式成立，它的前身是慈幼局。水利督办熊希龄不满慈幼局局长英敛之对孩子宣传天主教，将慈幼局迁至北京香山静宜园，并改名为香山慈幼院，主要招收孤儿、弃儿和家庭贫困的儿童。慈幼院分为五个部分：第一校是收0—4岁儿童的婴儿教保园和5—6岁儿童的幼稚园；第二校是小学；第三校是幼稚师范；第四校是为供小学手工艺训练的各种小作坊和农场；第五校是职工学校。

婴儿教保园专门收容出生至4岁的儿童，有托儿所的性质，但主要目的是训练保姆。0—1岁的婴儿，每人住1间房，由1位保姆专门照管；1—2岁的孩子，由保姆带他们游戏；2—4岁的幼儿，由1位专门幼稚师5范毕业的老师领他们游戏、唱歌，在香山各处散步。幼稚园专门收5—6岁的儿童，设有小花园、动物园、游戏场等，室内外的玩教具也都齐备；在教育方面，儿童按年龄分为5岁和6岁各1个班，每个班有1位教师，是慈幼院所设的幼稚师范毕业的；教育的内容和方法完全采用欧美的单元教学；在儿童的生活照管方面，幼稚园十分重视儿童的营养，对儿童的卫生保健也很注意。

在学前教育师资方面，香山慈幼院为了训练幼稚园教师，设有幼稚师范学校，学生主要来源于慈幼院的小学毕业生，学习的课程有幼稚教育概论、儿童心理、卫生、音乐、美术等。另外，慈幼院的幼稚师范学校十分重视学生的实习，学生从入学的第一年开始，每天需在附设的幼稚园实习半天，第二年开始每周有固定的时间到幼稚园实习，第三年下半年的整个学期都是实习，学生在实习中得到锻炼，培养了相当多的幼稚园教师。

### 4. 南京鼓楼幼稚园

陈鹤琴先生为试验幼稚教育，于1923年春创办了南京鼓楼幼稚园，同年秋开始招生，得到东南大学教育科的辅助，以陈鹤琴先生家房屋的一部分为校舍，聘请东南大学幼稚教育讲师卢爱林女士为指导员，甘梦丹女士为教师。1925年，因房屋面积有限，且不利于幼儿教育，实验计划还有未完之处，陈鹤琴、徐则陵、蒋竹庄等人发起募捐，着手购地以建新校舍。

南京鼓楼幼稚园最明显的特征就是试验性，以实验中国化的幼稚教育，利用幼稚园辅助家庭，并以试验所得最优良、最经济的方法，供全国教育界采用为宗旨，致力于探索适合中国的幼儿教育。陈鹤琴认为，中国要办好自己的幼稚园，要先有研究，再根据幼儿的心理、教育的原理和社会的现状确定我国的学前教育主张。鼓楼幼稚园的课程主要包括音乐、游戏、工作（图画、纸工、泥工、木工、积木、沙箱、缝纫、织工、园艺等）、常识、故事、读法、数学等。鼓楼幼稚园既注重幼儿基本技能的学习，也重视培养幼儿良好的习惯和品行。

### （二）学前教育师资的培养

#### 1. 北京女子高等师范学校保姆讲习所

北京女子高等师范学校的前身是北京女子师范学校。该校成立于1908年，曾办过几期简易科培训小学教师，并于1909年在北京宣武门内石驸马大街建立新校舍。1911年，学校更名为北京女子高等师范学校，同年8月设立了附属蒙养院。1916年开办保姆讲习所，学生分组轮流在幼稚园实地实习。1917年保姆讲习所毕业者14人，后来仍继续招收新生。

#### 2. 江苏省立第一女子师范学校幼稚师范科

江苏省立第一女子师范学校成立于1911年5月，招收本科生与预科生，同时附设小学。1917年冬，校舍有所增加，开始附设保姆传习所。1918年3月，办了附设蒙养院，作为保姆班的实习场所。1922年春，修建了幼稚师范校舍和幼稚园，同年冬天，改保姆传习所为幼稚师范学校。

保姆传习所以公民训育、国文、习字、教育、算术、理科、图画、手技、体操、游戏法、谈话法、保育法、音乐、幼稚教育、家事、实习等为主要课程。幼稚师范以国文、数学、教育概论、心理学、自然研究、医药看护、园艺、幼教理论、儿童心理、小学教学法、儿童文学与故事、注音符号与口语等为主要课程。

### （三）教会学前教育机构的设置

#### 1. 福建厦门怀德幼稚师范学校

福建厦门怀德幼稚师范学校创办于1912年，前身是1898年英国长老会筹备开办的幼稚园师资班。学校经费来源主要是董事会补助、英国长老会津贴及学生入学时缴纳的费用。怀德幼师的规模并不大，只有2~3个班，约50人，教职工有20人，其中有不少是兼职的教员。

怀德幼师在学制与课程设置上经历了数次的改变。1923年以前招收高小毕业的学生，学制两年，且不收学杂费，每生每月补助2元，课程主要以古文、四书、心理学、植物学、教育学等为主。从1930年起，改收初中毕业的学生，学制两年，免收学费，半天学习，半天实习。1940年改学制为三年，招收初中毕业未婚女生，入学前需经考试和体检合格，需交学费20元，课程设置有数学、国文、教育学、生物、公民、音乐、工艺、体育等。

### 2. 浙江杭州私立弘道女学幼师科

弘道女学创办于1911年，由美国基督教南长老会创办的贞才女学、美国北长老会创办的育才女学及美国北浸礼会创办的惠兰女学三所学校合并而成。弘道女学成立后，为适应社会需要，于1916年秋季开始添设幼稚师范。幼师科初办时的课程，有学校自己拟定一些待选科目：应用文、宗教、德育研究、琴学、乐歌、英文、普通科学、图画、人生哲学、伦理学、统计学等。后来又把待选课程更改为：国文、数学、物理、化学等。除此之外，还专门设有教育概论、儿童心理、幼稚园教材教法、保育法、园艺、自然、音乐等幼教专业课程。

# 第三节 南京国民政府时期的学前教育

南京国民政府时期的学前教育，是指1927年大革命失败后至1949年中华人民共和国成立之前这一时期的学前教育。辛亥革命后，随着壬子癸丑学制与壬戌学制的颁布和实施，学前教育在学制系统中进一步得到确立，学前教育机构及幼儿师范教育都得到了一定程度的发展。1927年大革命失败后，中国结束了近二十年的军阀混战，但同时也迎来了持久的内战和十四年抗战。这一时期的中国，虽然社会动荡，但学前教育事业在政策法规、机构设置及师资培训上还是有所发展。

## 一、学前教育法规的完善

### （一）《幼稚园课程标准》

《幼稚园课程标准》在陶行知、陈鹤琴等教育家的共同推动下，于1932年10月公布，并于1936年7月进行了修订。

《幼稚园课程标准》在幼稚教育总目标、课程范围及教育方法要点等方面都做出了详细的规定。

#### 1. 幼稚教育总目标

《幼稚园课程标准》指出，幼稚教育应以增进幼稚儿童身心的健康，力谋幼稚儿童应有的快乐和幸福，培养人生基本的优良习惯（包括身体、行为等各方面的习惯），并协助家庭教养幼稚儿童，谋家庭教育的改进为总目标。

### 2. 课程范围

在课程范围上，主要分为音乐、故事和儿歌、游戏、社会和自然、工作、休息、餐点七个方面，每一个方面都从目标、内容大要和最低限度三方面做出了详细的说明。如“游戏”这一领域的具体要求如下：

（1）目标

（甲）增进儿童身体的健康。

（乙）顺应爱好游戏的自然性向，而兴以适当的游戏活动。

（丙）发展筋肉的连合作用，并训练感觉和躯肢的敏活反应。

（丁）训练互助、协作、合群守纪律、公正、耐苦等社会性。

（2）内容大要

下列各种游戏的练习：

（甲）计数游戏（如搬运豆囊、抛掷皮球等，可兼计数）。

（乙）故事表演和唱歌表情的游戏。

（丙）节奏的（例如听音而作鸟飞兽走等的游戏）和舞蹈的游戏。

（丁）感觉游戏（闭目摸索、听音找人等练习触觉、听觉、视觉的游戏）。

（戊）应用简单用具（如秋千、滑梯、木马、跷跷板等）的游戏。

（己）模拟游戏（如小兵操、猫捉老鼠等的模拟动作）。

（庚）我国各地固有的各种良好的游戏。

（3）最低限度

（甲）能参加群儿的集合，成行成圈、自觉协调。

（乙）能使用园中所设计的游戏器具五种以上。

（丙）指导游戏的简单规则。①

### 3. 教育方法要点

在教育方法要点上，《幼稚园课程标准》总共给出了十七条具体的指导要点，具体包括：在实际施行各种活动时，应该打成一片，无所谓分科，且在开展活动时，不能呆板地分节规定；除每日一次的团体作业外，其他各种作业，可由儿童根据自己的兴趣自由选择；如故事、游戏、音乐、社会和自然之列的活动，大部分都可由教师引导开展施行，工作则大部分应由儿童个别活动，教师可个别指导；教师在活动前应该准备充分，所用的儿童活动材料应来源于儿童日常可见可接触的

①中国学前教育史编写组．中国学前教育史资料选．北京：人民教育出版社，1989.

至少可想象的实物、事实;除此之外,对幼稚园设计教学中设计材料的选择、教师在活动中扮演的角色、奖励等都给出了具体说明。[①]

《幼稚园课程标准》的颁布标志着学前教育从初期的模仿抄袭中摆脱出来,向中国化学前教育的道路迈出了坚实的一步。

### (二)《幼稚园规程》

1939年12月24日,教育部公布了《幼稚园规程》。该法规从培养幼儿身心健康、给幼儿应有的快乐和幸福、培养幼儿优良习惯及协助家庭教育等四个方面规定了幼稚教育目的:

(1)增进幼稚儿童身心健康;

(2)力谋幼稚儿童应有之快乐和幸福;

(3)培养幼稚儿童关于人生基本优良习惯(包括身体行为等各方面之习惯);

(4)协助家庭教养幼稚儿童,并谋家庭教育之改进。

《幼稚园规程》是我国学前教育史上重要的法规,虽然有诸多不完善之处,但是它的颁布标志着我国学前教育机构的设置从此有规可循。

### (三)《幼稚园设置办法》

1943年,教育部将《幼稚园规程》加以修正,改名为《幼稚园设置办法》,同年12月20日以教育部令作为设置幼稚园的准则公布施行。与《幼稚园规程》相比,幼稚园园址、园则、设备、经费及维持方法等方面,在《幼稚园设置办法》中明确指出需经教育行政机关核准;规定幼稚园儿童的项目活动,都应遵照幼稚园课程标准;幼稚园教育应顺应幼儿的个性,依照幼儿身心发展规律,施以适当保育,不得进行读书写字之类小学的功课;幼稚园应该联络家庭,共同开展对幼儿的保育,做到家园一致;除此之外,在幼稚园人事设置、幼稚园教员、收费等方面,《幼稚园设置办法》都提出了具体的要求。

## 二、学前教育机构及师资培训的持续发展

### (一)南京燕子矶幼稚园

南京燕子矶幼稚园是中国第一个乡村幼稚园,于1927年11月在陶行知的领

①中国学前教育史编写组.中国学前教育史资料选.北京:人民教育出版社,1989.

导下，由张宗麟协助筹措，在南京郊区创办。兴办之初借用燕子矶小学的房子——当时是晓庄的特约中心小学之一，园舍内的桌椅、小风琴、镜框等器具设备都是借来的，徐世壁任指导员，张宗麟先生也常去指导，整个园只有三十几个儿童。1928年春天，幼稚园新校舍建成，幼稚园的活动室、研究室、清洁室才算完备，入园的儿童有四十几人。

1928年秋，王荆璞女士主持幼稚园工作，并着手做一部分幼儿教育试验工作，如"拟定幼儿园生活纲要""寻找生活材料""试用生活法尝试改进幼儿教育的方法"等试验。①

## (二)上海大同幼稚园

上海大同幼稚园是由中国共产党领导下的中国互济会筹款，在戈登路租了三栋石库门弄堂房屋，准备了三十套儿童所需的小床、桌椅、被褥等，并通过党内同志聘请了一些保育员、会计，于1930年3月正式开办。为了掩护政治背景，托人请国民党元老于右任写了"大同幼稚院"横幅一张，照着漆成横匾，挂在幼稚园门口。幼稚园开办后即招收革命后代，到1931年冬天，外界开始有人注意大同幼稚园，互济会负责人担心发生意外，影响革命后代，于是在1932年1月解散幼稚园，并将孩子们转移到安全地方。②

大同幼稚园虽然从筹办到解散仅仅历时两年，但当时它就像是白色恐怖笼罩下的红色摇篮，收容并抚育了一批革命后代，保存了革命火种。③

## (三)上海劳工幼儿团

上海劳工幼儿团是在陶行知的主张下，为解决城市劳工现实生活的困难及劳工的幼儿教育问题，1934年于沪西女工区创办的。上海劳工幼儿团是中国第一所专门为工人子女开设的学前教育机构。幼儿团只招收劳动工人的幼儿，因面向断乳至八岁的幼儿招生，集托班、幼儿园、小学三者为一体，故命名为幼儿团。幼儿团比较明显的特点是把幼儿园和托儿所合在一起，而且无论是形式上还是实质上，都革除了传统贵族的幼稚园与传统慈善的托儿所的流弊。在教育形式上，在年纪和能力大一点的幼儿当中培养保姆，去照顾年纪小一点的幼儿，同时，也在劳动女工当中培养教师，以更好地服务于劳动工人的幼儿教育。创办后的第二年，因经费等问题被迫停办。

---

①中国学前教育史编写组. 中国学前教育史资料选. 北京:人民教育出版社,1989.
②中国学前教育史编写组. 中国学前教育史资料选. 北京:人民教育出版社,1989.
③中国学前教育史编写组. 中国学前教育史资料选. 北京:人民教育出版社,1989.

### （四）浙江大学教育系培育院

浙江大学教育系原开设有儿童心理学、儿童训导与心理卫生、儿童心理专题研究等课程，为更好地供教育系师生在学前教育领域观察、研究、实习，所以在1935年秋天创办了浙江大学教育系培育院。

为便于管理和观察，培育院只设一个班级，主任一人，主任教师一人，教师一人。培育院反对给幼儿提供严肃的学校生活，主张幼稚园生活应自由、愉快、游戏化和家庭化，尽量给幼儿提供自由活动的机会。除了一般幼稚园具备的校舍、各种活动室外，培育院还设有供大学生观察及来宾参观的观察室，观察室的设计大都仿效美国耶鲁大学的布置。另外，除正常的教学工作外，培育院还进行幼儿教育的研究工作，主要分为以下四种：

（1）观察，教育系儿童心理学及儿童训导课程学生每周在观察室中实察一小时，是课程中必要的一部分；

（2）训导实习，儿童训导课程的学生，在下半学期需参观院中生活，帮助教师照料儿童，以代替静止观察；

（3）专题研究，教育系四年级学生会有专题研究，作为毕业成绩的一部分。专题研究的选题属于儿童心理方面的，需要搜集关于幼儿的材料的，可在培育院获取；

（4）个案研究。

### （五）福建厦门集美幼稚师范学校

1927年9月1日，为弥补集美学校幼稚师范的空缺，同时解决幼稚教师紧缺的现状，专注于研究现代闽南地区的幼稚教育，陈嘉庚创办了集美幼稚师范学校。集美幼稚师范学校是集美九校之一，设有师范、幼稚园及艺术专修科三部。

集美幼稚师范学校的办学目的在于培养良好的幼稚园和小学低年级教师及适合时代的社会女子，总共有四年课程，前两年为预科，后两年为本科。预科注重语言、科学、社会、音乐、美工等基本训练，且致力于教师习惯与态度的养成；本科注重幼稚教育及实际技能方面的专业训练，如参加幼稚园或小学工作，致力于养成研究批判等能力与精神。除正常的专业课程外，集美幼稚师范学校还以学生自治会、组会、学术研究会、周会为课外活动机关，以教师、组指导及研究会辅导老师为指导学生活动的负责者，组织一些如演说竞赛会、辩论会、运动会、游艺会、学术研究会等形式的课外活动，以扩展学生经验、吸收知识，养成互助美德，适应社会生活。[1]

### (六)北平幼稚师范学校

北平幼稚师范学校于1930年9月开始筹备,创建于北京香山见心斋,同年10月第一周开始正式上课。该校致力于培育幼稚园教师,实现全民的幼稚教育。在学制和学科上,该校借鉴道尔顿制,但又在课程指导书、导师指导、作业布置等方面加以改进;在学生实习上,根据生活即教育的原则,各学科都注重实习,采用教、学、做结合的方法,如实习中,全体学生分成六组,每组轮流到幼稚园实习,先参观再参与,最后使实习生具有支配的能力为止;北平幼稚师范学校还有一些合作的实验机关,供学生进行实地实习、专门研究,如香山慈幼院实习农场、香山幼稚院第一校、北平市教育局委托试验艺文幼稚科等。

### (七)江西省立实验幼稚师范学校

江西省立实验幼稚师范学校于1940年10月1日成立于江西泰和文江村的一座荒山上,陈鹤琴先生负责筹建并担任校长。该校在创办之初,除师范部两班学生外,另外附有小学和幼稚园。1943年2月,教育部视察之后增设婴儿园,同时改为国立幼稚师范学校,并添设幼稚师范专科。办学目的主要有三个:一是培养幼稚园的师资与造就幼稚教育的人才;二是进行幼稚教育的实验研究,在理论或教材教法方面有所改进与创造;三是活教育的实验。在课程设置上,考虑到幼稚教育的特殊性,该校在1937年教育部颁布的三年制幼师课程标准的基础上进行改进,把课程内容分为精神训练、基本训练和专业训练三项,特别重视幼稚园、婴儿园及小学的实际资料,幼师的教材教法都尽量与各科教材取得联系,并在课程中加入“人生心理”一科,对青年生活方面进行指导。在教学方法上,强调“做中学、做中教、做中求进步”,并且强调不能以死书本当活教材,主张“大自然大社会,都是活教材”。

## 三、学前教育社团的产生

### (一)中华儿童教育社

中华儿童教育社成立于1929年7月,陈鹤琴任主席。成立之初共有47名个

①中国学前教育史编写组.中国学前教育史资料选.北京:人民教育出版社,1989.

人社员，22个团体社员。中华儿童教育社的前身是幼稚教育研究会，由陈鹤琴1926年于南京创办，在业务上开展“艺友制”实验，并出版发行了《幼稚教育》，后来《幼稚教育》更名为《儿童教育》。

中华儿童教育社成立大会上通过了《儿童教育社简章》，简章中明确了中华儿童教育社的宗旨为：“本社为纯粹学术研究机构，以研究小学教育、幼稚教育、家庭教育，注重实际问题，供给具体教材为宗旨。”①并确定《儿童教育》为该社社刊。

中华儿童教育社的业务目标有三个方面：(1)研究儿童教育；(2)推进儿童福利；(3)提倡教师专业精神。其工作内容和方式包括：(1)研究问题；(2)实验方案；(3)提倡风气；(4)建议政府；(5)编译图书；(6)流通书报；(7)协助社友；(8)辅助导师；(9)采访资料；(10)联络研究。该社除继续编辑出版《儿童教育》期刊外，还委托郑晓沧编辑“儿童教育丛书”，又委托丁柱中、陈鹤琴主编“儿童科学丛书”，另有《儿童生活》《儿童教育新刊》等多种读物面世。②中华儿童教育社除出版幼儿教育刊物外，每年还会围绕小学教育和幼儿教育主办年会，并且邀请当时国际教育界著名的教育家来华讲学，为中国儿童教育研究提供前沿的学术成果。

### （二）中国战时儿童保育会

全面抗战爆发以后，为了救济为国牺牲的同胞遗下的儿女，当时在武汉的一批知名人士呼吁拯救灾难中的儿童。在《新华日报》及《妇女生活》的共同呼吁下及各方合作的基础上，1938年1月24日在汉口成立了战时儿童保育会筹备会。中国战时儿童保育会正式成立于1938年3月，全称为“中国妇女慰劳自卫抗日将士总会战时儿童保育会”。为了有利于保育会工作的开展，会员们推选宋美龄领导保育会，另聘蒋介石、毛泽东、蔡元培、陈嘉庚等为名誉理事。此后，在全国各省市成立了20多个保育分会，并在各战区设立儿童保育院，收容战时的难童。

战时儿童保育会旨在拯救灾难中无家可归的儿童，经费主要来源于社会各界的捐赠和中华民国赈济委员会的拨款。抗日战争取得胜利后，战时保育的任务也基本完成，战时儿童保育会于1946年9月在《新华日报》上声明取消。

①中华儿童教育社．儿童教育第一卷第9～10期．北京：中华儿童教育社，1929.
②田景正，杨佳．中外学前教育史．北京:北京师范大学出版社，2015.

# 第四节
# 老解放区的学前教育

老解放区的学前教育是指1927年国共第一次合作破裂后至1949年中华人民共和国成立前这一时期内，在中国共产党领导下成立的农村革命根据地、抗日民主根据地和解放区的学前教育。中国共产党历来关怀儿童，重视学前儿童的教育，从建党初期到第二次国内革命战争，从抗日战争到解放战争，各个时期都对学前教育工作制定了方针、政策，并且取得了一定的成就。老解放区的学前儿童教育为社会主义学前教育事业奠定了良好的基础。

## 一、老解放区的学前教育方针政策

### （一）内务部颁发《托儿所组织条例》

1927年10月，中国共产党在农村建立革命根据地后，为适应土地革命战争和生产建设的需要，创建了托儿所，同时颁布了《托儿所组织条例》。该条例是红色政权颁布的第一个关于学前教育的政策性文件，对于苏区学前教育机构的设置和学前教育活动的开展都有指导性意义。《托儿所组织条例》对组织托儿所的目的、幼儿入所条件、幼儿人数限制、保教人员的选择、卫生条件、作息时间等方面都做出了详细的规定。

《托儿所组织条例》具体规定如下：

（1）组织托儿所的目的是为着要改善家庭的生活，使幼儿所来代替妇女担负的一部分教养婴儿的责任，使每个劳动妇女可以尽可能地来参加生产及苏维埃各方面的工作，并且使小孩子能够得到更好的教育与照顾，在集体的生活中养成共产儿童的生活习惯。

(2)小孩进托儿所的条件：凡是有选举权的人生下来，过一月至五岁的小孩都可以进托儿所，但是有传染病（疥疮、梅毒、肺病、瘟疫等）的小孩都不收。

(3)托儿所以大屋子或附近几个屋子为单位来组织，每个托儿所收容小孩至多不能超过二十个，同时最少须有六个小孩以上才能建立托儿所。各托儿所总的领导属于乡苏维埃及女工农妇代表会议。

(4)托儿所指定由能够脱离家庭生活的妇女专门来做看护，负责管理小孩的事情，每个至少要管理三个小孩，每所设主任一人，托儿所的工作人员得享受优待，除了代他耕种土地之外，在群众自愿的原则下，每年可给他一些谷子。

(5)托儿所的房子要选择比较清洁、光线充足及空气好的地方。托儿所的用具，由群众的力量设法购置，在特殊情形之下，苏维埃政府可津贴一部分。

(6)托儿所只能在白天寄托小孩，所以母亲早起把小孩送到托儿所去，到晚上必须领回家里来，小孩子的饭食由父母供给。

(7)当地政府与妇女代表须经常检查托儿所的工作，每月应召集小孩的母亲会议一次至二次，提出对托儿所工作的意见。

(8)责成卫生机关经常派人检查托儿所的卫生和小孩身体的健康。

(9)托儿所的主任管理该所内总的一切事物，他计划全所工作，并管理小儿日常的必须品和器具（如床、桌子、玩具等）。

(10)托儿所的看护人对待小儿要耐烦照顾，注意饭食、衣着等，特别是小孩的卫生。小孩进托儿所时，看护人必须给他洗脸或洗身，饭前要洗一次手。

(11)在特别情形下，小孩的母亲出外，不能当天回家的，应事先通知托儿所看护人，由他照顾。

(12)托儿所每天于上午八时开始办事，下午五时停止工作，小孩子由家里吃了早饭送来托儿所，回家吃晚饭。在托儿所只吃中饭。

(13)本条例由中央内务人民委员部颁布，由省县区各级内务部检查其实行。①

### (二)陕甘宁边区政府下达关于保育儿童的决定

为了更好地在陕甘宁边区开展幼儿教育，陕甘宁边区政府于1941年1月颁布了《陕甘宁边区政府关于保育儿童的决定》，并在陕甘宁边区广泛施行。该决定十分重视孕妇、产妇、儿童的卫生、保护等工作，要求在行政上建立管理组织，并要求

---

①中国学前教育史编写组．中国学前教育史资料选．北京：人民教育出版社，1989.

在民政厅设置保育科，添设保育科员；在保育员培训上，决定中指出保育科应办保育员训练班，授之以产妇卫生、助产接生、儿童保育等基本知识。毕业后，他们到各乡负责具体的保育及接生工作。除此之外，该决定还提出应为孕妇、产妇及儿童免费治疗疾病，定期举行婴儿健康竞赛，严禁打胎，男子不得与孕妇、乳母提出离婚等关爱孕妇、产妇及儿童的举措。

### (三)晋冀鲁豫边区政府颁布婴儿保育、产妇保健暂行办法

1948年3月8日，晋冀鲁豫边区政府颁布《婴儿保育与产妇保健暂行办法》。该办法对区级以上女干部、与家庭断绝经济关系的区级以下女工作人员、团级以上女干部的子女的保育办法，从被服、小米到棉花等的补贴给出了明确的规定，对女工作人员的产假、孕期伙食、食物补贴等也做出了明确的规定。

## 二、老解放区的学前教育实施

### (一)下州村托儿所

《托儿所组织条例》颁布后，瑞金下州区下州村开始试办托儿所。下州村一共组织了两个托儿所，共有43名幼儿，其中多数幼儿来自红军家属。每个托儿所各有一个主任。另外每所配备四个看护人，看护人都是在群众中口碑较好的年长者，并按照政府规定给予相应的优待；托儿所设在光线好的房子里，且配备有箩、床、椅，另外还有在群众中募集的供幼儿玩耍的玩具。之后，在工农群众的热情赞助下，苏区托儿所普遍建立起来，这对改善劳动妇女和儿童的生活、对增加苏区的生产以及对革命战争都有极大的意义。

### (二)中国战时儿童保育会陕甘宁边区分会成立

1938年3月，中国战时儿童保育会在武汉成立后，边区妇女界及热心这一工作的人们响应号召，由徐明清、成仿吾等人及边区妇女联合会、各界抗敌后援会、青年救国会等团体，仅经过半月筹备，于同年7月4日正式成立中国战时儿童保育会陕甘宁边区分会。陕甘宁分会下设秘书处、宣传科、组织科及保育科四个部门，主要开展设立边区战时儿童保育院，设立保姆训练班，改善初生婴孩处置办法及母亲的生活，组织宣传团提高边区儿童卫生教育，设立儿童保健科，运输战地儿童等工作。①

①中国学前教育史编写组.中国学前教育史资料选.北京:人民教育出版社,1989.

### （三）各类托儿所机构的建立和发展

#### 1. 寄宿制托幼机构

寄宿制托幼机构一般设在相对比较稳定的后方，由边区政府主办并承担费用，设备较完善，也有较严格的保教制度，招生对象一般为前方将士子女、烈士遗孤、难童及部分后方干部子女。如1938年设立的陕甘宁边区第一保育院，1940年在延安开办的洛杉矶托儿所，1946年在太行山设立的延安第二保育院及东北各地纷纷开办的寄宿制、供给制幼儿园等。

#### 2. 日间托儿所

日间托儿所是为了解决单位员工子女无人照看的问题而开办的，规模较小，一般只招收本单位人员子女。这类托儿所的开办，对生产和战争起了重要作用。比较典型的是吉林省和龙县幼儿园和陕甘宁边区机关托儿所。

#### 3. 母亲变工托儿所、哺乳室

母亲变工托儿所、哺乳室设在机关、学校、工厂、田间，是为了解决缺乏保姆而又离不开工作岗位的母亲抚养孩子的问题。为了使工作与照看孩子得到适当的调节，采取白天集中、夜间分散的办法，在日间将所有的孩子集中起来，按日轮流抽调儿人负责管理幼儿的伙食、睡眠、游戏等，夜晚由母亲领回。女大托儿所、边区银行托儿所、党校三部托儿所、晋绥机关托儿所等，都是这类性质的托幼机构。

#### 4. 小学附设幼稚园

小学附设幼稚园招收5—6岁的幼儿，实施半年或一年的学前教育，然后入小学，相当于学前班，经费主要由家长承担。

#### 5. 化整为零类型的托儿所

化整为零类型的托儿所一般分布在敌后根据地，是经常化整为零、分散在人民群众家中的托儿所。它们的流动性很大，经常转移搬家，在情况稳定时，把孩子们集中在一起，敌情变化时，工作人员和孩子们一起，三三两两地化装起来隐蔽在老百姓家中，在群众掩护下，使孩子们度过最困难的日子。如晋冀鲁豫托儿所。

## 三、老解放区学前教育的特征及经验

### （一）学前教育服务于革命战争和生产建设

老解放区学前教育机构始终坚持服务于革命战争和生产建设的宗旨。学前教育机构将幼儿集中在一起，通过集中保育，既解决了幼儿的安全和生活问题，同时也解除了广大的妇女同胞们保育幼儿的束缚，可以让老解放区的干部、群众、前线的战士及后方的工人更好地投入生产中和前线中。老解放区通过各种形式，开办了不同形式的托幼机构，其目的就是为了解放更多的人力，投入到革命战争和生产一线当中。

### （二）依靠人民群众，勤俭办园

老解放区处于条件艰苦、物资相对匮乏的边远地区，在这样的地区开办学前教育，仅仅依靠区政府的财力支持是远远不够的。在寄宿制托幼机构、日间托儿所、母亲变工托儿所、化整为零类型的托儿所等各类托幼机构的开办过程中，老解放区的人民群众给予了高度的支持。从托儿所房屋建设、设备的购置、玩教具配备到食物补给等，都离不开广大人民群众的支持。

### （三）实施“保教结合”原则，促进幼儿全面发展

老解放区的学前教育，不仅在生活上、健康上处处关心儿童，使其感到保育院是个温暖的大家庭，而且保育员们还重视感情的启发和诱导，逐步渗透教育内容，从而达到保教的效果。不但要将幼儿抚育成为一个强壮的健康娃娃，而且要教育幼儿成为一个聪明活泼、懂事的具有正确思想的好娃娃。保育员和教师既分工明确、各司其职，又紧密配合，从而做到“保教结合”。根据“保教结合”的需要，陕甘宁边区又结合托幼机构中保健医生的职责，建立“保、教、卫三位一体”的教育制度，要求保育员、教师和医生相互协作，共同完成促进儿童身心健康发展的保教任务。

### （四）建立了一支“一切为了孩子”的保教队伍

老解放区在保教队伍的建设上，一直坚持“一切为了孩子”的原则，把“一切为了孩子，一切为了革命，一切为了前线”“把方便留给妈妈，把愉快留给孩子，把困难留给自己”当作自己工作的基本准则，无私地奉献自己的青春甚至生命。老解放区的保教员有着共同的崇高的革命理想，有对党和人民高度的责任感和赤诚的心。老解放区的学前教育保教队伍“一切为了孩子”的自我牺牲精神，是当前师德教育的生动教材。

## 【小结】

清末时期的中国沦为半殖民地半封建社会，在政治、经济、文化等方面都受到不同程度的冲击，教育制度也随之发生变革。清政府颁布了癸卯学制，并确立了蒙养院制度，肯定了学前教育的重要作用和在国民教育体系中的基础地位；南京临时政府颁布了壬子癸丑学制，先后确立了蒙养园和幼稚园制度，创办了湖北蒙养园——中国历史上第一所公办幼儿园；南京国民政府颁布了《幼稚园课程标准》和《幼稚园规程》，学前教育机构和学前教育师资培训都得到了很大的发展，这一时期还产生了学前教育社团；老解放区颁布实施了《托儿所组织条例》，为服务革命战争和生产建设，建立了寄宿制保育院、日间托儿所、母亲变工托儿所、小学附设幼稚园等各种类型的托幼机构。

## 真题模拟

1. 我国第一所官办的幼儿教育机构是（　　）。

A. 湖北幼稚园　B. 湖南蒙养院　C. 天津严氏蒙养院　D. 上海公立幼稚舍

2. 在我国学前教育史上，第一次将学前教育列入学制系统的是（　　）。

A. 癸卯学制　B. 任子癸丑学制　C. 壬戌学制　D. 奏定学堂章程

3.（　　）的颁布标志着，学前教育从初期的模仿抄袭中摆脱出来，向中国化学前教育的道路迈出了坚实的一步。

A.《国民学校令》　B.《幼稚园课程标准》

C.《幼稚园设置办法》　D.《师范学校规程》

### 思考与练习

1. 试分析蒙养院制度的历史意义。
2. 试分析老解放区各类托儿所机构的种类。
3. 试分析老解放区学前教育的特征及经验。

参考答案

# 第 4 章

# 近现代学前教育思想

19世纪20年代前后，我国出现了一批幼儿教育专家，如康有为、恽代英、蔡元培、陶行知、陈鹤琴、张雪门和张宗麟等，他们都是教育战线上的有识之士。他们在政治环境恶劣、经济条件无保障的情况下，进行刻苦的科学研究和实验活动，在吸收借鉴国外进步的学前教育思想和研究总结自己的实践经验的基础上，探索建立中国化、大众化、科学化的幼儿教育的道路，提出了关于幼儿教育的很多宝贵经验，至今仍值得我们学习与参考。

## 【学习目标】

1. 了解学前儿童公育思想；
2. 了解陶行知关于儿童创造力的论述；
3. 理解和掌握陈鹤琴、张雪门、张宗麟关于学前教育的基本观点。

## 【学习重难点】

1. 重点理解和掌握陶行知提出的解放儿童创造力的观点及艺友制的内涵，以及陈鹤琴“活教育”思想的内涵与现实意义；

2. 重点理解和掌握张雪门的行为课程理论及张宗麟的社会化课程理论。

## 【知识结构图】

- 近现代学前教育思想
  - 学前公育思想
    - 康有为：论儿童公养公教、论胎教、论婴幼儿教育；
    - 蔡元培：五育并举的教育方针、尚自然与展个性的儿童教育原则、论学前儿童公育和美育；
    - 恽代英：论儿童公育的重要性、论家庭教育
  - 陶行知
    - 儿童创造力
    - 艺友制
    - 评价及启示
  - 陈鹤琴
    - 五育并举
    - “活教育”理论
    - 评价及启示
  - 张雪门
    - 行为课程
    - 幼稚园教材
    - 评价及启示
  - 张宗麟
    - 幼稚园课程
    - 幼稚园教师的培训
    - 评价及启示

# 第一节
# 学前儿童公育思想

## 一、康有为的学前儿童公育思想

康有为(1858—1927),字广夏,号长素,广东南海人,亦称南海先生,清末著名的政治家、思想家、教育家。他是戊戌变法的领导者,我国近代史上向西方寻求真理的先驱人物之一。1888年,看到中法战争中清政府的无能,他第一次向光绪皇帝上书,要求清政府变法图强,因顽固派阻挠,未能上达。1891年,他在广州长兴里开办万木草堂,“讲中外之故,救中国之法”。1895年4月,康有为偕弟子梁启超再次进京参加会试,联络了在京考进士的1300多名举人,联名给光绪皇帝上书,要求“拒和、迁都、变法”,这便是有名的“公车上书”。“公车上书”后不久,康有为考中进士,授工部主事职。1898年6月16日被光绪皇帝召见,得以在“百日维新”中推行他的主张。变法失败后,逐步走向了保守。

康有为著述颇丰,均收入《康有为全集》,其中《大同书》中构想出一个“天下为公,无有阶级,一切平等”的美好的大同世界,设计了一个“公养、公教”的教育体系。

### (一)学前教育思想

#### 1. 论儿童的“公养、公教”

“公养、公教”,或叫“公养、公育”,是康有为提出的理想教育制度。这个思想建立在他的政治理想基础之上,体现在《大同书》中。

康有为根据公羊三世说和“大同”说,糅合了西方资本主义进化论学说和空想社会主义学说,在《大同书》中设计了一个从胎教到大学的“公养、公教”的理想教育制度,在《大同书》的《去家界为天民》中,全面阐发了这个思想。他指出,在太平世,“公立政府者,人人所共设也;公立政府当公养人而公教之,公恤之。公养之如何?一曰人本院,凡妇女怀妊之后皆入焉,以端生人之本;胎教之院,吾欲名之曰人本院也,不必其夫赡养。二曰公立育婴院,凡妇女生育之后,婴儿即拨入育婴院以育之,不必其母抚育。三曰公立怀幼院,凡婴儿三岁之后,移入此院以鞠之,不必其父母怀抱。公教之如何? 四曰公立蒙养院……五曰公立小学院……六曰公立中学院……七曰公立大学院……”。这是一个前后衔接的完整的教育体系,儿童从胎教到二十岁的全部教育由公立政府负责,全社会的人都有权接受这一完整的教育,其中人本院、育婴院、怀幼院(或者叫慈幼院)是六岁以前的儿童受教育的机构,属学龄前教育,为“公养”阶段;六岁以后的儿童入小学院,至大学毕业二十岁,为“公教”阶段,接受系统的学龄期的教育。

康有为提出的“公养、公教”的教育思想,是一个完整的教育计划,贫富平等,男女平等,前后相接,二十年一贯制。这不但在当时,就是在今天也是无法实现的,但它却有鲜明的反封建性和民主性。

### 2. 论胎教

康有为继承和发展了我国古代胎教学说,尤其是他的关于创立人本院以对孕妇进行集体胎教的主张,新颖独特,亘古未有。人本院也称胎教院,是对孕妇和胎儿进行集体胎教的社会公益机构,是实施儿童公养、公教的重要设施之一。康有为把设立人本院作为去家界、消除私有根源以实现大同的重要手段。通过对人本院的论述,他阐发了胎教的意义和胎教的宗旨、方法等。

(1)胎教的意义。

①正本。康有为认为,胚胎是人之根本,抓好对此时期胎儿的教育,就可使之正常发育,是从本源上保证孩子健康成长。他说:“人本院专为胎教以正人生之本,厚人道之源”,“人生之本,皆在胚胎,人道之始,万化之原也”。

②防感清源。康有为在《大同书》的《去家界为天民》中指出,孕妇最易受各种秽物邪念感染,若入心入胎便生邪恶,只有加强胎教,才能防止“物感情移而误其胎元”。他还认为,人脑也和胚胎发育一样,易“感于外物”,若受不良影响,便形成“恶浊”心理,便种下“恶核”,结不出“良美之果”。只有抓好胎教,使胎儿“受气之先,魂灵之始,已无从染恶浊矣,源既清矣,流自不浊,必如是乃可至性善,乃可至太平”。所以,他认为胎教的意义是“反本溯源、教之于未成形质之

前”。

(2)胎教内容和实施方法。

通过研读康有为在《大同书》中关于人本院的设计、地域选择、环境和保健要求、选择教师等方面的阐释,我们可以归纳其胎教内容和方法主要如下。

①选择适宜的环境。康有为认为,孕妇居住的人本院,必须内外环境极优,让孕妇生活舒适、心情舒畅、心旷神怡。不但要求气候地带要在温带,而且院址要选择平原广野,丘阜特出,水源环绕或近海广平之地。他认为选择好的地理位置,可令孕妇多吸“天气”,多受海风,这样所生之人“多丰颐、广額”等美好形象,性格也必能广大、高明、中正、和平、活泼。若在“山谷崎岖深阻之地”,因孕妇“多感地气”,“生人多癭瘤突额,锐颐黄馘,无有丰颐广額者。其人性褊狭……寡有光明远大者”。良好的环境,有利于胎儿发育成长,符合优生学的原理。但在山谷崎岖之地生活的孕妇便造成像他说的恶果,是令人难以置信的。

②胎教的宗旨及保胎、养胎。康有为指出:“盖孕妇入院之后,以养胎为宗旨职业,其有碍此宗旨者,皆不可行也。”后来,他又把“考求安胎、保胎、养胎及生子最易无苦之新法”作为人本院胎教的根本宗旨。

养胎、保胎、安胎,主要是要做好医护、饮食和衣着三件事。医护方面,康有为要求有良好的医护设备和护理制度照顾孕妇。在人本院内要有大医生、小医生的看护,医生要采用科学产儿方法,令孕妇生产绝无痛苦。饮食要由医生负责调节,要选择最能养胎健体的食品,根据孕妇个人的强弱、粗精、动静决定食品的种类和数量,“每日开单,如给药然”。这比古代胎教中食物调节和食物禁忌要科学多了。衣着也由医生选择最适合个人体型和怀孕变化的衣服,反对西方“袒肩露臂”的服饰,也反对“中华缠足”,认为都不符合孕妇的健康要求。

③孕妇的教育。对孕妇的教育一方面是防止“邪念”的感染,另一方面是培育其德性,萌发仁心,孕育其博爱、方正、平和的心境,从而间接地影响胎儿。康有为主张在人本院设女师、女保、女傅等专门对孕妇进行教育。每日有女师讲人道公理,讲仁爱慈惠的故事;请女保讲卫生法、生产法、育子之良法;由女傅同孕妇一起生活,“随之出入,以傅其德,化其气质,令孕妇目不视恶色,耳不听恶声,口不道恶言”,使孕妇受到良好的德性教育,以影响胎儿,达到传播“佳种”的目的。女师、女保、女傅都从医生中选择,各司其职。

康有为还要求孕妇读好的书、听好的音乐。所读之书、所见之画都要符合中正、和纯、慈惠、仁爱、纯粹的标准,还把妇女纯正、吉祥的故事及嘉言懿行编成

《胎教丛编》,供孕妇阅读。在人本院还设有琴乐歌管,听好的音乐,以养孕妇性情。孕妇生产时,产室常会鼓琴诵诗,使产妇心境和乐。此外,在人本院还让孕妇画图、做“工艺”,调节她的生活和心境。

### 3. 论婴幼儿教育

婴幼儿教育是康有为“大同”世界设计中关于学前教育公养公教制度的又一级。在《大同书》的《去家界为天民》的育婴院部分,阐述了婴幼儿教育的主张。

(1)环境的选择。

康有为很重视育婴院环境的选择,很看重自然环境和社会环境对婴幼儿的影响。他主张“育婴院择地之精,当与人本院同,或与人本院接近”,育婴院的建筑应“楼居少而草地多,务令爽垲而通风,日临池水以得清气,多植花木,多蓄鱼马”。在社会环境方面,“不得近市场、制造厂及污秽之处”,也“不可近戏院声伎之地,葬坟火化之旁,作厂场、车场哗嚣之所”。这样的要求,就是为了防止不良影响,“以慎外感之染而保清明纯固之神”。

(2)教育宗旨。

康有为主张婴幼儿的教育宗旨应该是“务令养儿体,乐儿魂,开儿知识为主”,体现了德、智、体全面教育的要求。“养儿体”,就是要求婴儿发育健壮,入育婴院的儿童每日早、晚有医生诊视两次,要看儿童吃饭、穿衣等是否合适。“乐儿魂”,就是要儿童道德正常、心理健康、精神快乐,让他们尽情玩耍,欢笑怡悦。“开儿知识”,就是对婴幼儿进行粗浅的启蒙的早期智育,要求“子能言时教以言,凡百物皆备,制雏形或为图画,俾其知识日增”,这类似于今天的看图识字、看图说话。在知识稍开后,还可“将世界有形各物,自国家至农工商务”都仿制成玩具似的教具,开阔儿童的知识视野,还可用各种游戏培养儿童的创造力,发展他们的思维。康有为认为,这三方面的教育不是孤立的、割裂的,不能“单一褊狭”,而宜“协调并进”。他提出的“养儿体、乐儿魂、开儿知识”的婴幼儿教育宗旨,体现了德、智、体、美和谐发展的精神,较封建传统儿童教育片面强调道德训练有很大的进步性。

(3)管理制度。

康有为主张育婴院、慈幼院要有严格的管理制度,如为了儿童健康,院中要有大、小医生,育婴院中还要有看护(女保),因“孺子既离产母,则女保有代母之任,其责任最大”。女保代替母亲,抚育非亲生之子,劳苦功高,无私奉献。女保任期两年，任满，政府赠以“仁人慈保宝星”。宝星越多，社会对她越尊重。育婴院可设“管院事者”，也由医生充任，负责管理院中事务和教养工作，类似今天的幼儿园园长。

### （二）评价及启示

康有为在《大同书》中提出的“公养、公教”的思想，强调胎教的意义，阐述了胎教的内容和方法，阐发了婴幼儿教育宗旨和管理制度等，实质上是以资本主义教育制度为蓝本而进行的设计，虽然不能实现，但在思想上有冲破封建传统学前教育的进步意义。在他的构想中，还夹杂着唯心主义和封建教育的糟粕，是应予以否定的。

## 二、蔡元培的儿童教育思想

蔡元培(1868—1940)，字鹤卿，浙江绍兴人。他17岁中秀才，23岁中举人，26岁中进士。甲午战争的失败，激发了他的爱国主义思想，他开始涉猎西方文化，学习日文，探求救国救民的真理。戊戌维新运动后，他深感清廷腐败，决心委身于教育，断然弃官从教，改革教育，提倡新学。1901年后，历任中国教育会会长、爱国女校校长、北京译学馆教习。1907年，自费赴德国留学，回国后，任南京临时政府教育总长，1917年任北京大学校长，实行“思想自由，兼容并包”的办学方针，支持新文化运动。上海沦陷后，他移居香港养病，1940年病逝。毛泽东发唁电称“孑民先生，学界泰斗，人世楷模”。

蔡元培为发展中国新文化教育事业、建立中国资产阶级民主教育制度做出了巨大的贡献。他的教育思想涉及面广，从教育方针、学制到教学方法、从高等教育到学前教育，从家庭教育到社会教育，他都有过许多论述。他的儿童教育思想主要体现在发表于“五四”前后的《新教育与旧教育之歧点》《贫儿院与贫儿教育的关系》《美育实施的方法》《美育》等著名篇章中。

### （一）学前教育思想

#### 1.“五育”并举的教育思想

蔡元培在教育史上最著名的是其“五育”并举的教育观，这是对清末“忠君、尊孔、尚公、尚武、尚实”封建教育观的革新。“五育”并举的教育方针如下：

（1）军国民教育，即军事体育，其社会意义是“强兵”，从个人发展的角度说，就是体育。鉴于当时国家屡遭强国欺凌的国情，蔡元培认为，非军国民教育不能强兵，并且要举国皆兵，进行军事训练。同时，他也十分重视体育锻炼，视体育为培养健全人格的基础。

（2）实利主义教育。从个人发展的角度说，就是智育，其社会意义是“富国”，可以发展经济，提高社会生产力水平。他对基础教育非常重视，认为基础教育关系到人才的培养和成长。此外，他还重视学生智力的发展，主张学生自觉、主动地学习，养成独立思考的能力和习惯。

（3）公民道德教育，即德育。蔡元培认为，德育是完全人格教育的核心，是“五育”的中坚，也是造就民族素质的关键。他主张以自由、平等、博爱作为道德教育的内容，认为身体力行是道德教育的重要原则。

（4）世界观教育。蔡元培认为，军国民教育、实利主义教育、公民道德教育是“隶属于政治之教育”，世界观教育是“超越政治之教育”，其主要任务是培养人超越现世观念的最高层次的教育，它使人生变得更有价值，人格更趋完善。

（5）美感教育，即美育。蔡元培认为，美育的作用在于“陶养吾人之感情，使有高尚纯洁之习惯，而使人我之见，利己损人之思念，以渐消沮者也”。只有通过美育，才能有效地进行世界观的教育。

蔡元培认为，尽管“五育”各自的作用不同，但都是培养“健全人格”所必需的，是统一的整体，缺一不可，任何一育都不可偏废。“五育”并举的教育，体现了蔡元培关于人的全面发展的思想。

### 2.“尚自然、展个性”的儿童教育观

蔡元培在反对封建教育对儿童的压制和摧残的同时，提倡尊重儿童、发展儿童的才能，这就是蔡元培的“尚自然、展个性”的儿童教育观。

“尚自然、展个性”是蔡元培针对封建教育无视儿童的特点，违反自然规律，压抑、禁锢、束缚个性而提出的教育主张。1918年，蔡元培发表了著名的《新教育与旧教育之歧点》，表示了他对旧教育摧残儿童的身心和抹杀儿童的个性的做法深恶痛绝。

他在深刻批判旧教育的基础上，提出了新的教育目标，即全面发展的儿童教育思想。他认为，新的儿童教育还要研究儿童，依据儿童的身心特点，循序渐进地实施教育。在教育方法上，新教育要摈弃注入式教学方法，强调启发式教学，特别是鼓励儿童自我探索、主动学习。在教育内容上，实施德、智、体、美、劳等五

方面的教育内容，促进儿童的全面发展。

### 3. 平民教育与儿童公育的思想

蔡元培是我国最早倡导现代平民教育的代表。他所说的平民教育，就是我们所说的公民教育。他在总结“五四”运动时说，“五四”运动的唯一好结果是平民教育。“五四”运动以后，学生有两个觉悟：一是自己觉得学问不足，所以自动地用功；二是觉得教育不普及，所以要致力于平民教育。

儿童教育是平民教育的重要组成都分。蔡元培认为，社会要设立专门的机构，由专业人士对儿童实施教育，比如说设立胎教院、育婴院、幼稚园等。蔡元培试图通过贫儿院的试验和推广，逐步以学前公共教育代替家庭教育，最终实现他的学前儿童公育的理想。蔡元培对封建家庭教育的批判具有进步性，但儿童公育的理想在当时无疑是办不到的。

### 4. 倡导学前儿童的美育

蔡元培是我国近现代美育的首倡者。“美育”一词最早就是由蔡元培从德文翻译过来的。1922年他发表了《美育实施的方法》一文，对实施美育的范围和时期、内容和方法做了全面、系统的论述。有关学前儿童美育的实施，他的主张如下：

第一，主张从家庭教育、学校教育、社会教育三方面实施美育。在学校美育方面，通过一切课程（包括环境创设）贯彻美育，向所有的学生进行普通美育的教育。此外，学校美育还包括专门美育，即开设各级音乐学校、戏剧学校、美术学校，培养专门的艺术人才。学生还应走出校门，去美术馆、剧院等接受社会美育。家庭要将美育寓于家庭生活之中。蔡元培关于家庭、学校、社会三结合的美育思想，对学前儿童美育起着导向作用。

第二，蔡元培设想通过胎教院、育婴院、幼稚园三级机构实施学前儿童美育。他把胎教作为美育的起点，胎教院的环境一定要优美，要使孕妇完全生活在平和活泼的氛围里，避免将不好的影响传给胎儿。育婴院的建筑与环境布置，与胎教院大略相同，或可联合在一处。蔡元培把幼稚园视为“家庭教育与学校教育的过渡机关”，他认为，在幼稚园里应该开展各种美育活动，使儿童不仅感受美，而且能表现美。幼稚园的美育，一方面通过舞蹈、唱歌、手工等“美育的专课”进行，另一方面也要充分利用其他课程内含的美育因素进行。

## （二）评价及启示

蔡元培的教育思想和实践充满了爱国主义的激情与民主、科学的思想，尤其是他提倡的教育观、儿童观、儿童公育思想以及对儿童实施美育的主张，对近代学前教育理论的发展产生了深远的影响，在反对帝国主义文化教育侵略、反对封建专制主义教育、寻求中国化的学前教育的斗争中，起了重要的作用。他的思想在当时的社会历史条件下是超前的，当然，也难免带有一些空想的色彩。随着历史向前推移，他的教育思想的价值和魅力更加凸显出来。今天，当我们以新的教育方针和学前教育的目标体系再次审视他的教育思想时，仍然能够获得很多启示。

## 三、恽代英的儿童公育思想

恽代英(1895—1931)，祖籍江苏武进，生于湖北武昌。中国共产党的早期领导人之一，杰出的革命教育家、青年运动的著名领导人。

恽代英出生于一个封建知识分子家庭，1913年考入武昌中华大学预科，1918年恽代英毕业于中华大学，留校担任附中教员，兼教务主任。他努力整顿学务，进行教育革新。

1920年，恽代英和肖楚女等发起组织中国社会主义青年团。1921年加入中国共产党。1923年调上海担任社会主义青年团中央宣传部部长、《中国青年》杂志主编，担任国民党上海执行部工农部的秘书。1926年在国民党第二次全国代表大会上当选为中央执行委员。1927年春，主持武汉中央军事政治学校工作，兼湖北省政府委员。1928年担任中共中央组织部秘书长和宣传部秘书长。1930年5月6日被国民党反动派逮捕。1931年慷慨就义，年仅36岁。

恽代英的教育思想集中表现在发表于《中国青年》《少年中国》等杂志的文章中。他的主要著作均已收录在《恽代英文集》中。

在学前教育方面，他以马克思主义唯物史观为指导，在《中华教育界》《解放与改造》《妇女杂志》《青年进步》等刊物上发表了《理想之儿童俱乐部》《家庭教育论》《儿童公育在教育上的价值》《驳杨效春君非儿童公育》等富有战斗性的论文，并翻译了一些国外论述儿童教育的文章，如《儿童问题的真解决》《儿童游戏时间之教育》《婴儿之体操》《户外活动》等。他为我国的儿童教育尤其是为学前儿童的公共教育大声疾呼。虽然他不是儿童公育的首倡者，但他深刻地揭示了私有制是造成家庭教育和幼稚教育种种弊病之源，明确提出打破私产、实行儿童公育的革命主张。他是我国无产阶级学前儿童教育思想的先驱。

### （一）学前教育思想

#### 1. 论儿童公育的重要性

恽代英明确指出儿童公育是历史发展的必然。他从唯物史观出发，列举了在新社会必须实行儿童公育的理由。

（1）儿童公育关系到世界的改造和国家的前途。

恽代英认为儿童公育对于改造旧社会、建设新社会是必不可少的。他在《理想之儿童俱乐部》一文中，强调了儿童教育与国家前途的重大关系。他说："儿童乃国家、社会将来托命之人物，苟彼等尽为恶势力所吞啖，则将来之国家社会必尽为恶势力所占据，即将来之国家社会绝对无可托命之人。如此，吾国之前途将有较今日更悲惨无望之一日。爱国家与社会者，顾可不发大心，立大愿，以拯救此一般儿童乎。"可见，恽代英是从改造旧世界、从国家的前途命运的高度来论述儿童公育的必要性的。这一深刻的见解，不仅在当时起了很大作用，而且对今天我们认识早期教育的重要性，增强学前教育的责任感和事业心也是有帮助的。

（2）儿童公育关系到人的全面发展。

在德育方面，恽代英说："儿童在他初生娘胎的时候，无所谓性善性恶，能善导他的本能，使他本能发达于个人及社会有益的方面，那便成为善。不善导他的本能，以致他本能发达于个人及社会有害的方面，那便成为恶。"这里他指出了学前教育在形成品德上的重要作用。

在智育方面，恽代英指出，人类的求知欲在学龄前早已发达，此时若有受过训练的教师的指导，有必要的设备，并通过游戏、猎寻、模仿、搜集等方式，引导他们学习正确的知识和技能，他们就会"聪颖"起来，为日后的学校教育打好根基。

在体育和美育方面，恽代英指出："强健与优美原是人类的共同蕲求。"但如果在幼稚期得不到有知识、有能力的人给予的指导和训练，没有良好的环境，那就会养成不好的习性，不利于儿童的发展。

为了使儿童在德、智、体、美诸方面都能得到很好的发展，恽代英认为最有效的途径，莫过于实行儿童公育，唯有实行儿童公育，才能使每一个儿童受到充分的良好的教育，身心得到全面的发展。

#### 2. 论儿童公育的优越性

恽代英认为当时的家庭和幼稚园都不能很好地担负起儿童教育的重任。与家庭教育和幼稚园教育相比，儿童公育具有明显的优越性。因为：（1）旧家庭不能使劳动人民子女受到教育，实行儿童公育才能使教育得到普及；(2)旧家庭中父母难以担负科学地教育儿童的重任，儿童公育机构的教师才能胜任这种工作；(3)旧家庭不是合宜的儿童教育场所，儿童公育机关则是理想的儿童教育园地；(4)幼稚园虽是专门的教育机构，但也不能完全承担教育儿童的任务。

恽代英还指出，私有制和阶级的存在是旧中国家庭教育和幼稚园教育一切弊病的根源，必须彻底根除。为此，他设想建立“理想的儿童俱乐部”，供孩子共同游戏、活动、学习等，使孩子健康发展。

### 3. 论家庭教育

恽代英虽然认为家庭不能胜任儿童教育的任务，但他认为家庭在儿童教育中的地位还是很重要的。他指出，家庭教育是一门科学，一种学术。他是中国现代家庭教育的最早倡导者之一。

(1)论家庭教育的任务和内容。

早在1917年，恽代英在《家庭教育论》中，就明确指出不能把家庭教育片面地视为“孩提之教”，或仅“为知识之灌注”“为职业之传授”及只“读书教明理，学圣贤而言”等等，主张在家庭中应向孩子进行体、智、德全面发展的教育，反对顾此失彼。

①家庭体育。他说：“强健之心，宿于强健之身。无强健之身，而求其强健之心，不亦难乎。”为此，他要求在家庭中应使小儿自幼习惯于运动，认为“活动为教育上最要之条件，而身体之活动尤要”。因此，他积极提倡家庭体育，要求从襁褓时开始，就让小儿在床上、地下“自爬自动”，以活其筋骨，增强对疾病之抵抗力，以促进其尽早发育，并认为婴幼儿体育应以体操和户外活动为主。恽代英反对父母经常抽烟、喝酒、打牌等，认为这会“暗损”儿童的身心。

②家庭智育。他主张母亲怀胎后应及时施行胎教，以“正本清源”。胎儿出生后即应进行感官教育，他说：“小儿犹有最需要之教育，即感官教育也。此教育自堕地已为必要。”他认为感官教育不仅将影响到孩子今后智力的“锐钝”，而且如果缺乏对五官的训练，还会造成近视、口吃、驼背等不良后果。他特别重视对幼儿进行科学常识的启蒙教育。同时，他也提倡让幼儿学习一点简单的历史、地理、生活等常识。在方法上，他认为智育可结合日常生活进行，采用生动活泼、孩子喜闻乐见的诗歌、谜语、歌谣等形式，这样就可以“鼓励儿童为学之心，激起其学之兴趣”，充分调动孩子学习的积极性，满足孩子的求知欲望。

③家庭德育。恽代英十分重视父母的道德行为对子女的影响。他认为没有

好环境，不会有好教育。他强调“以身作则”是最重要、最有效的教育方法，要求父母必须“自修其身，务使其不至于为儿童进德之妨碍”，并对父母的道德行为提出了四项基本要求：第一，须自备有秩序的习惯；第二，须自备有勤俭的习惯；第三，须自备有好善之习惯；第四，须自备有清洁之习惯。恽代英认为父母只有具备了以上习惯，才能肩负起家庭教育的重任。

(2)家庭教育的方式和方法。

恽代英主张在家庭中应多通过游戏的方式对儿童进行教育，他指出：“游戏乃小儿天然生机，不可遏除”，儿童“如无游戏，即无教育”，故应“使小儿于游戏中得教育”。为此，他积极倡导家庭游戏，并要求父母有目的地和孩子一起游戏，为儿童慎选玩具，提供“玩品”“玩物”等游戏材料，创造有教育意义的游戏内容。对于家庭教育，恽代英提出了以下几种方法：①潜移默化；②晓之以理，动之以情；③严而有格，扬长补短；④任其自由，合宜指导；⑤适当暗示，积极防范。

恽代英认为，在教育孩子的过程中，往往有成功的经验，也有失败的教训，做父母的应经常反省，善于总结，这样才能不断改进家庭教育，使孩子在良好的家庭教育条件下，身心得到和谐的发展。

## (二)评价及启示

在20世纪20年代中国现代学前教育思想的发展过程中，恽代英作为无产阶级杰出的革命家，第一次以唯物史观论述了儿童公育的重要性和实施途径。他指出，儿童公育是社会发展的必然趋势，社会革命是实现儿童公育的必要前提。同时，他有力地抨击了旧家庭教育和当时幼稚园教育的种种弊病，提出了逐步实行儿童公育的设想和革新家庭教育的一系列主张，为中国现代学前教育思想增加了新的内容，做出了新的贡献，也为今天的学前教育工作提供了许多有益的启示和借鉴。

# 第二节
# 陶行知的学前教育思想

陶行知(1891—1946),原名文濬,后改知行、行知。安徽歙县人。早年就读传统旧学,后入教会学校,大学就读于南京金陵大学。1914年以优秀成绩毕业于金陵大学。同年,赴美留学。1917年秋回国。

1921年12月,中华教育改进社成立,陶行知任总干事。在他和其他教育家如黄炎培、梁漱溟、晏阳初等的推动下,20世纪20年代我国曾出现了一股乡村教育运动。为了开展乡村教育,陶行知与东南大学教授赵叔愚于1927年3月在南京北郊劳山下创办了南京试验乡村师范学校,后改称晓庄学校。这个时期,他初步形成了“生活教育”的理论体系。

1931年春,陶行知回到上海,发起“科学下嫁”活动;1932年,他在上海大场开办山海工学团,开展工学团运动。后来又办了棉花工学团、晨更工学团、报童工学团等。为促进教育的普及,他总结了“即工即传”的办法,开创“小先生制”“传递先生制”。这些办法在国内20多个省市及东南亚一带的扫盲及教育中,都有过重要影响。

抗日战争全面爆发后,陶行知提倡“抗战教育”,成立战地服务团。1939年7月,他在合川创办育才学校,培养战争中的难童。1945年抗日战争胜利后,陶行知投入了反对内战、反对独裁、争取民主的斗争中,他的教育活动由战时教育转入“民主教育运动。他给生活教育赋予了新民主主义的性质,提出了“民主的、科学的、大众的、创造的”四大方针。

1946年7月25日,陶行知因患脑出血,与世长辞,年仅55岁。

## 一、学前教育思想

### (一)论学前教育的重要性

陶行知十分重视学前教育,认为学前教育是人生的基础教育,他发挥了我国古代“教儿婴孩”的传统,指出:“儿童学者告诉我们,凡人生所需之重要习惯、倾向、态度,多半可以在六岁以前培养成功。换句话说,六岁以前是人格陶冶最重要的时期。”

由此,陶行知主张不仅要普及小学教育,也要普及幼儿教育。他说:“小学教育是建国之根本,幼稚教育尤为根本之根本。小学教育应当普及,幼稚教育也应当普及。”这种普及幼儿教育的主张,较资产阶级关于强迫义务教育的提法更进步。他从20世纪20年代起,便苦心寻求和摸索在中国普及教育的道路。其中,普及幼儿教育一直是他教育实践的重要组成部分。

### (二)论幼稚教育的服务方向——工厂与农村

我国幼儿教育机构自清末产生以后,多分布在大城市,为上层社会服务。陶行知认为必须改变这种状况,使幼儿教育为劳动民众服务。他指出:第一,女工区域是需要幼稚园的;第二,农村也是需要幼稚园的。

本着这种精神,他号召幼稚园的下乡运动和进厂运动。为使幼稚园能下到乡村,进到工厂,他认为必须对当时社会上的幼稚园进行整顿。他批评当时国内的幼稚园有三大弊病:一是外国病;二是花钱病;三是富贵病。幼稚园只是富贵人家的专用品,平民是没有份的。要使幼稚园下乡、进厂,就必须改革这三种弊病。他说:“要把外国的幼稚园化成中国的幼稚园;把费钱的幼稚园化成省钱的幼稚园;把富贵的幼稚园化成平民的幼稚园。”具体的方法就是要打破对外国的盲目崇拜,建设中国式的幼稚园,使幼儿教育适合国情,可以选用国外好的材料,但必以家园自出的为中心;建设省钱的幼稚园,不必事事效法外国,教师可就本乡选择,使本乡师资教导本乡儿童,玩具可以运用本村小学手工科及本村工匠仿制的。上述两个问题解决了,平民自然愿意入学,平民的幼稚园便可实现,这种幼稚园便可以下乡或进工厂,为农民或工人子弟谋幸福。他主办的燕子矶幼稚园、晓庄幼稚园、劳工幼儿团等都是按建设中国的、省钱的、平民的幼稚园的思想建立起来的,因此深受工人、农民的欢迎。

开辟幼稚园新大陆的思想，表现了陶行知对劳苦民众怀着一颗赤诚的心。他自己就是捧着一颗与劳苦民众同甘共苦的心从事教育活动的，走到工人农民中去，摸索中国教育的新路，开垦幼儿教育的新大陆。

### （三）论儿童创造力的培养

#### 1. 认识儿童的创造力

陶行知认为教育工作者要把自己摆进儿童的队伍里，成为儿童当中的一员，加入到儿童的生活中去，才可以认识儿童的创造力。他说："我们要真正承认小孩有创造力，才可不被成见所蒙蔽。小孩子多少都有其创造的能力。"

#### 2. 解放儿童的创造力

陶行知认为，我们发现了儿童的创造力，认识了儿童的创造力，就要进一步把儿童的创造力解放出来。他提出了"六大解放"：

第一，解放儿童的头脑，让他们自己去思考、去想，把儿童的头脑从迷情、成见、曲解、幻想中解放出来。

第二，解放儿童的双手，让他们去做、去干。孩子好动手，是他动脑、好奇、好学、好创造的表现。

第三，解放儿童的眼睛。要让儿童自己去看，去观察。要引导和培养儿童的观察力，否则世界上的事物将在他面前白白流过。

第四，解放儿童的嘴巴。儿童有问题要允许他问，不要遵从不许多说话的旧习惯。儿童只有得到言论自由，特别是提问的自由，才能充分发挥他的创造力。

第五，解放儿童的空间。把儿童从鸟笼式的学校解放出来，让他们去接触大自然、大社会，要解放他们的活动空间，扩大认知眼界，以发挥儿童内在的创造力。

第六，解放儿童的时间。学校及幼稚园要给儿童自己学习、活动的时间，不要把儿童全部时间占去，使儿童失去学习人生的机会，养成无意创造的倾向，致使到成年时，即使有时间也不知道怎样发挥创造力了。

#### 3. 培养儿童的创造力

对于如何培养儿童的创造力，陶行知指出：

第一，需要充分的营养。儿童的体力与心理都需要适当的营养。只有这样，才能有高度的创造力。

第二,需要建立良好的习惯。日常生活有良好的习惯,才能向更高层飞跃,产生更高的思想追求。

第三,需要因材施教。要认识儿童,发现儿童各自的特点,要像培育幼苗一样予以适宜的肥料、水分、太阳光,还要除害虫,这样才可以欣欣向荣。

第四,发扬民主。民主应用在教育上主要有三点:(1)教育机会均等;(2)宽容和了解;(3)在民主生活中学民主。

陶行知相信儿童的创造力,努力培养和鼓励儿童做手脑并用、富于创造精神和能力的各色小强人。他的创造教育思想,至今仍有极大的借鉴意义。

### (四)论幼稚师范教育——艺友制

师范教育思想是陶行知教育理论的重要方面。在幼稚师范教育方面,其特点是运用艺友制培养幼儿师资的做法。

什么是艺友制?为何要采用这种制度培养师资?他在《艺友制师范教育答客问》一文中作了说明。他说:“艺友制是什么?艺是艺术,也可作手艺解。友就是朋友。凡用朋友之道教人学做艺术或手艺便是艺友制。

“艺友制如何可以应用到师范教育上来?

“师范教育的功用是培养教师。教师的生活是艺术生活……学做教师有两种途径:一是从师,二是访友。跟朋友操练比从师来得格外自然,格外有效力。所以,要想做好教师,最好是和好教师做朋友。凡用朋友之道教人学做教师,便是艺友制师范教育。”

从上述文字可以看出,艺友制便是学生与有经验的教师交朋友,在实践中学习当教师,边干边学。这个方法的优点是:一是解决师范教育的缺陷,在不可能迅速建起大批幼稚师范学校的情况下,也能培养有质量的师资;二是边干边学,立见实效,可以改变师范教育中学理与实习两相分离的弊病;三是节省时间,仅用一年半至两年即可结业,缩短正规幼师三年毕业的期限。这种见效快、质量好的幼教师资培养方法,在当时很有影响,解放区幼教师资培训就借鉴了这种办法。

陶行知认为,艺友制师范教育并不是培养师资的唯一方法,这种制度应和师范学校“相辅而行”,不能拿来替代师范学校。师范学校不应当废除,而应当加以改造。

## 二、评价及启示

陶行知是我国近现代著名的教育家，也是最早致力于中国学前教育实验与研究的先驱。他在长期实践探索的基础上，不断总结经验，提出了不少既符合学前儿童学习与发展特点，又适合中国实际情况的理论，为学前教育中国化的发展做出了突出贡献。更可贵的是他敢于批判和不断创新的精神，在批判当时的幼稚教育患上“外国病、花钱病、富贵病”的同时，积极创办省钱的、平民的、适合国情的幼稚园，创造性地提出了“生活即教育、社会即学校、教学做合一”的生活教育理论体系，从而在中国教育史上留下了光辉的一页，对后来创建中国化的学前教育课程体系产生了深远的影响。陶行知的教育思想，不仅深刻地揭示了中国当时社会与教育的客观规律，而且还具有较高的现代意义，特别是他对学前教育作用的深刻理解、先进的儿童观、创造教育的思想、生活教育的理念等，仍然值得我们去学习与研究。

# 第三节 陈鹤琴的学前教育思想

陈鹤琴(1892—1982),我国著名的儿童教育专家,在开拓中国现代幼儿教育事业上有突出的贡献。

陈鹤琴是浙江上虞人,早年毕业于清华学堂。1914年,与陶行知同行到美国留学。1917年毕业于霍普金斯大学,取得文学学士学位。同年秋,进入哥伦比亚大学师范学院,专心研究教育学和心理学,受教于名教授克伯屈克、孟禄、桑代克。1918年,获哥伦比亚大学教育硕士学位后回国。

1919年9月,他担任南京高等师范学校教育科教授。他一面讲授儿童心理学与教育学等课程,一面从事儿童心理和儿童教育的科学研究和实践活动。他是我国最早运用观察和实验的方法研究儿童心理发展的学者。1920年,喜得长子陈一鸣,于是便以一鸣为研究对象,进行儿童身心发展的观察和文字、摄影的记录,持续了808天。后来,他把研究成果写成《儿童心理之研究》一书。

陈鹤琴1921年撰写了《儿童心理及教育儿童的方法》。1923年,陈鹤琴创办南京鼓楼幼稚园,作为推行中国化、科学化幼儿教育的一个实验基地,对幼儿园的课程、管理、设备等进行了全面的、成功的、科学的实验。1927年,他将鼓楼幼稚园的实验加以整理总结,写成《我们的主张》。后来,他又与陶行知等人合力创办樱花村幼稚园等,开辟乡村幼稚教育实验场地。1928年,受大学院(后改为教育部)之聘,参加并负责全国幼稚园课程标准的草拟和制定工作。他根据鼓楼幼稚园的课程实验成果,起草了《幼稚园课程暂行标准》。

为宣传、总结和推广儿童教育的经验,1927年2月,《幼稚教育》创刊(1928年改为《儿童教育》),他任主编。1928年5月,与张宗麟合编《幼稚教育丛刊》。1929年7月,他发起成立中华儿童教育社并自任主席。

1927年6月，陈鹤琴任南京市教育局学校教育科科长，着力调查和整顿中小学和幼稚园教育。在此任上，他共设立7所实验学校，创办14所幼稚园。1928年赴上海，任工部局华人教育处处长，主持教育处工作11年，办了8所小学(附设幼稚园)、1所女子中学，为职工办了4所工人夜校，为贫寒子弟办二部制小学、简易小学等，努力使更多的人受教育，还请求工部局给145所私立中小学以经费补助。

1934年7月至1935年3月，陈鹤琴赴欧洲11国考察教育，回国后，积极宣传介绍欧洲先进的教育经验。他继续研究学前教育，同时还对小学教育及教科书进行研究，编写了《儿童国语课本》《儿童作文课本》《小学生应用图表》《儿童算术练习卡片》《最新英文读本》《最新英文字帖》等。

1937年，全面抗战爆发。上海"八一三"事变以后，很多难民逃入租界，陈鹤琴与赵朴初等被推为难民教育协会的主要负责人，同时任上海国际救济会教育股主任，负责难民中的儿童教育、成人教育和职业教育。1937年到1939年，他参加了共产党领导下的进步团体，开展抗日救亡活动。

1940年4月，本着"要做事，不做官"的意愿，他到江西泰和创办公立幼稚师范学校，以实现办中国化的幼稚教育、由中国人自己培养幼稚师资的愿望。同月，幼稚师范附小在泰和文江村附近成立，又在文江村大岑山筹建幼稚师范。10月1日，幼师正式开学，入学学生138人，定名为江西省立实验幼稚师范学校。学生入学第一课就是劳动建校。幼师的所有房屋都是他亲手设计的，并带领学生筑路、平地、编草盖房顶、开荒、建农场等。

1943年春，江西省立实验幼稚师范学校由省立改为国立，同时增设幼稚师范专科，培养幼稚师资和研究人才。在他的努力下，江西已经形成了一个较为完整的幼稚师范教育体系。陈鹤琴在江西创办幼稚师范期间，形成和实践了他的"活教育"理论，将荒山变成了"活教育"的乐园。

1944年，日寇侵犯江西赣江两岸，8月，泰和危急，学校迁至赣州。后赣州又告危急。他决心不丢下一个学生，连在几十里外学工的儿子都顾不上，带领学生于1945年3月在广昌县甘竹乡饶家堡重建校园，继续探索办中国化的幼教事业的道路。到1945年8月抗日战争胜利，他在江西创办幼稚师范的五年之中，历尽艰辛，培育出一批幼教战线的园丁。

1945年9月，陈鹤琴任上海市教育局督导处主任督学，负责接管外国人所办中小学30余所。同时，创办上海市立幼稚师范。设在江西的国立幼师幼专部迁到上海。1947年2月，创立上海儿童福利促进会、解决难童教养问题。3月，筹创上海特殊儿童辅导院。

中华人民共和国成立后，陈鹤琴任中央大学师范学院院长。1953年任南京师范学院院长，在主持校务的同时，讲授儿童心理学，继续实践、研究和探索发展中国幼儿教育事业的道路。1982年12月，陈鹤琴在南京病逝。

他的学前教育理论至今仍有很高的理论意义和实践价值。他留下来的400万字的著作，是一份十分珍贵的教育遗产。

## 一、学前教育思想

### （一）论学前儿童的发展与教育

#### 1. 学前教育的意义

“中国需要幼稚教育”，这是陈鹤琴一生反复向社会发出的呼唤。他深信，学前教育不仅关系到一个人的成长，而且也影响着一个民族、一个国家的兴衰。他认为：①幼稚期是人生可塑性最大的时期，需要有适当的环境与优良的养育；②学前教育是一切教育的基础，对各种教育产生深刻的影响；③为了减轻劳动妇女养育子女的负担，迫切需要学前教育；④特殊儿童要得到社会的养护。

#### 2. 学前儿童心理发展与教育

（1）儿童心理研究是科学教育儿童的基础。科学地教育儿童，就要遵循儿童自身的特点施以教育。陈鹤琴主张，对儿童的培养与成人不同，不能给他们成人化的东西，而是要适应他们的生理、心理特点，做到儿童化。他说：“儿童不是‘小人’，儿童的心理与成人的心理不同样，儿童的时期不仅作为成人之预备，亦具他的本身的价值，我们应当尊敬儿童的人格，爱护他们的烂漫天真。”

研究儿童心理特点的意义，就是要把儿童教育建立在科学的基础上，承认并且了解儿童的心理特点，认识这个时期的特殊价值，从而更有效地教育儿童。

（2）儿童心理特点与教育。陈鹤琴研究儿童的心理特点，是从自己的孩子出生起步的，以后又不断地对大量的儿童进行观察、实验，总结出了儿童的心理特点，主要如下：

①好动心。陈鹤琴说，儿童好动，不但在醒着的时候动作很多，就是在睡着的时候也有许多动作。儿童还没有养成自制力，他的行为完全为冲动与感觉所支配。好动就成为儿童突出的特点。陈鹤琴强调儿童好动的心理特点，认为应该尊重儿童的好动心，并利用这个特点，给其发挥的条件。教师和家长要了解和

研究儿童的这个心理特点，不但不能因儿童正常的动作去责罚他，而且要给儿童以充分的机会，使他多与事物接触，以促进儿童身体、道德、智力的增进。

②模仿心。模仿心人人都有，但儿童尤为突出。陈鹤琴详细地观察、记录了模仿的发生，在研究大量的国外学者和自己的试验材料的基础上，他探讨了模仿是什么、模仿的种类以及模仿在儿童教育中的意义。最后，陈鹤琴指出，教育者要了解儿童的模仿心，将其正确地运用到教育中去。他特别指出，儿童的模仿是无选择的。儿童的善恶观念很薄弱，容易接受环境的影响，所以他不能有选择地对事物加以模仿。因此，师长要以身作则，同时要为儿童选择和创造模范及法则，教儿童逐渐学习鉴别是非善恶。

③儿童是易受暗示的。他指出，儿童是容易被暗示的，我们可以利用这种心理特点去支配他的动作。对于良好的举动、习惯等，我们可以利用暗示使儿童养成。陈鹤琴告诫人们，不要用消极的暗示去矫正孩子的错误。

④好奇心。陈鹤琴说儿童好奇心强，这种好奇心在教育上有很高的价值。他认为，儿童的这些好奇心会引发儿童研究学问的兴趣，教育者是完全可以利用的。成人对待儿童的好奇，要耐心地指导，正确地解答，不可厌恶或禁止儿童问话，更不要假装聪明、牵强附会，颠倒了儿童的思想。好奇心是启迪儿童知识的关键，对师长来说是施教的好钥匙。

⑤游戏心。好玩这个极其重要的心理特点，在教育上有很高的价值。陈鹤琴说："儿童好游戏是天然的倾向，近世教育利用这种活泼的动作，以发展儿童之个性与造就社会之良好分子。"他对游戏有很深的研究，对游戏是什么、游戏的分类与价值做了深入的论述。

⑥喜欢成功。陈鹤琴认为小孩子固然喜欢动作，"更是喜欢动作有成就的"。这是"因为事情成功，一方面固然自己很有趣的，但是还有一方面可以得到父母或教师赞许"。他认为成人应当利用这种心理去鼓励他做各种事情，但又告诫人们说："叫小孩做的事情不要太难；若太难，就不能有所成就；若没有成就，小孩子或者要灰心而下次不肯再做了。"

⑦喜欢野外生活。他指出，凡是小孩子，不论大小、男女，都喜欢野外生活，到门外去就喜欢，终日在家里就十分不高兴。孩子在家里哭的原因虽各不一，但是不能到外边看看玩玩，也是一大原因。"他们在旷野里跑来跑去，看见野花就来采，看见池塘就抛石子入水以取乐。这种郊游于小孩的身体、知识、行为都有很好影响的。"他劝做父母、做教师的，多少总须领小孩子到郊外玩玩才好。

⑧喜欢合群。他认为应根据儿童好群的心理去教育儿童：第一，我们要使他

得到良好的小朋友；第二，我们应给他温顺的动物如猫、狗、兔子等做他的伴侣；第三，我们可以给他小娃娃之类的玩具聊解他的寂寞。

⑨喜欢称赞。他说两三岁的小孩子就喜欢“听好话”，喜欢别人称赞他。儿童到了四五岁，这种喜欢赞许的心理还更浓厚。他说：“这种赞许心，我们做父母的教育小孩子时应当利用的，然而不可用得太滥，一滥就失掉它的效用，反不若不用为妙。”

(3)儿童年龄分期与教育。

陈鹤琴将儿童从出生至学龄分成四个阶段，这四个阶段是：新生婴儿期——新生；乳儿时期——1个月至12个月左右；步儿时期——12个月至3.5岁左右；幼儿时期——3.5岁左右到6岁左右。

陈鹤琴用科学的方法观察、实验、记录、分析了每个阶段儿童的心理特点，留下了一份宝贵的研究儿童心理的资料。

这里我们仅举幼儿时期心理的发展与教育，阐明陈鹤琴的研究成果。他重点阐述了幼儿的思想活动、社会性的发展、情绪的转变等。

①关于幼儿期的思想活动。陈鹤琴提出，了解儿童思想发展的特点，是为了寻求更好地发展幼儿思想的教育方法。陈鹤琴从五个方面总结了这个问题：第一，儿童自己能想到的，你切不可代他思想；第二，要使儿童得到充分的思考机会，应该特意营造种种新环境、新问题，叫儿童来适应、来解决；第三，使儿童得到丰富的经验；第四，教儿童善用语言文字，以及学习各种美术；第五，改正儿童的谬误思想。这些总结很有现实意义。

②关于幼儿社会性的发展。幼儿的社会性指幼儿与幼儿、幼儿与成人的个别关系，同时也表现在幼儿社会组织性活动的建立中。幼儿是好群的，不喜欢独处，一两岁的婴儿也喜欢有人在他旁边。因此，幼儿对于人与人的关系的感觉发生得很早。但真正的社会生活的发展，陈鹤琴指出应当是在3岁前后。以前幼儿是独自游戏或者看别人游戏，现在他开始对其他幼儿的游戏产生兴趣，回答其他幼儿的问题，也向他们问许多问题，接着便参加了幼儿团体，共同游戏。对于成人，幼儿以前总是采取依赖与期待的态度，现在他开始借自己的力量来做自己所要做的事情，对于成人的帮助或干涉，常采取反抗的态度。可是他自己却非常乐于帮助其他幼儿，更喜欢帮助比自己年幼的孩子。

③关于幼儿期情绪的转变。幼儿期与乳儿期的情绪表现不同。在乳儿期，他的惧怕、愤怒与喜爱等情绪，表现是单纯的与机械的，大多是由自身生理上的需求所激起的，是与周围环境发生的简单关系。但到了幼儿期，由于儿童与环境

之间的关系越来越密切,儿童情绪的激起,不仅有自身生理上的要求,而且有社会环境的刺激。尤其是儿童社会性的发展,对其情绪的转变影响最大。

### (二)论学前家庭教育

陈鹤琴1925年出版的《家庭教育》一书及他后来发表的《怎样做父母》《怎样教小孩》等文章,是其家庭教育理论的代表作。陈鹤琴关于儿童家庭教育的原则和方法,至今有很大的借鉴意义,主要可以概括为以下内容。

#### 1. 论家庭教育的意义

陈鹤琴认为家庭教育不仅关系到儿童自身的成长,而且关系到国家的前途、命运。他满怀期盼地指出:“对于如花含苞、如草初萌的小孩子,我们应当用很好的教育方法去教育他,使他们关于体、德、智三育都从小好好儿学起,那么老大的中国,未尝不可以一变而为少年的国家?不过少年中国的责任,固属诸今日之儿童,而造成少年中国的责任则属诸今日之父母,做父母的能够教育小孩子,而小孩子能够从小学好,则少年中国则在其中了。”

#### 2. 家庭教育的科学依据

陈鹤琴认为,幼儿既难养又难教,家庭教育必须科学化。幼儿教育工作者首先要研究其科学依据。陈鹤琴在《家庭教育》一书开篇两章——《儿童的心理》《学习的性质与原则》中便阐述了这个问题,作为儿童家庭教育的科学基础。

(1)儿童的心理特点与家庭教育。

陈鹤琴在《家庭教育》一书中,阐明了儿童的心理特点与家庭教育的关系。他认为:“家庭教育必须根据儿童的心理始能行之得当。若不明儿童的心理而实施以教育,那教育必定没有成效可言的。”因此,家庭教育必须根据幼儿的心理特点和认知规律去实施。

(2)儿童学习的性质与原则。

①学习的性质。针对这一问题,陈鹤琴吸取了美国心理学家桑代克的学习理论,做了通俗的阐释。他认为小孩子生来有三种基本能力,就是感觉、联念、动作。这三种能力在初生时虽很薄弱,但到后来渐渐能发展起来,而且这三种能力愈练习愈强大。

陈鹤琴认为小孩子生来就有视觉、味觉、听觉、触觉等感觉,只是刚开始时比较弱,几个月后,就能发展得很灵敏了。因此,幼儿的学习一般是先感知外界的刺激,再把感知到的刺激与自身既有的感觉联系起来,最后以相应的动作对外界的刺激做出反应。

②学习的原则。陈鹤琴根据学习理论，提出了刺激、反应及联念的原则。关于刺激的原则，陈鹤琴认为，幼儿几乎所有的联念和反应都受刺激的影响和支配，因此，提供给幼儿的刺激必须适宜、优良、正确，且要具体实施，不能空讲。关于反应的原则，陈鹤琴认为，幼儿自己力所能及的事情，大人不要包办。幼儿开始学习的时候，养成良好的学习习惯是非常重要的，父母要格外留心其犯错。不要有例外动作，否则幼儿的好习惯就很难保持，甚至可能演变成坏习惯。关于联念的原则，陈鹤琴认为，父母要尽量创造机会和条件，使一些优良、正确的刺激印刻在幼儿的脑海里。

### 3. 培养儿童“五育”并举的健全人格

这个培养目标在幼儿园要进行，在家庭教育中更有其特殊性。

(1)儿童家庭身体保健。在“五育”中，陈鹤琴最重视的是儿童的身体保健。他认为，拥有一个健康的身体，是幼儿成长的必要基础。关于儿童的身体保健，陈鹤琴指出，首先要注意饮食；其次要改良服装、鞋子等装备，以灵便、舒适、宜于运动为好；最后要有儿童游戏的设备等。

(2)儿童家庭品德教育。陈鹤琴十分重视家庭对孩子的道德熏陶和良好行为习惯的训练。他认为：“小孩子有了服从的习惯，才可以适应社会的生活。服从的意思，是保护小孩子增进自动的能力，做有益的活动。”“父母应该训练小孩子有爱人的精神。小时候如有爱人的精神，将来才能够爱社会，爱国家。”

陈鹤琴对要培养孩子哪些习惯、教小孩服从有什么方法、父母应该注意什么偏差等问题都一一进行了阐述。比如，他提出训练小孩子爱人精神的方法就有：①要顾虑别人的安宁；②对人要能表同情；③对长辈要有礼貌；④要帮助父母做事。

(3)儿童家庭智育。小孩子都是有好奇心和求知欲的，因此，陈鹤琴提出，家庭对幼儿的智育，首先要发展其各种感官能力，让幼儿在感知、操作、游戏中去学习和发展；其次要努力发展儿童的观察力和思考力，父母要善于利用幼儿的好奇心；最后要让小孩子多接触事物，凡是幼儿自己能做的事情，千万不要替他做。

(4)儿童家庭美育。爱美之心，人皆有之。对小孩子的审美教育，父母应从小开始。幼儿只有通过感受美、欣赏美、体验美，才有可能发现美、表达美与创造美。在美育的各种实施途径中，陈鹤琴十分看重教孩子画画和看画。他认为看画对孩子有三大作用：①可以提供鉴赏美术的能力；②可以陶冶优美的情绪；③

可以养成独自消遣的习惯。

（5）儿童家庭劳动教育。关于儿童的劳动教育，陈鹤琴主张，让儿童从小懂得自己的事情自己做，要帮助别人做事，从经验中懂得做事之不易、懂得爱惜东西等。陈鹤琴还认为，为了让儿童具有和谐发展的人格，要为儿童营造良好的环境，包括游戏环境、劳动环境、科学环境、艺术环境、阅读环境等。

#### 4. 提高父母素质，保证家庭教育质量

家庭教育主要是父母对子女的教育，父母怎样才能做好？其中的因素很多，陈鹤琴更重视两点：（1）实施民主化的家庭教育；（2）提高父母素养，保证家庭教育质量。

### （三）论幼稚园教育

怎样办好幼稚园？陈鹤琴的观点集中体现在《我们的主张》中，这是他办幼稚园的基本经验。

#### 1. 幼稚园教育要适应国情

陈鹤琴针对当时幼稚园“全盘西化”的倾向，指出：“幼稚园是要适合国情的。”这是他终生的追求，是他幼教实验活动的核心。

#### 2. 幼稚园保教内容

陈鹤琴认为，应该根据幼儿心理、生理发展的特点，对幼儿进行德、智、体、美、劳的全面教育。他曾亲自制定幼稚园课程，编写幼稚园教材和多种幼儿读物，为幼儿设计了很多玩具、教具、运动器械，为幼儿教育做出了卓越的贡献。

（1）幼稚园课程编制原则。对于编制幼稚园课程，他提出了十大原则：第一，是民族的，不是欧美式的；第二，是科学的，不是封建的；第三，是大众的，不是资产阶级的；第四，是儿童化的，不是成人化的；第五，是发展的、连续的，而不是孤立的；第六，是配合目前形势和实际需要的，而不是脱离现实的；第七，是适合儿童身心发展的，是可以促进儿童健康的；第八，是能够培养五爱的国民公德和民主、团结、勇敢、守纪律的优良品质的；第九，是陶冶儿童的性情，培养儿童的情感的；第十，是可以养成儿童说话的技能的。

（2）“五指活动”思想。陈鹤琴进行了幼稚园课程的全面实验，对全国影响很大。后来，他又以“五指活动”来概括幼稚园的保教内容。他解释“五指活动”时说，这就像五个指头长在同一手掌上一样，是可以活动的，是互相联系的，是可以伸缩的。依据儿童身心的发展，“五指活动”在儿童生活中结成一个教育网，表

现为五个方面的活动：

一是儿童健康活动，包括饮食、睡眠、早操、游戏、户外活动、散步等；

二是儿童社会活动，包括朝夕会、周会、纪念日集会、每天的谈话以及政治常识等；

三是儿童科学活动，包括植物之培植、动物之饲养、自然现象的研讨、当地自然环境的认识等；

四是儿童艺术活动，包括音乐(唱歌、节奏、欣赏)、图画、手工等；

五是儿童语文活动，包括故事、儿歌、谜语、读法等。

陈鹤琴指出，幼稚园的课程全部包括在这“五指活动”之中。这些内容是互相联系、不可分割的，统一在同一个儿童身上，都是为培养儿童成为一个健全的人打下基础，教他们从小学做人，学做一个有益于他人的人，这是陈鹤琴幼儿教育理论的核心和终极目的。

### 3. 整个教学法

针对幼稚园教学，陈鹤琴创立了整个教学法。这种教学方法，是陈鹤琴根据当时幼稚园各科教学相互孤立、相互脱节的现象提出来的。他对这种方法做了解释：

“什么叫做‘整个教学法’？整个教学法就是把儿童所应该学的东西整个地、有系统地去教儿童学。这种教学法是把各科功课打成一片，所学的功课是无规定时间学的；所用的教材是以故事或社会或自然为中心的，或是做出发点的；但是所用的故事或关于社会自然的材料，总以儿童的生活、儿童的心理为根据的。”

“整个教学法”在幼稚园保教活动中的运用，就是单元教学，可按时令、节日、衣食住行、动植物、社会常识等来选择。它重视儿童的自由活动，容易引起儿童的兴趣，很受儿童欢迎。

## (四)“活教育”理论

“活教育”是陈鹤琴教育思想的核心，于20世纪40年代初提出，创办江西实验幼稚师范学校时开始系统实验，主持上海市立幼稚师范学校和国立幼稚师范专科学校时继续实验，到20世纪40年代末趋于成熟。

### 1. 什么是“活教育”

“什么是‘活的教育’？简单地说一句，就是‘不是死的教育’。书本主义的教育就是死的教育。”他引用陶行知形容死教育的警语，即：“教死书，死教书，教书死；读死书，死读书，读书死。”“活教育”就是要将这种死教育改换成：“教活书，活教书，教书活；读活书，活读书，读书活。”

### 2.“活教育”的理论体系

活教育的理论体系，主要包括目的论、课程论、方法论以及教学原则、训育原则等。

（1）目的论。活教育的目的是什么？陈鹤琴说：“活教育的目的就是在做人、做中国人、做现代中国人。”

陈鹤琴指出“活教育”要求做一个现代中国人应具备以下几个条件：第一个条件是要有健全的身体；第二个条件是要有创造的能力；第三个条件是要有服务的精神；第四个条件是要有合作的态度；第五个条件是要有世界的眼光。

陈鹤琴的“活教育”目的论体现了爱国主义精神，也反映了他具有放眼世界的胸怀。

（2）课程论。“大自然、大社会，都是活教材。”这是陈鹤琴提出的“活教育”课程论。他说：“在中国有一个不良的传统，就是把儿童送到学校去‘读书’，而老师的工作是‘教书’。在学校中只有书本才被认为是唯一的学习材料。要除去这个错误的观念，我们提出大自然与大社会是知识的主要源泉。”

他认为从大自然与大社会获得的知识才是活的、直接的知识，但不是要摒弃一切书本。

（3）方法论。陈鹤琴提出的“活教育”方法是：“做中学，做中教，做中求进步。”因为要教学生学习大自然、大社会中的实际事物，就不能只在室内进行，他强调要在室外的各种游戏、劳作中获得直接经验。教师和学生要共同来做，必要时教师要给学生以指导，才能使学生进步。

（4）教学原则。1948 年，陈鹤琴的《活教育的教学原则》一书出版，书中详细地列举了 17 条原则，条条有说明、有例证，有的还画图、列表加以解释，可操作性很强。这里仅列出题目：

原则一：凡是儿童自己能够做的，应当让他自己做；

原则二：凡是儿童自己能够想的，应当让他自己想；

原则三：你要儿童怎样做，就应当教儿童怎样学；

原则四：鼓励儿童去发现他自己的世界；

原则五：积极的鼓励胜于消极的制裁；

原则六：大自然、大社会是我们的活教材；

原则七：用比较教学法；

原则八：用比赛的方法来增进学习效率；

原则九：积极的暗示胜于消极的命令；

原则十：用替代教学法；

原则十一：注意环境，利用环境；

原则十二：分组学习，共同研究；

原则十三：教学游戏化；

原则十四：教学要故事化；

原则十五：教师教教师；

原则十六：儿童教儿童；

原则十七：精密地观察。

（5）训育原则。陈鹤琴指出，训导工作在整个教育工作中可说是最繁重、最重要的。训育、训导主要指德育，他总结出训导工作的13条基本原则：①从小到大；②从人治到法治；③从法治到心理；④从对立到一体；⑤从不自觉到自觉；⑥从被动到自动；⑦从自我到互助；⑧从知到行；⑨从形式到精神；⑩从分家到合一；⑪从隔阂到联络；⑫从消极到积极；⑬从“空口说教”到“以身作则”。

陈鹤琴总结的13条训育原则，阐明了德育的一些基本规律，充满了实践的、发展的、辩证的施教精神，很值得借鉴。

陈鹤琴的“活教育”理论涵盖了教育领域各方面的内容，是“中国社会的道地产物”，“以中国社会为其发展的基础，它是针对社会实情，适合大众需要而发展起来的”，是“适合新民主主义的教育精神、教育原则”的。“活教育”理论包含丰富的教育经验，值得研究、借鉴与吸取。

## 二、评价及启示

陈鹤琴毕生致力于中国教育的改造和儿童的教育事业。从普通教育到师范教育，从家庭教育到社会教育，从婴儿教育到青少年教育，从正常儿童教育到特殊儿童的教育，从普及教育到新文字运动，他都做过全面、深入、系统的探索和研究。他开创了我国儿童心理、学前教育的科学研究工作，并促使家庭教育科学化、幼儿师范教育系列化。他被称为“不失赤子之心的教育家”“开拓新教育的老战士”“为儿童尽瘁的老教育家”，还是一位放眼世界的教育家。他的学前教育理论与实践，至今仍有很高的理论意义和实践价值。陈鹤琴无愧为我国近现代著名的教育家和幼儿教育专家。

# 第四节
# 张雪门的学前教育思想

张雪门(1891—1973),浙江宁波人。1912年出任鄞县私立星荫小学校长。1918年创办了星荫幼稚园,这是宁波市第一所由中国人自己创办的幼稚园,张雪门任首任园长。1920年4月,他和宁波市其他6位教育界知名人士创办了宁波市第一所两年制幼稚师范学校,自任校长,开始了幼儿教师的培训工作。1924年在北京大学教育系学习。1926年5月,他编译出《福禄贝尔母亲游戏辑要》和《福氏积木译文》。

1927年,他创办了艺文幼稚园。1928年暑假后,孔德学校开办了幼稚师范,张雪门主事。在他的领导下,孔德、艺文两幼稚园办得很有起色,常有人参观访问。1930年秋,他应北平香山慈幼院院长熊希龄先生之聘,任北平幼稚师范学校校长,编辑了"幼稚师范丛书"。

1934年春,他聘请上海山海工学团的戴自俺先生带领三年级的师范生与北大农学院合作,在北京阜成门外罗道庄开办了"乡村教育实验区",区内办有农村幼稚园、儿童工学团、青年工学团、妇女工学团等。

1937年卢沟桥事变以后,张雪门将北平幼稚师范学校迁往湖南,后又迁至桂林。其间,他完成了《幼稚园行政》《儿童保育》《实习》三部书的编著。

1973年,张雪门脑病复发,抢救无效,于4月18日病逝,享年83岁。

## 一、学前教育思想

### (一)论幼儿教育的对象和目的

张雪门认为,必须把环境、儿童身心特点与国家未来联系起来。他指出:"要解决我国的幼稚教育，必须认清三点.(1)儿童在幼稚园时候心身发展的情形；(2)我国社会的现状；(3)应如何根据社会现状来谋求民族的改造，同时并应如何根据儿童的需要，谋社会基础的建设。”

针对中国当时的状况，他提出，要把“社会和儿童联系起来，打成了一片才能完成教育的使命”，并提出要办以改造中华民族为目标的幼稚教育，并拟定了四项基本目标：(1)铲除我民族的劣根性；(2)唤起我民族的自信心；(3)养成劳动与客观的习惯态度；(4)锻炼我民族为争中华之自由平等，而向帝国主义做斗争之决心与实力。这种民族改造的幼稚教育，在他主持的幼稚师范学校和幼稚园都得到推行。

### (二)论幼稚园课程

#### 1. 幼稚园课程的含义

1929年，张雪门在《幼稚园的研究》中指出：“课程是什么？课程是经验，是人类的经验。用最经济的手段，按有组织的调制，用各种的方法，以引起孩子的反应和活动。幼稚园的课程是什么？这是给三足岁到六足岁的孩子所能做而且喜欢做的经验的预备。”

根据研究，他认为，把课程看成知识，或者把课程当作书本上的知识是不对的。“其实课程的范围很大，技能、知识、兴趣、道德、体力、风俗、礼节等种种的经验，都包括在课程里。换一句话来说，课程是适应生长的有价值的材料。”生长当然有因时因地等的差异，应区别对待，因此他指出：“所以课程非仅知识的积体，且为适应生长基本价值的选品。”

#### 2. 幼稚园课程的组织

怎样组织课程？他认为：“一方须顾到社会意义的重要，他方也须能够满足个体发展期的需求。”根据这个分析，他认为，幼稚园的课程和小学、中学不同，和大学更不同。幼稚园课程的特点有三，应予以注意：

第一，幼稚生对于自然界和人事界没有分明的界限，他看宇宙间一切的一切，都是整个儿的；

第二，幼稚生的时期，满足个体的需要，实基于社会的希求；

第三，幼稚园的课程，须根据于儿童自己直接的经验。

1970年，他出版了《中国幼稚园课程研究》，总结出组织课程的标准是：

一是课程须与儿童的生活联络；

二是有目的、有计划的活动；

三是事前应有准备，应估量环境，应有相当的组织，且需有远大的目标；

四是各种动作和材料全须合于儿童的经验能力和兴趣；

五是动作中须使儿童有自由发展创作的机会；

六是各种知识、技能、兴趣、习惯等全由儿童直接的经验中获得。

### 3. 幼稚园的行为课程

1966年，张雪门出版了《增订幼稚园行为课程》一书，初步完成了他的“行为课程”理论体系。

（1）行为课程的含义。

什么叫行为课程？他说：“生活就是教育五六岁的孩子们在幼校园生活的实践，就是行为课程。”这份课程与一般幼稚园所用的课程有没有差别呢？他说：“这份课程包括了工作、游戏、音乐、故事等材料，也和一般的课程一样，然而这份课程，完全根据于生活：它从生活而来，从生活而开展，也从生活而结束。不像一般的完全限于教材的活动。”

（2）行为课程的实施原则。

张雪门提出实施行为课程，有以下重要原则：①课程固由于自然的行为，却须经过人工的精选；②课程固由于劳动行为，却须在劳动上劳心；③课程固由于儿童生活中取材，但须有远大的客观标准。

此外，他对于如何组织幼稚园的行为课程、课程实施前的准备、课程实施中的指导、课程实施后的进展等，都有详尽的叙述。

## （三）论教材与教法

张雪门关于幼稚园教材与教法的思想，是与他的行为课程理论密切相关的。

### 1. 幼稚园教材

幼稚园教材的来源何在？他说：“教材的功能在满足儿童的需要，自应在儿童生活里取材。”因此，他提出必须审慎选择教材。其标准有四：①教材须合于现实社会生活的需要；②教材须合于社会普遍生活的标准；③教材须合于儿童目前生长阶段中的需要；④教材须适合于儿童目前的学习能力。

根据这四项标准选择幼稚园的教材，便能充实儿童的生活，培养儿童在劳力上劳心，手脑并用，热爱劳动，有合作互助及自治的能力。

#### 2.“做学教合一”的教学法

1960年，他在《幼稚园教材与教法》中明确提出：“幼稚园教学法所根据的重要原理原则只有一条，便是行动。儿童怎样做，就是怎样学；怎样学，就该怎样教。教学的过程，就是依着正确的行动的过程。”正确的行动，是有目的、有计划、能实践、能有结果的行动；结果虽有成败，但都足以改进经验。所以研究幼稚园教学，首先须把握的便是这一条，其余的所谓原理原则，多半是技术问题。

### （四）论幼稚师范教育

#### 1. 幼稚师范教育的意义

1961年，他在《实习三年》一书开头就说：“幼教的良窳，由于主持幼教者的师资；而师资的由来，实由于师范教育的培植。如果我们研究幼教仅限于幼稚园的教育，抛弃了师范教育，这无异于清溪流者不清水源，整枝叶者不整树本，决不是彻底的办法。”他的幼儿教育工作实践，总是把幼儿园的实验与师资培养相结合的。

#### 2. 幼稚师范生的培养目标

张雪门所办的幼稚师范都有明确的培养目标。以北平幼稚师范为例，北平幼师最初是与中华教育改进社合办的。创办之初，即根据中华教育改进社的办学方针，主张幼稚园教育须力求适合国情及生活需要，目的在于为普及平民幼稚教育培养能够改造民族素养的幼儿教育师资。

#### 3. 有系统组织的实习

他认为，学做幼稚园教师，就应在幼稚园的实际活动中学办幼稚园。为此，他提出：

（1）在空间上，把师范生实习的场所扩大到整个社会；

（2）在时间上，他冲破传统师范教育仅仅把实习集中在最后一个学期进行的办法，提出要“有系统组织的实习”。

（3）在组织上，第一须有步骤，第二须有范围，第三须有相当的时间，第四须有适合的导师与方法。就大体论，实习分为四大阶段：第一阶段是参观，时间为一个学期。第二阶段是见习，时间也是一个学期，从准备材料开始，一直到整个设计活动。第三阶段是试教，这一时期定的是一个学年。幼稚园中的招生、编级、选材、组织课程、指导活动、编制预决算以及一切教学上、教师业务上、幼稚园行政上的处理,都由二年级的师范生来担任。第四阶段是辅导,时间也是一个学年。在纵的方面是向儿童家庭推进的家庭访问,同时延伸至托儿所和小学低年级。横的方面是向广大的社会联系,包括社区调查、营养站、辅导会、导生班等。这些工作一律由三年级的师范生负责。这一阶段的实习不但要了解儿童的发展情况,而且要进一步展开全面的儿童福利工作,培养地方师资,以求达到幼稚教育的合理和普及。

## 二、评价与启示

张雪门致力于幼稚教育达60年,为我国幼教事业的发展奉献了毕生精力。他一生淡泊名利,热爱儿童,热爱幼教,几十年如一日,始终在幼稚园和幼稚师范最基层的岗位上辛勤工作。他鞠躬尽瘁,严谨治学,在幼稚教育目的、课程和师资培养方面的研究和实践卓有成效,为幼儿教育理论的建设做出了重要的贡献。

# 第五节 张宗麟的学前教育思想

张宗麟(1899—1976),浙江绍兴人。我国近现代著名的幼儿教育家。1920年于浙江第四师范学校毕业。1925年以优异成绩于东南大学教育系毕业,并留校任教,担任陈鹤琴的助手。1925年10月到南京、苏州、杭州、绍兴、宁波等地调查了16所幼稚园和2所育婴堂,于1926年6月写成《调查江浙幼稚教育的感想》。这篇文章针砭时弊,价值较大。1926年冬写成《幼稚教育概论》。

1927年6月,张宗麟回到南京,继续做陈鹤琴的助手,担任南京市教育局幼儿教育视导员。1927年9月,他兼任晓庄第二院(即幼稚师范)指导员。1928年上半年,他转入晓庄学校任指导员及指导员主任。1929年晓庄学校改组,建立了6个学院(后改学园),其中蟠桃学院为幼稚师范学院,张宗麟任院长。1931年初,张宗麟到了福建厦门集美学校,先任集美幼稚师范教员,1932年上半年兼任集美乡村师范校长。他还主编《初等教育界》杂志,发表了不少关于闽南初等教育的调查及有关乡村教育与幼稚教育的论文。

中华人民共和国成立后,张宗麟历任教育部高等教育司副司长,高等教育部计划财务司副司长、司长等职,为发展教育事业做出了贡献。1976年10月14日,因病在上海逝世,享年77岁。有关幼儿教育的主要著作,已收入《张宗麟幼儿教育论集》。

## 一、学前教育思想

### (一)论幼稚教育的地位与作用

张宗麟在《幼稚教育概论》中,阐述了幼稚教育的地位与作用。

#### 1. 幼稚教育于人生的重要性

何谓幼稚教育？他说："聚三岁以上六岁以下之儿童于一处，施以有目的之教育，用有组织之方法，此为幼稚园。"他强调幼稚教育有特殊意义，就像盖房子要在基础上下功夫一样，教育也要在幼小时出力气。要改变中国的愚昧落后，就应该教好婴孩，因为童年教育影响人的一生。经过实践，他认为幼儿教育无论是对人还是对国家、对社会，都具有重要的意义和作用。

#### 2. 幼稚教育与国家、社会的关系

为养成能为国效力的健壮国民，必须重视对幼儿期儿童的养护，使之度过儿童死亡率最高的时期。另外，从小进行良好的教育，在这个时期就养成爱国情感的基础和良好智能，便可根深蒂固，不易更改。因此，他断言："吾人倘以国民为必须爱国者，必须为社会服务者，则其教育当自最初之教育开始，此教育为何？即幼稚教育也。"

#### 3. 幼稚教育在学制体系中的地位

幼稚教育是一切教育的起点。他说："非独小学生，即中学生大学生许多习惯、性情，亦可在幼稚园养成之，如研究的态度、对人的品性等，皆奠基于此。"

#### 4. 幼稚教育与家庭教育的关系

父母由于职业关系不能负教育子女的责任，便托付给幼稚园；而且就是有闲的父母，对子女也多是知爱不知教。孩子应交给幼稚园专门人才管理，还可将教育方法传授给父母。幼稚园还可以促使幼稚生的母亲们组成母亲会，交流教育子女的经验。

### （二）对幼稚教育全盘西化倾向的批判

我国把孩子集中在社会学前教育机构中进行教育的制度，是近代从国外引进的，因此存在抄袭外国的倾向，根据他的调查，主要表现如下：①仿造或直接购置外国玩具；②采用外国音乐；③在假日及庆祝活动中，对中国节庆表现淡漠，而纪念耶稣的圣诞节却丰富多彩；④其他如设备、布置、教法等，外国味也很重。

### （三）论幼稚园课程

#### 1. 幼稚园课程的含义

幼稚园课程有自己的特点。张宗麟指出，在幼稚园里看不到课程表，但也有

课程，他说：“幼稚园课程者，由广义的说之，乃幼稚生在幼稚园一切之活动也……包括一切教材、科目，幼稚生之活动。”

张宗麟分析了幼稚园课程的历史发展，研究了当时幼稚教育课程的新趋势。他从世界范围的视角指出，不同国家、不同地区、不同时期，幼稚园的课程都可能有所变化。幼稚园的课程既应有其相对的稳定性，又应有差异性。

### 2. 幼稚园课程的来源及其编制

根据幼儿的特点，编定课程应遵循的原则在侧重点上有所不同。张宗麟指出：“无论何种学校教育课程之来源，皆为满足学生之需要及社会上之希望。幼稚园课程，大体亦如是，惟适应社会上之希望一项，似未能与前项并重，盖六岁以下之儿童与社会发生之关系较少，自身之需要甚殷也。在身体上各种动作大致能做，而心理上之发展尤为迅速，求知、想象、模仿……诸般活动，件件勃发，幼稚园课程即可循此而得其端倪。”

他指出，幼稚园课程内容的来源可归纳为四个方面：第一，儿童自发的各种活动；第二，儿童与自然界接触而生之活动；第三，儿童与人事界接触而生之活动；第四，人类流传之经验，而能合于儿童的需要者。这四项相互结合，形成一个整体。

由于幼稚园孩子身心发育还不成熟，编制幼稚园课程时要遵循以下原则：

第一，课程须以儿童全面发展为目的，包括健全的身体、灵敏的感官、人生必需的习惯、相当的知识。

第二，课程内容要艺术化，这种艺术化的课程，能使孩子欣欣然有喜色，甚至分不清是上课还是在游戏，孩子必乐于学习。

第三，课程要多注意动的工作，这时期的孩子各部分肌肉骨骼正待发育，必须有充分活动的机会。在活动中可以训练多种感觉，从中获得知识。

第四，课程要多与自然、社会接触。幼儿对自然界有浓厚的兴趣，他们往往将花鸟鱼虫都作为自己的生活看待，应该理解和尊重孩子的这个特点，引导他们到大自然中去。同时也要注意引导儿童多接触周围社会。

第五，要多注意个别活动，因为幼儿期是人自我表现最充分的时期。他的游戏，他的工作，往往是单纯地为了满足自己的需要。课程应该照顾到这个特点，自然也要注意使儿童适应他所处的小社会，以便长大能适应大社会。

第六，课程要注意对接小学低年级。幼稚生大班的课程要注意与小学一年级的衔接，以提高小学低年级的学习效果。

如何编制幼稚园课程？陈鹤琴、张宗麟在南京鼓楼幼稚园总结出了“中心制”编制课程的办法，后来又经燕子矶幼稚园、晓庄幼稚园等反复试验，证明是可行的方案。

### 3. 幼稚园应开设的课程

根据鼓楼幼稚园的试验，陈鹤琴与张宗麟提出幼稚园课程应有：谈话、音乐、故事和儿歌、游戏、社会和自然、工作(手工、图画等)、静息、进点心、读法、数法。

张宗麟在理论与实践上，对幼稚园课程几乎门门都做了研究，提出了很多很好的见解和试验报告。

### 4. 幼稚生应具备的习惯与技能

张宗麟认为，幼稚园课程应包括儿童在幼稚园内的一切活动，除各科目以外，还应包括随时随处都要进行良好习惯与技能的教育。这方面的教育范围很宽，难以绝对准确地制定标准。陈鹤琴与张宗麟等1925年就拟订了一个标准，后来在南京、上海等地的幼稚园进行试验，又经多次修改，列出了六方面的内容，包括卫生习惯、做人的习惯、生活的技能、游戏运动的技能、表达思想的技能以及日用常识等。

1932年，张宗麟在其《幼稚教育概论》一书中，还分节阐述了幼稚生的心理卫生。他指出，对儿童来讲，生理卫生习惯养成容易，改过也容易；但心理卫生习惯养成容易，改过便极不容易了。因此，从小养成良好的心理卫生习惯就更重要，如快活、不惧怕、乐于助人、少发脾气、做事失败不哭、不重复做错事以及有礼貌、正义、诚实等习惯，幼儿时期就要养成。

### 5. 社会化的幼稚园课程

1929年，陈鹤琴、张宗麟等受教育部委托拟定了《幼稚园暂行课程标准》，将“社会与自然”列入幼稚园课程，由此引起了争论。一部分人认为幼儿年幼，谈何“社会”一科？对此，陈、张二氏有坚持设此科的理由。1933年，张宗麟出版《幼稚园的社会》一书，专门阐述了幼稚生懂得社会，有自己的社会生活，幼稚园应设“社会”一科。他指出：“我们需要的孩子，决不是只会吃，只会个人享受的孩子。我们需要的是能为孩子们谋共同享受，能注意他的四周事物的孩子。为着这种关系，幼稚园的各种活动里都应该含有‘社会’的意味。”

由此看来，他不但主张幼稚园课程中应有“社会”一科，而且幼稚园内所有的活动都应该含有社会性，幼稚园的课程应该是社会化的课程。

为促进儿童社会性的发展，张宗麟特别提出注意引导幼儿领悟人类社会生活的最基本的几项原则。首先是注意培养幼儿互助合作的精神，通过各种游戏，像集体搭积木，去领会集体生活；其次是注意培养幼儿的爱和怜的情感；再次是要注意培养幼儿从小养成顾及别人的品德，这点对幼儿并不容易，但是必须注意。

### （四）论解放儿童、培养儿童的生活力

张宗麟喊出了“解放孩子”的口号，要求除掉套在孩子身上的四条“绳子”：

第一条绳子是小孩子口上的十字封条；

第二条绳子是脚镣和手铐；

第三条绳子是成人们钦定的法规；

第四条绳子是砍伐幼芽的快刀。

张宗麟认为，这些束缚儿童身心健康成长的绳索，削弱了儿童能力的培养，造成儿童的生活力被软化。这是违背儿童自身发展要求的。

如何培养儿童的生活力，使他们成为生活的能者呢？张宗麟提出了自己的意见，概括起来如下：

第一，要教养孩子有抵抗的能力；

第二，要教养孩子会动手做事；

第三，要教养孩子学会发展自己天才的能力；

第四，要教养孩子善于不停地进步，使他们能够跟上时代的潮流。

### （五）论幼稚园教师的培训

张宗麟十分重视幼稚师范教育，并且自己先后主持和执教于多所幼稚师范学校，对改革当时的幼稚师范教育提出了很多独特的见解。

#### 1. 中国急需设立“完美的、富于研究试验精神的幼稚师范”

针对中国当时幼稚园师资数量少、程度不一、更缺乏基本训练等现状，张宗麟说：“无论从人数、课程，或实地施教的现状而论，我国非设立富于研究试验精神的幼稚师范不可。”

另外，从幼稚生的特点看，他们在体力、智力上都和学龄儿童不同，他们必须

由“受过特殊教育的人才去施教”，普通师范生所学习的教育原理与技能对幼稚生很难应用。还有，与家庭的联络是幼稚教师最重要的事务，对儿童的养护也比小学里有更繁重的责任。凡此种种，都必须是受过专门训练的人才才能胜任。他认为：“中国急需有富于国家精神的幼稚园教师，所以急需设立完美的、富于研究试验精神的幼稚师范。”

他的具体建议是：停办各教会设立的幼稚师范；每省至少设立一所完美的幼稚师范。

### 2. 幼稚师范生的招生资格、性别、学习年限

关于性别问题，他主张“男子也可以任幼稚园教师”。他说，在现在的教育制度下，幼稚教师几乎完全是女子，但是创设幼稚园的始祖却是一位男教育家，我们应该把一切歧视观念丢开。说男子粗暴，不适宜于初离母怀的儿童，这实是一种迷信。他说：“我就是在幼稚园做事的一个，幼稚生很喜欢和我在一起的。在事实上幼稚师范应该收男生的。”

关于幼稚师范生的入学资格，他认为幼稚教师实在要万能的，所以应有较好的知识技能修养，最低应收初中毕业生，若能招高中毕业生就更好了。修业年限为三年，并且应该把专科的课程尽量吸纳在这三年之中。

### 3. 幼稚师范的课程

张宗麟指出，应建立完整的幼稚师范课程体系，具体包括：

公民训练组：包括本国史、本国地理、世界史概要、社会学、最近世界概况，占全部学程的15%。

普通科学组：包括科学入门、应用科学、生物学、应用数学、簿记，占15%。

语文组：包括国文、国语、英文(也可不设)，占10%。

艺术组：包括国画、手工、烹饪、家事学、音乐，占15%。

普通教育组：包括教育学、教育心理、教育史、普通教育法，占10%。

专门教育组：包括幼稚教育概论、儿童心理、儿童保育法、幼稚园各科教材讨论、幼稚园实习、幼稚教育之历史及其最新趋势、小学低年级教学法，占35%。

### 4. 幼稚教师的服务对象、社会责任和发展方向

张宗麟一贯主张幼稚园应该为农妇、女工、贫民服务，反对幼稚师范生毕业后成为有钱人的“干奶妈”。

在当时中国的社会背景下，张宗麟认为，作为一个幼稚教师，应“富于国家精神”“富于研究试验精神”，应该是爱国家、爱儿童的优秀分子，因此，幼稚师范生除了学好上述课程以外，还应有其他的修养和技能。幼稚教师要会“干社会活动”。1931年，他提出了“幼稚教师自身应有的觉悟”，指出：要向劳工这条路上走；幼稚教师是为着大多数儿童谋幸福的，不受少数富贵太太们的支配，不能去代她们带孩子；幼稚教师要深入社会，应该干社会工作，到劳动妇女的队伍里去开展社会工作。

按照张宗麟关于幼稚师范的办学模式和幼教师资的培养标准，培养出的人才应该是既爱国、爱民、知识全面、技能熟练、热爱教育事业、富于探索试验能力，又有献身于劳苦大众精神的热血青年。

## 二、评价及启示

张宗麟一生忠于教育事业，在幼稚教育、乡村教育、师范教育、高等教育、教育管理等方面都颇有建树。他又是中国幼儿教育史上第一位男教师，为探索幼儿教育中国化、科学化做出了特殊的贡献。

## 【小结】

纵观中国学前教育思想发展的历史，近现代可以说是学前教育思想发展最活跃的时期。我国近现代学前教育思想是近现代学前教育在理论上的反映。它是从当时中国的社会实际情况出发，在吸收借鉴国外进步的学前教育思想和研究总结自己的实践经验的基础上产生和发展起来的，具有鲜明的时代特色。康有为、蔡元培、恽代英、陶行知、陈鹤琴、张雪门和张宗麟等就是其中最具代表性的人物。康有为、蔡元培、恽代英提出了学前儿童公育的理想。陶行知和陈鹤琴分别提出“生活教育”和“活教育”理论。张雪门和张宗麟分别提出了行为课程理论和社会化课程理论。他们都为建构我国学前教育思想体系做出了各自的重大贡献。

## 真题链接

1.【2014年上半年】陶行知的生活教育理论注重“教学做合一”，强调(　　　)。

A.“做”是中心　　B.“学”是中心

C.“教”与“学”是中心　　D.“教”是中心

2.【2012年下半年】创建“活教育”体系的教育家是(　　　)。

A.陈鹤琴　　B.福禄贝尔　　C.杜威　　D.蒙台梭利

### 思考与练习

1.试述蔡元培的学前儿童美育思想。

2.陶行知对我国幼教事业发展的主要观点是什么？有何现实意义？

3.张雪门行为课程的论述及其对当前幼儿园课程改革有何意义？

4.试述张宗麟幼稚园的社会化课程试验及其对当今学前教育的指导意义。

5.试述陈鹤琴“活教育”理论的内涵及其对当前我国学前教育的指导意义。

参考答案

# 第5章 当代学前教育的发展与实施

中华人民共和国成立以来，学前教育事业在探索中曲折前进，从照抄照搬西方，到深入学习、改革创新，从固步自封到大胆突破，我国学前教育事业发生了革命性的变化，逐渐走上了具有中国特色的发展之路。

## 【学习目标】

1. 了解国民经济恢复时期、社会主义建设时期学前教育的概况；
2. 了解社会主义建设新时期学前教育的发展与振兴；
3. 学习我国学前教育发展的经验与教训。

## 【学习重难点】

重点了解有关学前教育政策、法规以及我国学前教育的经验与教训。

## 【知识结构图】

- 当代学前教育的发展与实施
  - 中华人民共和国成立后至改革开放前的学前教育
    - 国民经济恢复时期⇒一系列新举措
    - 社会主义改造时期和社会主义建设阶段⇒稳步发展→盲目发展→整顿提高
    - “文化大革命”时期⇒破坏→恢复
  - 改革开放后的学前教育
    - 加强领导，确定发展方针，健全管理体系
    - 颁布学前教育法规
    - 发展学前教育事业
    - 培养学前教育师资
    - 认真开展学前教育的改革与科学研究工作

# 第一节 中华人民共和国成立后至改革开放前的学前教育

1949年10月1日，饱经灾难的中国人民在中国共产党的领导下，终于创建了由人民当家做主的中华人民共和国。我国的学前教育事业也发生了革命性的变化，教育任务明确为面向全体幼儿实施全面发展的教育，学前教育机构的数量、种类、层次更加丰富，学前教育教师队伍的质量逐渐提高，并在实践中积累了丰富的经验，不断推进我国学前教育质量的迅猛发展。

## 一、国民经济恢复时期的学前教育(1949—1952)

在国民经济恢复的三年时间里(1949—1952)，我国教育事业有了一系列新举措，逐渐发展起来。

### (一)明确新中国学前教育的任务、性质和工作方针

《中国人民政治协商会议共同纲领》中明确规定了我国教育的性质和任务："中华人民共和国的文化教育为新民主主义的，即民族的、科学的、大众的文化教育。人民政府的文化教育工作，应以提高人民文化水平，培养国家建设人才，肃清封建的、买办的、法西斯主义的思想，发展为人民服务的思想为主要任务。"[①]1949年，教育部召开第一次全国教育工作会议，确定了全国教育工作的总方针，提出在今后相当长的时期内以普及为主，教育应着重为工农服务。[②]

①中央教育科学研究所.中华人民共和国教育大事记1949—1982.北京:教育科学出版社,1984.

②唐淑,钟昭华.中国学前教育史.北京:人民教育出版社,2006.

1949年10月19日，教育部在初等教育司下设幼儿教育处，张逸园为第一任处长。根据共同纲领和第一次全国教育工作会议的精神，她着手进行学前教育的改造和建设工作。在她的带领下，我国幼儿园进行了一系列改革，如废除幼儿园招生的考试制度，采取报名登记与审查核实相结合的办法；将半日制逐渐改为整日制幼儿园，同时取消寒暑假制度；对家庭经济困难的幼儿，实行免费和减免收费的优待。①

1951年8月，教育部召开第一次全国初等教育会议和第一次全国师范教育会议，提出了幼儿教育的工作方针，应该是根据各个地区的不同情况，城乡差异，有计划、有步骤地在整顿中提高，在巩固的基础上适当地发展；积极地培养幼儿教育师资；在三五年内要着重短期培训和在职学习。

### (二)确定学前教育在学制中的地位

1951年10月1日，中央人民政府政务院颁布《关于改革学制的决定》，这是中华人民共和国成立后实施的第一个学制，该学制包括幼儿教育、初等教育、中等教育、高等教育等，确定了幼儿教育在学制中的地位，成为小学教育的基础。

新学制规定实施幼儿教育的组织叫幼儿园，招收3足岁到7足岁的幼儿，使他们的身心在入小学前获得健全的发育，并指出幼儿园发展的重点首先是工厂、企业部门，其次是机关、学校及郊区农村。

自1922年壬戌学制定名以来，“幼稚园”一名沿用了近30年。从1951年新学制颁布后，“幼儿园”一名开始使用，并开启了它在中国的新生命。

### (三)接管外国在我国开办的学前教育机构，接办一批私立幼儿园

1950年12月，中央人民政府政务院通过《关于处理接受美国津贴的文化教育救济机关及宗教团体的方针的决定》及《接受外国津贴及外资经营之文化教育救济机关及宗教团体登记条例》，各地先后接管了美国和其他国家教会在我国开办的幼稚园、孤儿院、育婴堂、慈幼院等幼儿教育机构200余所，收回了儿童教育、儿童福利事业的主权。教育部扶持并陆续接办了一部分私立幼儿园，改为公立幼儿园，如南京陈鹤琴的鼓楼幼儿园、重庆刘文兰的景德幼儿园等都是在当时

①唐淑，钟昭华.中国学前教育史.北京：人民教育出版社,2006.

由私立园改为公立园。[1]

### (四)颁发《幼儿园暂行规程(草案)》和《幼儿园暂行教学纲要(草案)》

教育部于1952年先后颁发《幼儿园暂行规程(草案)》和《幼儿园暂行教学纲要(草案)》,明确了幼儿园的双重任务和教养并重的方针,强调了幼儿园教育的目的性、计划性以及各科教学的思想性、系统性和科学性,为全国改革旧教育、逐步建设社会主义学前教育新体系奠定了良好的基础。

《幼儿园暂行规程(草案)》规定:"幼儿园的任务是:根据新民主主义教育方针教养幼儿,使他们的身心在入学前获得健全的发育;同时减轻母亲对幼儿的负担,以便母亲有时间参加政治生活、生产劳动、文化教育活动等。"并规定幼儿园应对幼儿进行初步的全面发展的教养工作。其主要目标是:(1)培养幼儿基本的卫生习惯,注意其营养,锻炼其体格,保证幼儿身体的正常发育和健康;(2)培养幼儿正确运用感官和语言的基本能力,增进其对环境的认识,以发展幼儿的智力;(3)培养幼儿爱国思想,国民公德和诚实勇敢、团结、友爱、守纪律、有礼貌等优良品质和习惯;(4)培养幼儿爱美的观念和兴趣,增进其想象力和创造力。《幼儿园暂行规程(草案)》还规定了教养原则,使幼儿全面发展;使教育内容和幼儿生活实际相结合;使幼儿有独立活动完成简单任务的机会,使幼儿习惯于集体生活;使必修作业、选修作业以及户外活动配合进行;使幼儿家庭教育和幼儿园教育密切配合,共6条。幼儿园教养活动项目有体育、语言、认识环境、图画与手工、音乐、计算,共6项。

《幼儿园暂行教学纲要(草案)》内容主要是各班幼儿的年龄特点和教育要点;体育、语言、认识环境、图画与手工、音乐、计算各科的教学纲要。各科纲要均包括目标、教材大纲、教学要点和设备要点4个方面。[2]

### (五)学习苏联的幼儿教育理论和经验

1950年9月,教育部发出通知,要求幼教工作者学习苏联教育部颁发的《幼儿园教养员工作指南》一书。1950年至1956年期间,教育部先后聘请苏联幼儿教

①唐淑,钟昭华.中国学前教育史.北京:人民教育出版社,2006.

②唐淑,钟昭华.中国学前教育史.北京:人民教育出版社,2006.

育专家戈林娜和马努依连科在北京师范大学任教，为来自全国各地的幼教工作者讲课，在北京六一幼儿园、北海幼儿园进行实验研究。在戈林娜的指导下，拟定了《幼儿园暂行规程》和《幼儿园暂行教学纲要》。苏联教育学家凯洛夫的《教育学》也对我国的学前教育产生了不可低估的影响。

### （六）确立学前教育管理体系，积极培养幼儿教育干部、师资

自中华人民共和国成立之初，我国的幼儿教育便有了全国统一的领导、分级管理体系。

中华人民共和国成立初期便十分重视幼教干部和师资的培养。1951年8月，教育部召开的第一次全国师范教育会议提出“当前师范教育的工作方针是正规师范教育与大量短期训练相结合”。1952年7月颁发的《师范学校暂行规程》规定：培养幼儿园师资的称为幼儿师范学校。师范学校附设幼儿师范科、师范速成班、短期师资训练班等。中级师范学校招收30岁以下的初中毕业生或具有同等学力者，修业年限为3年。初级师范学校招收25岁以下的小学毕业生或具有同等学力者，修业年限为3—4年。正规幼儿师范学校将承担培养幼儿园新教师和在职保教人员的双重任务。1952年，教育部颁布试行的《幼儿园暂行规程（草案）》规定幼儿园园长应兼任教养员，教养员应对幼儿负全面教养的责任。同年，教育部颁布试行的《关于高等师范学校的规定》中指出：高等师范学校设置的教育系要分设学前教育组，培养中等幼儿师范学校的专业课教师。根据教育部的精神，高等学校将分散于一些高校的有关专业，适当合并，调整为学前教育专业或幼儿教育系，以集中力量，形成幼儿师范学校师资培养基地。

### （七）确定学前教育发展方针，促进学前教育稳步发展

中华人民共和国成立后，继承和发展了老解放区发展学前教育的经验，确定了公办和民办并举的发展方针，依靠群众，动员社会各方面的力量，采取多种形式举办幼儿园。从1949年至1952年，全国各类幼儿园发展较为迅速，具体数据如下表。[①]

---

①唐淑，钟昭华.中国学前教育史.北京：人民教育出版社，2006.

| 年份 | 幼儿园数(万所) | | | | 入园幼儿园数(万人) | | | |
|---|---|---|---|---|---|---|---|---|
| | 合计 | 教育部门办 | 其他部门办 | 民办 | 合计 | 教育部门办 | 其他部门办 | 民办 |
| 1949年 | 0.13 | 0.08 | | 0.05 | 13.0 | 9.3 | | 3.7 |
| 1950年 | 0.18 | 0.12 | | 0.06 | 14.0 | 8.8 | | 5.2 |
| 1951年 | 0.48 | 0.32 | | 0.16 | 38.2 | 25.5 | | 12.7 |
| 1952年 | 0.65 | 0.45 | 0.03 | 0.17 | 42.4 | 28.7 | 2.7 | 11.0 |

中华人民共和国成立初期采取公办和民办并举发展幼儿教育的方针，发挥了社会各方面的力量，有力地促进了我国幼教事业的发展。

## 二、社会主义改造时期和社会主义建设阶段的学前教育(1953—1966)

1953年起，我国进入了社会主义改造和社会主义建设阶段。这一阶段，我国学前教育由稳步发展(1953—1957)到盲目发展(1958—1960)再到整顿提高(1961—1965)，经历了一个重要的时期。

### (一)加强管理，贯彻全面发展的幼儿教育方针

#### 1. 社会主义教育方针的提出

国家在第一个五年计划中，对幼儿教育事业的规划是：稳步发展保育事业，五年内应该根据可能的条件适当地发展幼儿园，在城市可由机关、团体、企业单位和群众团体举办，在农村提倡农业生产合作社举办。1957年2月，毛泽东在最高国务会议上作了《关于正确处理人民内部矛盾的问题》的报告，提出："我们的教育方针，应该使受教育者在德育、智育、体育几个方面都得到发展，成为有社会主义觉悟的有文化的劳动者。"这个教育方针，也是儿童教育的目标。

#### 2. 颁发对幼儿园进行视导工作的办法

1956年11月，教育部颁发了《关于组织幼儿教育义务视导员进行视导工作的办法》，提出要"广泛就地组织有经验的幼儿园园长和教师担任义务视导员，在

教育行政部门幼教科(或组)的领导下,进行视导工作"。

### 3. 颁发《关于幼儿园幼儿的作息制度和各项活动的规定》

教育部于1956年11月颁发了《关于幼儿园幼儿的作息制度和各项活动的规定》,指出应根据所在地区季节、气候的变化及本园的具体情况,拟定合理的作息时间,切实遵守,并规定了每天的睡眠、户外活动、早操及作业的时间和每周作业次数,进一步明确了幼儿园的教育、教学活动是通过游戏、作业及其他户外活动来进行的。此外,卫生部还规定了幼儿园卫生保健制度。这些规定的实施,加强了对幼儿园教养工作的科学管理。[①]

## (二)学前教育在"大跃进"中大起大落

### 1. 学前教育的"大跃进"

1958年5月,中国共产党第八届全国代表大会第二次会议通过了"鼓足干劲,力争上游,多快好省地建设社会主义"的总路线。后来发动了"大跃进"运动,使高指标、瞎指挥、浮夸风和"共产风"为主的"左"倾错误泛滥全国。在学前教育方面,"大跃进"主要表现在过早地实施学前教育的社会化和全托化。城乡幼儿园在1960年盲目发展,提出了"三天托儿化""实行寄宿制,消灭三大差别"等口号,造成失控的局面。

在"大跃进"的年代里,广大幼儿园遵循为生产服务、为工农服务的原则,采取了一系列的改革措施,如延长幼儿的在园时间,代家长带孩子看病取药、缝补浆洗等。这些方便家长的措施,对幼儿园后来的发展有一定的积极影响。同时,广大幼儿教育工作者还以积极的建设者的姿态,自己动手,群策群力,因地制宜,就地取材,制作了各种玩教具和设备,解决了幼儿园不少困难,丰富了幼儿的活动内容,改善了办园条件,体现了广大幼儿教育工作者自力更生、艰苦奋斗、勤俭办园的精神。

### 2. 学前教育的调整巩固

1961年,中国共产党第八届中央委员会第九次会议制定了对国民经济实行"调整、巩固、充实、提高"的方针,幼儿教育也不例外。下表反映了1961—1965年全国幼

①唐淑,钟昭华.中国学前教育史.北京:人民教育出版社,2006.

儿园的发展情况。[1]

| 年份 | 幼儿园数(万所) | | | | 入园幼儿园数(万人) | | | |
|---|---|---|---|---|---|---|---|---|
| | 合计 | 教育部门办 | 其他部门办 | 民办(集体) | 合计 | 教育部门办 | 其他部门办 | 民办(集体) |
| 1961年 | 6.03 | 0.76 | 1.92 | 3.35 | 289.6 | 64.7 | 114 | 110.9 |
| 1962年 | 1.76 | 0.44 | 0.48 | 0.84 | 144.6 | 47.6 | 49.2 | 47.8 |
| 1963年 | 1.66 | 0.45 | 0.58 | 0.63 | 147.2 | 49 | 55.1 | 43.1 |
| 1964年 | 1.77 | 0.44 | 0.60 | 0.73 | 158.9 | 50.8 | 58.4 | 49.7 |
| 1965年 | 1.92 | 0.44 | 0.63 | 0.85 | 171.2 | 51.5 | 63.4 | 56.3 |

1961年,幼儿园数量比1960年下降了92.3%。1965年的幼儿园数量和入园幼儿人数,比1962年分别增加9%和18%。经过5年的整顿,幼儿教育事业逐渐恢复正常,并略有提高。

### 3. 学术领域中的学术批评

1958年的"左"倾错误不仅使学前教育规模和速度盲目发展,还导致在学术领域开展批判资产阶级的运动,不仅在高等学校进行学术批判,还对《幼儿园工作指南(初稿)》横加批判,将其定为"资产阶级方向","一面彻头彻尾、彻里彻外的大白旗","反动的儿童中心主义",予以彻底否定。一大批有真才实学、坚持实事求是科学态度的知识分子遭受打击,如现代儿童教育家陈鹤琴被强加上"文化买办""冒牌学者"等污蔑之词。这挫伤和打击了一大批知识分子的积极性,严重影响了高等学校的文科教学和教材建设,使幼儿教育的理论和实践极度混乱,导致幼儿教育中政治化、成人化的现象长期流行,对我国学前教育的发展危害极大,影响极坏。

### 4. 学前教育管理机构和师资培训机构相继停顿

在第一个五年计划里,高等师范学校学前教育专业在1952年仅有2所的基础上,发展到1957年的20所,增长了9倍,班数也从47个增长到336个,增长了6倍。而1958—1960年,山东、福建等地共办了10多个学前教育专业,可惜好景不长,从1961年开始,不仅这批刚"上马"的新专业又纷纷"下马",就连北京师范大

①唐淑,钟昭华.中国学前教育史.北京:人民教育出版社,2006.

学和南京师范学院等校的学前教育专业也停止了招生，致使高等师范学校培养幼儿师范师资的工作全部停顿。

## 三、“文化大革命”时期的学前教育（1966—1976）

### （一）“文革”对幼儿教育的破坏

1966年5月至1976年10月，我国发生了“文化大革命”。整个国家全面遭受浩劫，国民经济几乎崩溃，全国人民都遭受了巨大的灾难和创伤。教育领域是重灾区，学前教育也不例外，所遭受的破坏是史无前例的。[①]

#### 1. 全面歪曲教育方针

“文革”中，极“左”路线猖獗，对中华人民共和国成立后17年的教育进行了彻底的否定与批判，对全面发展的学前教育方针进行严重的歪曲，斥之为资产阶级的教育方针，对“四育”的任务和内容横加批判。如将体育批判为资产阶级生活方式，把传授知识、发展智力作为“智育第一”加以批判，以空头口号代替德育的全部内容，将美育视为资产阶级思想和情调的表现。

#### 2. 破坏幼儿园管理制度

实践中行之有效的管理体制，被批判为管、卡、压，工作人员的合理分工被斥之为资产阶级法权，把园长作为走资本主义道路的当权派批斗，把优秀教师作为反动学术权威进行人身攻击，勤杂工、保育员、教养员、园长的工作轮流换班，取消岗位和分工，取消规章制度，致使幼儿园陷入混乱的境地。幼儿园失去了领导和管理，成了任人宰割的牺牲品。有的幼儿园园舍、场地被占用，人员被任意调离，有的幼儿园被解散。

#### 3. 大量学前教育机构停办或撤销，全面取消师资培训

“文化大革命”对学前教育的破坏是严重的。全国原有的19所幼儿师范学校，在“文化大革命”中遭到严重破坏，全部停止招生，有的停办，有的改为普通中学，房舍被占，图书、钢琴等教学设备被毁，教师被迫改行。高等师范学校的学前教育专业，只有南京师范学院保留了全部人员，并于70年代初开始深入工厂和

---

①唐淑，钟昭华．中国学前教育史．北京：人民教育出版社，2006.

农村培训幼儿师资。

#### 4. 优秀的幼儿园园长、教师被批判

“文化大革命”中，大、中学校的学生率先起来“造修正主义的反”。这场运动很快从党内推向社会，社会动乱开始出现。在很短的时间里，由学生成立的“红卫兵”组织蜂拥而起，到处揪斗学校领导和教师，一些优秀的幼儿园园长与教师也没有幸免。

### (二)学前教育战线的抗争与逐步恢复

尽管学前教育遭到了全面的破坏，但广大幼儿教育工作者克服重重困难，坚持办园。局部地区还取得了良好的工作经验，事业得到发展。如江苏如东县使计划生育、妇幼保健、托幼工作三者相结合，既促进了生产，又使三项工作在全国名列前茅，该县1972年的幼儿入园率已达80%。1973年以后，学前教育逐渐恢复，但发展微乎其微，有很多省幼儿园数还在减少，直到“文化大革命”后期，才有明显的增长。

# 第二节
# 改革开放后的学前教育

1978年12月，党的十一届三中全会召开后，全国进入拨乱反正、改革开放的新局面。在邓小平同志的领导下，国家进入了社会主义建设的新时期，教育工作走上了健康发展的轨道，学前教育得到了振兴和发展。在发展学前教育的道路上，党和政府采取了一系列行之有效的措施。

## 一、加强领导，确定发展方针，健全管理体系

邓小平高瞻远瞩，提出“科教兴国”的方针和教育要“面向现代化，面向世界，面向未来”的思想，学前教育日益被重视。

1978年，教育部恢复了幼儿教育处，一些省（市、自治区）的教育厅（局）也陆续恢复或新建了幼儿教育行政领导机构和教研机构，配备了专职或兼职的幼儿教育行政干部和教研人员，形成了自上而下的统一领导、分级管理的领导体制。1979年，《全国托幼工作会议纪要》提出要加强托幼机构的统一领导和分工合作，坚持“两条腿走路”的方针，即国家办园和社会力量办园相结合发展幼儿教育事业。1987年，《关于明确幼儿教育事业领导管理职责分工的请示》中提出幼儿教育事业必须在政府统一领导下，实行“地方负责，分级管理”和“有关部门分工负责的原则”，并明确了教育、卫生、计划、财政、劳动人事、城乡建设、环境保护和轻工、纺织、商业等各部门的职责分工。[①]

2010年7月，中共中央国务院发布《国家中长期教育改革和发展规划纲要（2010—2020年）》，提出“到2020年，基本实现教育现代化，基本形成学习型社会，进入人力资源强国行列”的战略目标。学前教育的目标是到2020年，要“基

①国家教育委员会基础教育司.幼儿园管理工作法规文件选编，长沙：湖南师范大学出版社.1989.

本普及学前教育”，具体要实现：普及学前一年教育，毛入学率达95%；基本普及学前两年教育，毛入学率达80%；有条件的地区普及学前三年教育，毛入学率达70%。此外，也要重视0—3岁婴幼儿的教育。

2017年2月14日，教育部刊发《教育部2017年工作要点》，提出实施第三期学前教育行动计划，指导各地以县为单位编制当地第三期计划，大力发展公办幼儿园，积极扶持普惠性民办幼儿园；开展城镇小区配套幼儿园专项治理；印发《幼儿园玩教具配备指南》；落实《幼儿园工作规程》，进一步规范办园行为，提高保育教育质量；举办第六届全国学前教育宣传月活动。

2017年，党的十九大报告中总结了学前教育发展的成就。小学新生中接受过学前教育的比例达98.4%，比2012年提高2.9个百分点，这意味着几乎所有小学新生都接受过一定时间的学前教育。按照中央的部署，各地以县为单位连续实施了两期学前教育三年行动计划。截至2016年，全国共有幼儿园24万所，在园幼儿4413.9万人，分别比2012年增长了32.6%和19.8%。全国学前三年毛入园率达到77.4%，比2012年提高了12.9%，提前完成了《国家中长期教育改革和发展规划纲要（2010—2020年）》确定的70%的目标，超过了中高收入国家73.7%的平均水平。

## 二、颁布学前教育法规

在社会主义建设的新时期，我国的学前教育工作既要拨乱反正，又要改革开放，创建具有中国特色的学前教育体系。我国颁发了一系列法规，使学前教育沿着规范化、科学化的道路发展。

第一，1979年11月，教育部颁发《城市幼儿园工作条例（试行草案）》，规定了婴幼儿卫生保健工作、婴幼儿的教养工作、组织编制及工作人员职责、房屋和设备等内容。1980年11月，卫生部颁发《城市托儿所工作条例（试行草案）》，规定幼儿园必须贯彻保教结合的原则和勤俭办园的方针。

第二，1981年6月，卫生部妇幼卫生局颁发《三岁前小儿教养大纲（草案）》，以规范托儿所的保育教育工作，提高质量。此大纲是我国第一份为三岁前儿童制定的教养大纲。

第三，1981年10月，教育部颁布《幼儿园教育纲要（试行草案）》，包括幼儿年龄特点与幼儿教育任务、幼儿园教育的内容与要求、教育手段及注意事项等三大部分。根据该纲要的精神，教育部组织编写了7种9册教材。这是第一次全国统编幼儿园教材,于1982—1983年由人民教育出版社出版,并出版了教学挂图。

第四,1989年6月,中华人民共和国国家教育委员会发布《幼儿园工作规程(试行)》,1990年2月1日起实施,包括总则,幼儿园的招生、编班,幼儿园的卫生保健,幼儿园的教育,幼儿园的园舍、设备,幼儿园的工作人员,幼儿园的经费,幼儿园与幼儿家庭,幼儿园的管理工作及附则。其中明确规定了幼儿园的任务是:"实行保育与教育相结合的原则,对幼儿实施体、智、德、美全面发展的教育,促进其身心和谐发展。幼儿园同时为幼儿家长安心参加社会主义建设提供便利条件。"①

第五,1989年9月,国家教育委员会发布《幼儿园管理条例》,规定了举办幼儿园的条件和审批程序、幼儿园保育和教育工作、幼儿园的行政事务等,是中华人民共和国成立后第一个正式的幼儿园教育行政法规,它对幼儿园的管理和发展进行宏观调控,以加强对幼儿教育事业的领导。

第六,2001年7月,教育部颁布《幼儿园教育指导纲要(试行)》,它遵循《幼儿园工作规程(试行)》的精神,分健康、语言、社会、科学和艺术等五个领域,规定了幼儿园教育的目标、内容,提出了幼儿园教育的规范和要求,是指导21世纪幼儿园教育改革的纲领性文件。

第七,教育部于2012年10月发布《3—6岁儿童学习与发展指南》(以下简称《指南》),《指南》鲜明地体现了"育人为本"的理念,倡导要尊重幼儿生活的独特价值,明确幼儿是主动的积极的学习者,有其独特的学习方式和学习特点。他们是在游戏和生活中成长的,有着个体发展的差异。因此,"拔苗助长""小学化"倾向和某些超前教育和强化训练是错误的。《指南》从健康、语言、社会、科学、艺术五个领域,描述了幼儿的学习与发展,每个领域都按幼儿学习与发展最基本、最重要的内容划分为若干方面。《指南》的发布,对提高广大幼儿教师的专业素质和家长的科学育儿能力、提高学前教育质量有重要作用。

第八,2012年,教育部颁布了《幼儿园教师专业标准(试行)》,其内容包括基本理念、基本内容、实施建议,对幼儿教师准入的要求,列出了专业理念与师德、专业知识、专业能力3个方面、14个领域,共64项基本内容。

## 三、多种渠道、多种形式、多种规格发展学前教育事业

2010年,我国发布了《国家中长期教育改革和发展规划纲要(2010—2020年)》

①国家教育委员会基础教育司.幼儿园管理工作法规文件选编,长沙:湖南师范大学出版社,1989.

《国务院关于当前发展学前教育的若干意见》等重要标准性文件，积极发展学前教育，着力解决“入园难”问题，满足适龄儿童入园需求，促进学前教育事业科学发展。学前教育是终身学习的开端，是国民教育体系的重要组成部分，是重要的社会公益事业。政府要加大投入，新建、改建、扩建一批安全、适用的幼儿园，“多种形式扩大学前教育资源。大力发展公办幼儿园，提供‘广覆盖、保基本’的学前教育公共服务”，推动学前教育朝着均衡化、公平化和民主化发展。[①]

### （一）多种渠道办园，保证学前教育稳步、快速发展

多种渠道办幼儿园，主要包括教育部门办园、民办园、集体办园（包括城镇街道和农村集体办园）、其他部门办园（包括工矿企业、机关学校、团体等部门办园）这几种主要渠道。

近年来，各类幼儿园的发展情况是：第一，教育部门办的和集体办的虽然数量上各年不同，有减少的趋势，但变化幅度不大；第二，民办的逐年增加，增幅很大，数量稳步上升；第三，其他部门办的幼儿园逐年明显下降。多种渠道发展学前教育事业，使我国学前教育实现了稳步、快速发展。

### （二）学前教育的多种形式

随着改革开放的深入，为满足群众的不同需要，收托形式更为多样和灵活。大致有以下几种：

（1）全日制幼儿园。幼儿白天在园，晚上回家，一般在园时间六七个小时，最多十一二个小时。这是我国幼儿园的主要收托形式。

（2）寄宿制幼儿园。幼儿昼夜在园，由幼儿园全面负责幼儿的食宿、医护、保教等，家长每周接回1次或2次。主要招收部队、机关、工厂、学校等职工子女。

（3）幼儿学前班。主要招收入小学前一年的幼儿，招收年龄则视各地入小学的年龄而定，有5—6岁的，也有6—7岁的。学前班多为全日制，也有半日制的。城乡都有学前班，但以农村为主，有的单独设班，多数附设于小学内。

（4）混合班。即在同一班内，混合收托3—6岁的幼儿，也有和小学一年级复式教学的。多在居住分散、幼儿人数少的农村举办，有3个或2个年龄段的，但多以学前一年儿童为主。随着社会的发展，混龄班有扩大发展的态势。

另外还有很多形式，如半日制、季节制、计时制、辅导班、亲子园、兴趣班等等，反映了群众在新形势下对托幼机构形式的不同需求。

---

①郑健成．学前教育学．上海：复旦大学出版社，2015．

### (三)学前教育机构的不同规格

(1)示范性幼儿园。这类幼儿园以教育部门办的为多,其任务是在贯彻教育方针、科学管理、探索教育规律、总结推广经验等方面起示范带头作用,并担负着辅导一般幼儿园的任务。

(2)中心幼儿园。这类幼儿园一般以乡、镇政府为主举办,其任务是对本乡、镇各村幼儿园起示范带头、辅导促进的作用。

(3)一般性幼儿园。即除示范性幼儿园和中心幼儿园以外的独立设置的幼儿园。①

## 四、多渠道、多层次地培养学前教育师资和人才

### (一)健全幼儿教师资格准入制度

《幼儿园教师专业标准(试行)》是中华人民共和国成立后第一部规范幼儿园教师专业标准的法规,对培养幼儿园教师的专业性要求做出了新的界定,明确提出培养幼儿教师的基本理念:"幼儿为本,师德为先,能力为重,终身学习。"②《幼儿园教师专业标准(试行)》进一步规范和加强了学前教育师资队伍建设,全面提高专业素质。这些法规的颁布与实施,推动了我国学前教育科学化、规范化的进程。

2012年12月,教育部等四部委发布《关于加强幼儿园教师队伍建设的意见》,明确幼儿园教师要严格准入,必须取得相应教师资格证书;具有其他学段教师资格证书的教师到幼儿园工作,应在上岗前接受教育部组织的学前教育培训。还要建立幼儿园园长资格制度。而做好这些工作,《幼儿园教师专业标准(试行)》是重要依据。

### (二)培养学前教育师资和人才

"文化大革命"将学前师范教育破坏殆尽,造成幼儿园教师、幼儿师范教师严重不足,这给恢复和发展学前教育事业带来极大困难。为此,各级教育部门积极发展不同层次的学前师范教育。要满足学前教师数量和质量的需求,主要靠两条途径:一是职前教育,二是职后教育。

---

①唐淑,钟昭华.中国学前教育史.北京:人民教育出版社,2006.

②郑健成.学前教育学.上海:复旦大学出版社,2015.

### 1. 多层次、多规格地发展学前师范教育

多层次、多规格地发展学前师范教育，包括：恢复和发展高等师范院校的学前教育专业，培养本科、硕士、博士层次的人才，为各级各类幼教研究部门、行政部门等输送专业人员；恢复和发展幼儿师范学校，提高其办学水平，培养地区幼儿园骨干教师和地方幼教干部；中等师范学校及职业高中兼顾培养幼儿师资；非师范学校参与培养学前师资。

### 2. 学前教育师资的职后教育

继续教育的形式很多，如以大学为依托的专科班、本科班等，在夜大、函授大学、广播电视大学开设学前教育专科班和本科班。国家还开辟了学前教育专科与本科的自学考试制度。还有的大学开设了学前教育专业硕士课程班、博士课程班。省、市教育学院开设学前教育继续教育课程，累计课时和学分，纳入教师、干部的考核。

## 五、认真开展学前教育的改革与科学研究工作

新儿童观的树立，是新时期学前教育改革的思想基础。儿童观的变革，体现在政府颁布的多种学前教育法规之中。教育主管部门所颁布的这些规定说明，不但要在思想上接受这种观念，而且必须实施在实践中。幼儿园的教育方法，也进行了大胆的探究，如出现了分科教学、活动区活动课程、综合教育课程、蒙台梭利教育法、园本课程等，逐渐与世界的学前教育发展接轨。

学前教育科学研究的开展，标志着我国学前教育发展水平的提高。从全国范围来说，学前教育的科学研究兴起于20世纪70年代末，活跃于80年代，这个时期建立了专门的科学研究机构和群众性的科学研究组织，开展了多个课题的研究，取得了一定的成果，对繁荣学前教育学、提高学前教育工作者的理论水平和实践成效都起到了积极的促进作用。

## 【小结】

自1949年中华人民共和国建立以来，我国的学前教育事业发生了革命性的变化，明确了向全体幼儿实施全面发展教育的任务，逐渐建设和发展了相当数量的适合中国国情的不同类型、不同层次、不同形式的学前教育机构，培养了一支

有保教专业知识的学前教育工作者队伍，并逐渐积累、丰富了办好社会主义学前教育事业的经验，使我国学前教育逐渐走上蓬勃发展之路。因此，这个时期的经验与教训对我国学前教育事业的发展，是具有巨大意义的。

## 真题模拟

1. 中华人民共和国幼儿教育处第一任处长是(　　)。

A. 陈鹤琴　　B. 张逸园　　C. 陶行知　　D. 端方

2. 全日制幼儿园，幼儿一般最多在园(　　)小时。

A. 7—8　　B. 5—6　　C. 11—12　　D. 24

3. 明确规定我国当前幼儿园的任务的法律文件是(　　)。

A.《幼儿园工作规程(试行)》　　B.《幼儿园管理条例》

C.《关于加强幼儿教育工作意见》　　D.《幼儿园教师专业标准》

## 思考与练习

1. 简述社会主义建设新时期我国幼儿园的规格及其发挥的作用。

2. 材料分析题：现以1979年至1989年、1989年至1999年两个十年为例做比较，分析我国各种渠道举办的幼儿园的发展梗概。

参考答案

| 项目 | 年份 | 合计 | 教育部门办 | | 其他部门办 | | 民办(集体) | |
|---|---|---|---|---|---|---|---|---|
| | | | 小计 | 占% | 小计 | 占% | 小计 | 占% |
| 园数(单位：万所) | 1979 | 16.56 | 0.5 | 3 | 1.98 | 12 | 14.08 | 85 |
| | 1989 | 17.26 | 1.12 | 7 | 2.81 | 16 | 13.33 | 77 |
| | 1999 | 18.11 | 3.57 | 20 | 1.74 | 10 | 12.79 | 70 |
| 入园幼儿数(单位：万人) | 1979 | 879.23 | 84.2 | 9 | 146.11 | 17 | 648.92 | 74 |
| | 1989 | 1847.66 | 378.89 | 20 | 323.81 | 18 | 1144.96 | 62 |
| | 1999 | 2326.25 | 924.65 | 40 | 272.96 | 12 | 1128.63 | 48 |

# 下　篇

## 外国篇

# 第 6 章

# 古代学前教育的发展与实施

国外古代学前教育的产生可以追溯到原始社会时期。你知道古代印度“婆罗门”和“首陀罗”的社会地位差异以及他们接受教育的差异吗？你知道已经消亡的古希伯来国依靠教育至今还保留着他们的民族文化吗？你知道斯巴达的婴儿一出生就要接受酒精浸泡的原因是什么吗？还有古希腊、古罗马以及文艺复兴时期的学前教育的特征是什么？带着这些疑问，让我们从西方学前教育产生之初开始探索。

## 【学习目标】

1. 理解和掌握古巴比伦、古埃及、古希伯来、古印度的学前教育概况；
2. 理解和掌握古希腊和古罗马的学前教育概况；
3. 了解西塞罗、昆体良的学前教育思想；
4. 理解和掌握西欧中世纪和文艺复兴时期的学前教育概况。

## 【学习重难点】

1. 重点理解和掌握古巴比伦、古埃及、古希伯来、古印度的学前教育思想；
2. 重点理解和掌握古希腊和古罗马的学前教育思想。

## 【知识结构图】

- 古代学前教育的发展与实施
  - 古代东方国家的学前教育
    - 古巴比伦的教育
    - 古埃及的教育
    - 古希伯来的教育
    - 古印度的教育
  - 古希腊和古罗马的学前教育
    - 古希腊的学前教育
    - 古罗马的学前教育
  - 西欧中世纪和文艺复兴时期的学前教育
    - 教会学前教育
    - 世俗封建主的学前教育
    - 文艺复兴时期的学前教育

# 第一节
# 古代东方国家的学前教育

古代东方文明孕育出了人类历史上最早的国家形态，即东方文明古国。除中国外，东方文明古国还包括古巴比伦、古埃及、古印度和古希伯来。在教育史上，东方文明古国成绩斐然，是最早进入文明时代的地区，产生了最早的文字、科学知识及学校的萌芽，在奴隶制基础上创造了灿烂的古代文明，堪称世界文化的摇篮。

## 一、古巴比伦的教育

随着生产力的发展以及剩余产品、生产资料私有制的出现，阶级和国家产生了。最早的奴隶制国家大约于公元前4000年—公元前3000年产生于世界的东方。巴比伦是已知的历史最悠久的古代东方国家。

巴比伦位于亚洲西部的幼发拉底河与底格里斯河流域（简称两河流域），在希腊语中又名“美索不达米亚”（河间之地）。这是一块狭长的冲积平原，黏土取之不尽，但石料及木材极为有限。巴比伦城是两河流域古文化的中心。

### （一）苏美尔的文化教育

巴比伦文化的前身是苏美尔文化。大约在公元前3500年，苏美尔人就从原始社会向奴隶社会过渡，在两河流域南部建立了一些奴隶制城邦国家。

#### 1. 文化与科学

据考古学家的研究，公元前4000年，苏美尔已产生了文字。古代生活在两河流域的人们利用本地丰富的黏土资源，就地取材，将黏土和水调匀，制成大小不等的泥板，将字写（或刻）在上面，然后再把它晒干或烧干，这就成了泥板书。

最早的泥板书出现在大约公元前3000年，所载文献往往由几块到几十块泥板组成。泥板书极为笨重，较我国古代竹简尤甚，更不能与我国古代帛书或埃及纸草相比，但它的广泛采用仍反映了古代两河流域人民的智慧。最初的文字是图画文字，由于图画文字在泥板上书写不便，而压出符号则要方便得多，于是图画文字逐渐演进为楔形文字。

在古巴比伦，出于生产活动及生活的需要，人们开始观察与研究自然现象，从而推动了自然科学的发展。古巴比伦在科学上最杰出的是天文学和数学。公元前2000年初，巴比伦的天文学家已把五大行星和恒星区别开来，并将星辰划分为星座；他们还制定了历法，根据月球的盈亏，定每月为29日或30日。数学也得到了很大发展。他们以60进位，会演算四则运算，会开平方和立方，会解二次方程式和某些三次方程式。

### 2. 教育概况

文字的发明、泥板的广泛使用以及科学的发展，为学校教育的产生提供了条件。最早的学校与寺庙有密切联系。在古代两河流域，人们将知识视为神赐，非祭司不敢享有，传习这些知识也是僧侣的特权。苏美尔文字最早就是由祭司发明并由祭司首先使用的。出于管理寺庙财产的需要，寺庙中有关人员（一般称作"书吏"的人）需要学习文字和符号，这样就产生了训练书吏的学校。由于学校用的教材是泥板书，学生做练习或作业也是用泥板，泥板成为学校的主要学习工具，故学校被称为"泥板书舍"。在泥板书舍中，负责人称为"校父"，教师称为"专家"，助手称为"大兄长"，学生称为"校子"。当时图书馆收藏的也是泥板书，大图书馆收藏的泥板书达数万块之多。

苏美尔人在训练书吏时，教学内容重视语言，尤其重视书写能力，此外还有阅读、翻译、计算等。掌握文字是艰难的，尤其是楔形文字，已经离物体形象甚远，要记住上千个字形并准确地运用并非易事，须经专门训练及长期学习方可掌握。使用的书籍逐渐广泛，包括楔形文字符号表、文法著作和字典等。当时的教学方法很简单，一般由教师先在潮湿的泥板上写上字，再由学生临摹；课程主要是抄写和背诵长串的单词或词组，也包括数学或文书。有些记有学生作文和练习的泥板一直保存至今。

巴比伦的学校产生于何时，由于缺乏文献记载，迄今尚无定论。20世纪30年代，法国考古学家帕拉在幼发拉底河畔南部的马里城挖掘出一所约公元前

2100年的学校遗址。这所学校包括一条进入学校的通道、两个房间;大房长13.4米,宽7.6米,设4排座位,45个石凳;小房为大房的1/3,设3排座位,23个石凳。房子的四壁保存完好,地上有陶土盆,可能用来盛水、和泥,以做泥板之用。地上还散落着一些贝壳,可能是教授计算的教具。这是迄今根据考古发掘所知的最古老的学校。由于这所学校不是座落在神庙附近,而是在居民区,因此有人认为,这所学校已是一种世俗教育机构,并据此推断,在公元前2100年,学校已开始成为一种世俗教育机构。

### (二)巴比伦的文化教育

苏美尔衰落后,巴比伦兴起。巴比伦第一王朝始于约公元前1894年,由阿摩利人建立。它的第六位国王汉谟拉比(前1792—前1750),征服南北诸城市,完成两河流域的统一。巴比伦第一王朝于公元前1595年前后灭亡。此后,两河流域战乱不已,达千年之久。公元前7世纪末,迦勒底人建立了新巴比伦王国。其中第二位国王尼布甲尼撒在位四十多年,重建了巴比伦城,将巴比伦的军事、经济、文化推向了一个新的高峰。新巴比伦虽然存在不到百年,但其科学和建筑业都得到巨大发展,学校教育也得到一定发展。

这时的寺庙学校有两级。一级是初级教育,主要教授读写;另一级是高级教育,除学习读写外,还要学习文法、苏美尔文学、祈祷文。书吏仅有读写能力是不够的,为了成为管理人才,书吏们必须学习数学、天文学,有的还接受占星术、医学教育,甚至接受炼金术的训练,教学方式是师徒传授。无论数学、医学还是冶金术和纺织术,其教学方式是一样的:学生首先观察教师的操作,然后在教师的指点下,自己动手,教师随时纠正错误。

古巴比伦的教育为少数人所垄断,奴隶不能享受学校教育。能掌握复杂的楔形文字知识的,一般只限于官吏、僧侣、文艺家等少数人。

公元前3世纪以后,巴比伦作为古文明的中心,在历经两千年风雨沧桑后逐渐衰落,沦为荒原莽野,湮没于枯草昏鸦之中。直到19世纪中叶以后,经过考古工作者的考古发掘及研究,人们才得以了解其在早期人类文明史上的卓越地位。正如有的学者指出的,两河流域的文化教育是发展极早的,甚至可以说,它早于埃及,至少是与埃及同时有了学校。这是人类最初的学校教育的摇篮,也是人类正式教育的起点。

## 二、古埃及的教育

古埃及位于非洲尼罗河流域三角洲，公元前3500年左右就已建成了上埃及和下埃及两个奴隶制王国。约公元前3100年埃及王国统一，至公元前332年被马其顿王亚历山大征服，其间经历了早期王国（约前3100—前2689年）、古王国（约前2686—前2181年）、中王国（约前2040—前1786年）、新王国（约前1567—前1181年）、后王朝（约前1085—前332年）等历史时期。

早在早期王国时期，埃及人就有了文字，因此，与其他国家相比，古埃及的教育较发达，教育制度较完善，学校类型也多一些。当时主要有四种类型的学校：宫廷学校、僧侣学校、职官学校（书吏学校）和文士学校。不同类型学校设置的课程不一样，水平也不一致。但所有的学校都很重视道德品质的培养，要求学生尊日神、忠国君、敬长官、孝双亲。教学内容与生活中的各种实际活动密不可分，尤其重视书写。这既反映了社会经济、文化发展的需要，也反映了当时统治阶级的要求。教学方法普遍采用灌输和体罚，机械训练和记诵是最典型的方法。

宫廷学校建于公元前2500年。有的教育史学家认为，这是人类有史可查的最古老的学校。宫廷学校设在宫廷中，其教育对象是王子王孙和官吏的子弟。学生完成学业后，经过一定的锻炼即被任命为官吏。宫廷学校是融学前教育与初等教育为一体的教育形式，由国王（法老）在宫廷中开设，请有经验的僧侣、官吏、文人、学者任教。

僧侣学校是在中王国后出现的设在寺庙中的学校，主要进行科学技术教育，是传授高深知识的学术中心。男孩满17岁可进入这种学校。古埃及的寺庙既是宗教活动的场所，也是替法老办理天文、建筑等专业事务的机构，因此寺庙既有必要也有条件创办这样的培养专业人员的学校。学校的教学内容以天文学、数学、建筑学、水利学、医学为主。

职官学校始建于中王国时期，训练能从事某项工作的官吏，修业期限为12年。学校的教学内容包括普通文化课程和专门的职业教育，往往以吏为师。青年在现任官吏的教导下努力成为文士和官员。

文士学校是一种低级的教育机构，培养能从事书写和计算工作的人，它对学生的出身限制较前三类学校少一些，因此招收的人数较多，修业期限长短不一。儿童5岁即可进入这种学校，学习到十六七岁；在十三四岁时能受到处理官府公务的实际训练。教学内容有书写、计算、律法知识、数学、天文和地理等，其中最受重视的是书写。它是普通青年奴隶主向往的学校。埃及的文士大多数是政府的公务人员，埃及的奴隶主子弟通过学习而在政府、寺庙和商业中任职是寻常事。因此，埃及的奴隶主子弟都以文士作为奋斗目标。

## 三、古希伯来的教育

古希伯来位于现在的巴勒斯坦地区。希伯来人由以色列和犹太两个部落组成，其历史可分为两个时期：第一时期，从摩西带领希伯来人逃离埃及(约公元前14世纪—公元前13世纪)到公元前586年犹太王国亡于巴比伦；第二时期从公元前538年希伯来人返回家园至1世纪被罗马帝国吞并。

第一时期，希伯来人的教育以家庭教育为主。父亲既是家庭的祭司，又是子女的教师。教育内容广泛，有民族传说、宗教信仰和祖先的训诫。在摩西改革之后，希伯来的家长制涂抹上了一定的民主色彩，儿童在家庭中的地位上升，家庭教育中注重父子亲情和说服感化。宗教在希伯来的历史中占有特殊的地位，其教育始终以神学为核心，所以家庭教育以培养宗教信仰为最重要的目标。学习的主要内容是《圣经·旧约》，不重知识的传授，而重宗教信仰和宗教情感的陶冶，是道德的而非理性的训练；文化知识的传授是附带进行的。儿童到一定年龄，家长才对其进行职业技能的传授。

第二时期，希伯来人的教育已发展为学校教育。这一时期，希伯来人返回家园，把犹太会堂也迁移到故土。儿童随父母到会堂听讲道，学习《圣经》知识。随着来听讲儿童人数和教务工作的增多，会堂扩建房屋，设专人负责教学，形成了希伯来最早的学校。公元前2世纪左右，学校从犹太会堂中分离出来，形成较完备的教学制度。公元前1世纪，希伯来人的学校已相当发达。当时每个村落设1所学校，有1位教师。儿童人数达40名，则增助教1名；儿童满50人，设2名教师。当时的教育是一种强迫教育，不受教育者就被放逐城外，每座城市必须设立学校。但受教育者仅限于男性，女子仍在家中由母亲教习宗教和家事，她们不是学校教育的对象。

希伯来人在与希腊文化的频繁接触中，力图用闭塞的宗教思想反对希腊的世俗文化。为了在文化斗争中取胜，他们对简单的教义予以充实，通过注疏《圣经》来丰富教义，其中最著名的注疏是《米施那》和《基马拉》。公元2世纪，两部注疏合为一书，称为《塔木德》(意为“教学”)。这些注疏成为希伯来儿童的重要学习内容。男童一般6岁入初级学校，6—10岁间学习《圣经》和简单的读写算；10—15岁儿童主要学习《米施那》；15岁以上主要学习《基马拉》，相当于中等教育。中等教育以上还有培养僧侣的学校，主要传授宗教理论和法律理论，训练主持宗教活动的能力。

希伯来人把教育看作神圣的事业，非常尊重教育工作者。教师被称为“拉比”，他们有较高的宗教修养和文化修养，博学多才，除从事教学工作外，在社会上还充当宗教导师和法律顾问，成为社会上有威望的特殊人物。

## 四、古代印度的教育

早在公元前2000年前，在印度河流域就已出现了奴隶制城邦国家。公元前2300年至公元前1750年间，当地的土著居民就创造了哈拉巴文化。约公元前1400年，中亚游牧部落雅利安人入侵古印度，建立了王国。在征服过程中，雅利安人的游牧文化逐渐转化为农耕文化，并与当地的土著文化融合，发展成印度-雅利安文明，创造了自己的文字——梵文。

印度等级森严的种姓制度是在公元前1000年至公元前600年间逐渐形成的。种姓制度把人分为四个等级，从高往下依次为：(1)婆罗门，即僧侣；(2)刹帝利，即贵族；(3)吠舍，即农民和从事工商业的平民；(4)首陀罗，即奴隶及处于奴隶地位的穷人(主要为当地土著)。不同种姓的人通婚所生的子女不在种姓之内，被称为“贱民”。

公元6世纪以前的印度教育通常称为婆罗门教育。古代印度的教育与它的社会阶级和宗教信仰是密不可分的，以维系种姓压迫和培养宗教意识为主要任务，以培养婆罗门为教育的最高使命，具有强烈的贵族性。婆罗门教育以《吠陀经》为学习的首要内容，教学方法是口授，实行导师制。古代印度教育的分期比较明确，一般儿童7岁以前在家里接受教育，8—16岁在学校学习，以后在高等学府学习。

公元前9世纪以前，婆罗门教育以家庭教育为主。儿童在3—5岁时经过剃度礼后，就开始家庭教育。婆罗门家庭在教育自己的子弟时，也会招收几个刹帝利和吠舍的子弟一起学习，主要学习用古梵文写成的《吠陀经》，一般要10年左右才能学完一部经。学习方法的机械性、烦琐性和神秘性非常突出。

公元前8世纪以后，随着科学文化的发展，出现了办在婆罗门家中的学校即古儒学校，教师被称为古儒。儿童入学须经过古儒的考验。古儒声称不收学费，但实际上要接受家长丰厚的馈赠，其田地由学生代耕。学生入学后住到古儒家中，学习年限为12年，《吠陀经》为主要的学习内容，语音学、韵律学、文法学、字源学、天文学和祭礼这六科是学习《吠陀经》所必需的基本训练。因此，虽然课程以神学为主，但涉及的知识领域相当广泛，在客观上有利于学术的发展。学科的学术性质推动了教学方法的改进，但体罚仍是常用的手段。古儒在教学中常让年长儿童充当助手，由助手协助教师教学。这种方法后来被英国教师贝尔所袭用，成为19世纪在英国盛极一时的“导生制”。

随着奴隶制的发展和奴隶制国家的崛起，公元前6世纪—公元前5世纪，印度进入列国时代。掌握军事力量、日益强盛的刹帝利和上层大商人吠舍不满婆罗门的特权地位，婆罗门势力日益削弱，佛教应运而生。公元前3世纪，佛教得到广泛发展，佛教教育也随之发展起来。佛教在教育方面的改革主要表现在两个方面：一是使教育民主化，主张四种姓平等，在人民群众中普遍传播了接受初等教育的愿望；二是对教育手段和方法进行了改革，强调用方言而不是梵文进行教学，把教授、讲解及个人钻研结合起来。

佛教采取寺院教育制度，寺院是最重要的教育场所，既提供教育，又训练祭祀人员。佛教要求学习者必须出家进寺为僧，过禁欲生活。当时的印度社会盛行以学僧为尚的风气，家长争相送子女入寺或庵。学习内容主要是佛教经典，最初阶段由教师口授，学生记诵；到了高深阶段，就采用争辩和议论的方法。学习12年并合格的僧人称为“比丘”。他们多数离寺回家，少数留寺者继续修习10年后担任寺中僧侣。尼庵是女生修行和学习的地方，水平低于寺院。女僧学习结束后称为“比丘尼”。

寺院不仅是教育机构，也是学术中心。印度的著名寺院曾吸引不少外国青年和学者前来就学，我国唐代玄奘就是其中的一位。佛教教育对印度以及东方各国的影响是深远的，其精深的哲理推动了思辨哲学的发展。佛教教育扩大了教育对象，在一定程度上照顾到了下层民众，具有平民性。

不管是婆罗门教育还是佛教教育，它们的教育目的都与人生目的相同，主要是一种道德陶冶，让人蔑视现世、追求来世，使自己的灵魂“得救”和“超脱”；其内容大都是消极的、遁世的；它们都在一定程度上阻碍了科学的发展和印度社会的变革。古代印度的医学、天文学、数学等自然科学知识，主要是在宗教学校以外由学者私人传授。

# 第二节
# 古希腊和古罗马的学前教育

## 一、古希腊的学前教育

希腊是西方现代文明的摇篮,也是西方现代教育的发源地,对全世界的教育产生了巨大的影响。希腊人在其社会和文化的发展过程中,建立了较完备的教育制度,形成了较丰富的教育理论,为西方教育的发展奠定了坚实的基础。

希腊教育的发展过程通常划分为四个阶段:荷马时代(公元前1100年—公元前800年);古风时代(公元前800年—公元前500年);古典时代(公元前500年—公元前330年);希腊化时代(公元前330年—公元前30年)。

### (一)荷马时代的教育

荷马时代,希腊正处于从氏族社会向奴隶社会过渡的时期,教育处于较低级的发展阶段,涉及教育的史料不多。但这一时期的教育对希腊教育的影响是极其深刻的。自有了学校后,《荷马史诗》一直是希腊人教育年轻人的重要教材。荷马时代的教育所努力培养的道德品质始终是希腊学校道德教育的基本内容;荷马时代教育具有既重视个性发展又重视群体利益、既强调实干又注重雄辩和谋略的特点,为希腊教育的发展奠定了基础。

### (二)古风时代的教育

古风时代,希腊完成了向奴隶社会的过渡,建立了许多奴隶制城邦。这些城邦中,势力最大的是斯巴达和雅典。这两个城邦实行的政治制度和经济制度很不相同,教育制度也不同,在古希腊很具代表性,因此在讲述古希腊教育时,这两个城邦的教育都被作为典型来介绍。

### 1. 斯巴达的教育

斯巴达人把教育视为国家的职责，实行严格的体格检查制度。婴儿从一生下来就属于国家，父母必须把初生婴儿交给长老检查。凡身体虚弱或畸形的，就被抛之荒野。身体强壮的才被留下，交给父母，由父母抚养至7岁。实行体检制度的目的是保证种族在体质上的优越性，培养体格强壮的战士。

7岁以后，儿童要离开父母，到国家教育场所过半军营式的生活，直到18岁。这一阶段教育的主要任务是通过严格的军事、体育训练和道德灌输，使儿童养成健康的体魄、顽强的意志以及勇敢、坚忍、顺从、爱国等品质。教育的主要内容是竞技等。孩子们在这里被编入小队，受到极其严格的训练和监督。小队中最勇敢机智的孩子被指定为队长。国家委派二三十岁的受过训练的青年做他们的教官。在教官之上，还有国家视导员，视导员身边总是跟着一批被称为“鞭打者”的助手。鞭打者可随时惩罚孩子们。被鞭打的孩子要把鞭打当作使自己坚强起来的一种训练。儿童在教育机构中的生活是极其艰苦的。他们常年赤脚，衣衫单薄，饮食粗劣而且数量少。他们集体睡在芦苇上，没有被褥，冬天加些草来御寒。

从18岁起，斯巴达人的子弟进入青年军事训练团。入团前，他们要主动到圣殿祭坛上接受当众鞭打的考验。能忍受最多鞭打而没有畏缩、没有发出呻吟的青年会受到奖励。青年军事训练团的主要任务是进行正规的军事训练，年满20岁的青年开始接受实战训练，到30岁时正式获得公民资格。

斯巴达很重视对女子的教育，但也和对男子的教育一样，只注重军事体育训练，其目的是培养健壮的妇女，以便生育健康的后代，在作战时可以协助男人。

这种极端片面的教育，虽然把斯巴达的年轻一代训练成坚强勇敢、严守纪律的战士，却损毁了他们的个性。

### 2. 雅典的教育

雅典的教育高度发达，形成了与斯巴达大不相同的另一种类型的教育，并对后世的教育产生了深远的影响。

雅典的教育在目的、内容和方法上，都与斯巴达截然不同。在教育目的上，虽然斯巴达和雅典都是要培养忠于祖国的公民，但二者对公民的理解是不同的，因而教育目的实质上也很不相同。斯巴达认为好的公民是能为祖国英勇作战的军人，雅典则认为一个好公民不仅要能为祖国英勇作战，而且应该有健美的身体、高度的文化修养、多方面的兴趣、发达的智力、高尚的审美情趣和从事艺术活动的能力，还要有关心国家大事、节制、正直等美德，就是说，雅典的公民应该是身心和谐发展的人。由此可见，雅典的教育目的比斯巴达的教育目的要全面得多。根据这样的教育目的，雅典为不同年龄的孩子设立了不同的学校。雅典盛行私人办学，国家仅负责16—20岁青年的教育。

儿童出生后，由父亲负责进行体格检查。7岁以前，儿童在家庭中不分男女，享受同样的教育。有钱人家为孩子请保姆或家庭教师，或者由有文化的奴隶(教仆)担负教育工作。家庭教育以游戏为主，主要包括听摇篮曲，唱歌，听寓言、童话、神话故事，并注意培养孩子的礼貌行为及其他良好习惯。

7岁以后，男童进入文法学校、弦琴学校、体操学校学习。文法学校主要教授读写算的知识，弦琴学校主要教授音乐、唱歌、朗诵等，体操学校主要进行各种体育训练，目的是使儿童身体健康、体态优美、顽强坚忍。这些学校都是私立的，教师一般是有政治权利的自由民，也有一些是赎身的奴隶。儿童在教仆的陪同下上学。7岁以后，女孩一直留在家中由母亲负责教育，学习纺织、缝纫、烹调、刺绣等技能。

### (三)古典时代的教育

这一时期是希腊历史上的一个重要时期。希腊的奴隶主民主政治制度进入鼎盛时期，经济、文化和教育达到了全面繁荣，是希腊教育发展的黄金时期。“智者”的出现标志着希腊教育进入了一个新的发展阶段。

智者最初是指具有某种精神方面的能力和技巧的人，后来，各行各业具有专门知识和技艺的人也被称为智者，具有治国能力的人也被看作智者。到公元前5世纪后期，智者成了一个专有名词，专指以收费授徒为职业的云游教师。智者在希腊文化史上占有重要地位，对希腊教育思想和教育实践的发展做出了极为重要的贡献。智者的教育思想中，包含了希腊全部教育思想发展的基本线索和方向。

希腊的学校在这一时期也发生了许多重要变化，产生了文字教师和音乐教师的分工，还出现了一些由著名教育家创办的重要教育机构，如由伊索克拉底创办的修辞学校，由柏拉图创办的学园，由亚里士多德创办的吕克昂。

### (四)希腊化时期的教育

公元前334年，马其顿国王亚历山大开始向东扩张，建立了横跨欧、亚、非三大洲的庞大的军事帝国。亚历山大的军事扩张在客观上有利于各民族文化的交流和融合，但在希腊内部，由于城邦的覆灭，希腊文化的基础已不复存在。但这一过程也正是希腊文化的传播过程，因此，这一时期也被称为希腊化时期。

这一时期，教育的变化主要表现为以下几个方面：(1)希腊尤其是雅典的学校教育制度广泛传播到了其他地区，推动了那些地区教育的发展；(2)文化和教育中心从雅典转移到亚历山大利亚城，亚历山大利亚城成为东西方文化交流的中心；(3)希腊初级学校的和谐发展教育传统遭到破坏。希腊的初级学校以促进学生多方面能力的和谐发展为宗旨，但在希腊化时期，体育因具有军事目的而被取消，美育被削弱，教学内容仅限于读、写、算等知识性科目；(4)原有的中等教育机构——体育馆被文法学校代替，日益偏重知识教学，尤其强调文学教育，忽视体育和美育；(5)高等教育得到明显发展，除了原有的三所高等教育机构外，还分别开办了斯多噶学派的和伊壁鸠鲁学派的哲学学校。公元前200年前后，这五所学校合并为雅典大学。但这一时期高等教育的内容逐步压缩，侧重于修辞学的教学，而且教学越来越形式主义；(6)教育机会逐步扩大，公民垄断教育的局面逐步被打破，更多的社会阶层、更多的人有了受教育的机会。

古希腊的教育，在西方教育史上占有非常重要的地位，为人类留下了丰富的教育遗产。以人的身心和谐发展为目的的自由教育理想以及多样化的教育制度，是古希腊教育对世界教育发展做出的重要贡献。

## 二、古罗马的学前教育

公元前8世纪前后，意大利中部的拉丁部落联合附近其他部落，在第聂伯河口建立罗马城，并逐渐形成罗马城邦国家。从公元前8世纪到公元前6世纪末期，史称罗马王政时代，是古罗马从原始社会向奴隶社会过渡的时期。到公元前509年，这个过渡完成，古罗马成为一个奴隶制国家，进入共和时期。

### (一)共和时期的教育

#### 1. 共和早期的教育(公元前6世纪—公元前3世纪)

从公元前509年到公元前3世纪初，史称罗马共和早期，这一时期贯穿着平民反对贵族的斗争。经过200多年的斗争，氏族贵族的特权逐渐废除，平民获得了一定的政治地位。

这一时期的经济，主要是农业和畜牧业，手工业和商业尚不发达。这种经济特点决定了学前教育的特点。

这一时期的教育以家庭教育为主要形式。男孩主要由父亲进行教育，女孩主要由母亲进行教育。教育的方法主要是观察和实践。父亲带领男孩去田间劳动，也带他们去参加各种社会活动。通过这些实践活动，男孩学会了干各种农活，也学到参加各种社会活动的本领。贵族子弟则跟随其父亲学习处理农庄的管理事务和有关司法方面的问题。

这时的教育对读、写、算不够重视，但很重视宗教和道德教育，特别对传统美德的教育十分重视，注重对孩子进行孝顺、爱国、守法、勇敢、诚实、谨慎等美德的教育。罗马人对体育也很重视，但也是在家庭中由父母对子女进行教育，没有专门的体育学校。男孩到16岁，可以到军中服役，贵族子弟则往往到一位显贵门下接受教育。

### 2. 共和后期的教育（公元前3世纪—公元前1世纪）

从公元前3世纪到公元前30年，罗马进入共和后期。由于内部阶级斗争的缓和、经济的发展，罗马国力日渐雄厚，于是大举向外扩张，很快征服了意大利全境，接着打败了海上强国迦太基，彻底消灭了马其顿的势力，并征服了希腊，成为西起大西洋沿岸，东到小亚细亚，囊括欧、亚、非广大地区，独霸整个地中海的大国。

通过野蛮的扩张和掠夺，罗马积累了大量的财富，经济迅速发展起来。在经济发展的基础上，罗马的教育也得到相应的发展。

罗马这时在军事上是强大的，但在文化上却远远落后于希腊。在征服希腊以后，罗马人开始大量吸收希腊文化。他们把大批希腊战俘带到罗马，让其中有学问的人从事文化教育工作。许多希腊人为了谋生，也大批涌进罗马，在那里开办学校，传播文化。于是，罗马逐渐形成一套希腊学校模式但又带有罗马特色的学校教育系统。

培养雄辩家成为这一时期的教育目的。家庭中出现了乳母、希腊保姆以及希腊教仆，他们共同照管孩子，帮助儿童学习希腊文、拉丁文和阅读、书写、计算等课程。儿童从7岁至12岁接受初等教育，施行初等教育的学校叫小学。儿童在小学主要学习读、写、算的基本知识和技能，也要接受道德教育。罗马的小学都十分简陋，有的学校甚至没有正式的校舍，只在简陋的棚子下上课，甚至露天上课。学校一般也没有课桌，学生只能把蜡板放在膝上书写。教师收入菲薄，地位低下。条件稍好的小学则收费昂贵，只有富人的孩子才上得起。一般贵族或富豪人家很少把孩子送进小学学习，而是聘请家庭教师在家里教育子女。

### （二）帝国时期的教育（公元前1世纪—公元5世纪）

从公元前30年起，罗马进入帝国时期。公元395年，罗马帝国一分为二，分为西罗马帝国和东罗马帝国。西罗马帝国于公元476年灭亡，东罗马帝国则一直延续到公元1453年。这里所说的帝国时期的教育，是指罗马帝国分裂以前的教育。

进入帝国时期的头二百年，罗马政局相对稳定，经济繁荣，是帝国的黄金时期。在这期间，文化和教育也得到相应的发展。帝国时期的文化，在原罗马文化的基础上，大量吸收并综合了古希腊文化和东方文化，形成灿烂的古罗马文化，在建筑学、医学、农学、法学、史学和文学等方面都有辉煌的成就。不过古罗马文化的成就偏重于应用科学方面，在哲学和基础理论研究方面，则远远落后于古希腊文化。

帝国时期的学校教育制度大体沿袭共和后期的旧制，但也有一些发展和变化。罗马统治者为了有效地控制广大被征服地区的人民，改变了以培养有教养的雄辩家为主的教育目的，而着重培养忠于帝国的官吏和进行文化思想灌输的教师，教育成为巩固帝国统治的工具。此时，帝国建立了一套国家教育管理体系，把一切教育都置于国家监督之下，教师享有一定的特权。在这种情况下，帝国时期的学前教育也变成了一种忠实执行皇帝意志的工具，对不同阶级的儿童灌输不同的思想意识。贵族子弟从小就被培养成自命不凡、好逸恶劳、贪图享受的未来统治者；劳动群众的后代则被训练成唯命是从的帝国顺民。这是西方双轨制教育模式的开端。

公元1世纪，基督教在罗马产生。为了宣传教义，基督教进行了一些教育活动，建立了自己的学校。最早出现的基督教学校是教义问答学校，有初级教义问答学校和高级教义问答学校两种。这时的教义问答学校除学习基督教教义以外，还要学习一些文化科学知识。

# 第三节
# 西欧中世纪和文艺复兴时期的学前教育

公元5世纪,西罗马帝国灭亡后,西欧进入封建社会。西方史学家通常把欧洲5—15世纪称为中世纪,即封建社会时期。中世纪政治、经济和社会生活的特点,决定了教育浓厚的宗教性和明显的等级性。基督教会的宗教观成为维护封建社会形态的精神支柱。教会在思想意识上,大力提倡原罪说及禁欲主义,还公开宣扬蒙昧主义,实行愚民政策,禁止文化教育的传播,禁绝一切独立思考,鼓吹一切认识都来自"神启",一切真理都在《圣经》中。这些思想极大地阻碍了科学文化的发展,造成中世纪早期西欧文明的衰落及普遍的愚昧。中世纪的儿童观也深深打上了这些愚昧思想的烙印。

## 一、教会的学前教育

基督教早在公元1世纪就在罗马帝国统治之下的巴勒斯坦地区出现萌芽。它最初只是饱受压迫与奴役的犹太民族下层民众自发形成的犹太教新宗派中的一个。与当时存在的其他教派相比,基督教宣传的"上帝平等对待世人""信徒因基督的牺牲得救"等说法对生活在经济、政治、智力和道德的总解体时期,充满悲观绝望情绪的罗马帝国民众来说,更具有精神上的安慰和思想的影响力,因此很快传播开来,并于公元4世纪末被正式立为罗马国教。

基督教会在获得了教育的垄断权后,将奥古斯丁提倡的"性恶论"儿童观进一步强化,鼓吹儿童是带着原罪来到人世的,故生来性恶,必须历经苦难,不断赎罪,才能净化灵魂。为了得到未来天堂的幸福,人人应当听从教会训诫,实行禁欲。为此，教会要给刚出世的婴儿施洗礼，严格控制儿童的欲望。由于儿童的本性邪恶，要想使其成为高尚的人，就必须惩罚他们的肉体，压制他们的欲望。基于这样的认识，对儿童的约束与惩戒就成了中世纪教育的重要特征，戒尺、棍棒是中世纪学校不可缺少的工具。

## 二、世俗封建主的学前教育

公元6世纪以后，在西罗马帝国的废墟之上，西欧封建制逐渐发展起来。封建制不仅是一种经济形式，也是一种阶级结构。作为统治者的封建主以国王为最高代表，在分封土地的过程中形成各种等级。在整个中世纪，虽然基督教高级神职人员是封建主阶级的重要组成部分，但教、俗之间还是存在着分野，教权与王权的斗争也一直时隐时现。特别是中世纪中期以后，这种现象十分明显。在文化教育上，公元8世纪以后，随着封建制的发展和王权的巩固，有别于教会学校的、满足世俗封建主需要的教育形式和机构开始出现。

### （一）宫廷学校的教育

宫廷学校是一种设在国王或贵族宫廷中，主要培养王公贵族后代的教育机构。查理曼大帝统治时期是法兰克王国国势最强盛的时期，这位国王一生征战五十余次，使王国的版图西起大西洋，东到易北河、多瑙河，北起北海、波罗的海，南到意大利。然而，法兰克人的文化水平低，管理水平和能力差，这使得查理曼大帝下决心通过发展教育提高法兰克的文化素质。

查理曼大帝于787年发布公告，要求全国的"主教管区与修道院，除了维持修道院生活的秩序、进行神圣的宗教活动外，还应当对靠上帝恩赐能够学习的人，按照他们的才能，热忱地教他们学习识字"[①]。两年后，他又发表补充通告，要求各教区"设立学校，使儿童学习阅读"[②]。为给臣民做出榜样，他不但自己潜心学习，还广揽欧洲知名学者，做自己及子孙后代和朝廷官员们的顾问、教师。其中最著名的是英格兰教士、学者阿尔琴。阿尔琴从小在英格兰最著名的约克郡

①（美）E.P.克伯雷.外国教育史料.武汉：华中师范大学出版社，1990.
②（美）E.P.克伯雷.外国教育史料.武汉：华中师范大学出版社，1990.

主教学校中学习，后来成为这所学校的校长。他于782年应查理曼大帝的邀请，来到法兰克宫廷，协助改进国家的教育工作。他亲自担任法兰克王国宫廷学校校长14年，使这所学校成为欧洲最著名的宫廷学校。

宫廷学校的学习科目和当时的教会学校一样，主要是七艺，教学方法也采用教会学校盛行的问答法。经验丰富的阿尔琴根据法兰克王宫的特殊需要，编写了很多问答体的教材，让学生记诵。在记诵这些问答时，学生就掌握了有关宗教、自然和社会的各种知识。

宫廷学校主要培养封建统治阶级所需要的官吏，由于中世纪早期欧洲社会的教、俗封建主往往两者合一，世俗官吏教育自然也具有浓厚的宗教色彩。阿尔琴在长期主持法兰克王国宫廷学校以后，又转到图尔的圣马丁修道院学校工作。他在这两所性质不同的学校里，基本上采用了相同的教育形式和方法，这说明早期宫廷学校与教会学校有密切联系。

### （二）骑士的早期教育

骑士教育是西欧封建社会的一种特殊教育形式，它与等级鲜明的封建制结构相适应。这一时期的欧洲封建国家的最高统治者是国王，其下是有爵位的贵族，最低一级的贵族是骑士。他们一般是贵族家庭中的次子，不能继承家庭的封地和爵位，只拥有很少的土地和农民，主要靠替国王和大贵族打仗获得分封和奖赏。骑士制度最盛行的时期是十字军东征的11、12世纪。

骑士教育的实施分为三个阶段。从出生到七八岁，为家庭教育阶段。儿童在家庭中接受母亲的教育，主要内容是宗教知识、道德教育和身体的养护与锻炼。七八岁以后，进入礼文教育阶段，贵族家庭按自身等级将儿子送入高一级贵族的家中充当侍童，侍奉主人和贵妇。通过在贵族家庭中与主人的朝夕相处，学习上流社会的礼节和行为规范。这种教育有时也包括一些知识内容，如识字、拉丁文法等，但更多的是吟诗、奕棋、唱歌、奏乐等技艺。在此阶段，贵族子弟也开始学习赛跑、角力、骑马、游泳和击剑，以便成为身体强壮、能征善战的武士。这样的训练一直持续到14岁。14岁至21岁为侍从教育阶段，重点是学习“骑士七技”，即骑马、游泳、投枪、击剑、打猎、弈棋和吟诗，同时要侍奉领主和贵妇。这一阶段如发生征战，侍从要以生命保护主人和主妇。贵族子弟在这种教育过程中，年满21岁时要通过授职典礼，正式获得骑士称号。授职典礼非常隆重，内容很多，通常先举行宗教仪式，候选骑士在洁身斋戒以后，着礼服去教堂，接受牧师的祈祷和祝福，然后进行宣誓。誓词内容包括服从教会、保卫领土和邦国，愿为主人洒尽最后一滴血等。宗教仪式之后，还要跪受领主的祝福。领主以刀拍其左肩，祝其勇猛，拍其右肩，祝其果敢；再用刀指其头顶，命其忠心不二。礼毕，接受骑士的象征物——剑或其他武器，正式成为骑士。

## 三、文艺复兴时期的学前教育

文艺复兴运动是公元14世纪到17世纪，欧洲在意识形态领域里向封建主义和神学体系发动的一场伟大的文化革命运动。文艺复兴创造了欧洲继古希腊、古罗马文化繁荣之后的第二个文化高峰，推动了教育领域内的深刻变革。文艺复兴孕育于中世纪文明之中，发生在封建制度渐趋瓦解、资本主义生产方式萌芽之时，它以人文主义为对抗宗教神学的思想武器，促进了艺术、文学、建筑、宗教、自然科学及社会生活诸领域的变革，人文主义新教育也应运而生。

文艺复兴源于文学艺术的繁荣，本意为再生，即古希腊、古罗马文化的复活与复兴。然而，它并非古代文化艺术的简单复活，而是在新的历史条件下对古典文化的重新考证与解释，其历史意义正如意大利学者安东尼·马森所说："经过文艺复兴，整个欧洲仿佛获得了新生——复兴。"[①]

1859年，乔治·伏伊格特首次将人文主义用于文艺复兴，将与古典学问复活相关的新态度和新信念称为文艺复兴时期的人文主义。人文主义对立于中世纪的基督教和经院哲学，以人为中心，以人学、人性、人权反对神学、神性和神权，并肯定追求现世幸福和乐观进取的奋斗精神。其主要特征为：第一，歌颂人的价值和尊严，反对中世纪教会视人为上帝渺小的创造物、人须服从神、神的权威至高无上等谬论；主张发挥人的聪明才智与创造潜质，宣扬奋发有为，反对消极被动的人生态度。第二，倡导理性与智慧，宣扬个性解放与思想自由，反对绝对信仰

①(意)安东尼·马森. 卫平，穆兰译. 文艺复兴时期. 济南:明天出版社，2005: 5.

与盲目服从教会、教义和教规。第三，肯定现世生活，主张人应遵循自然本性，追求世俗享乐与现世幸福。第四，反对空洞无物的经院哲学和虚伪造作的文学形式，反对科学研究中的唯心主义先验论，强调关注人学与批判、客观的治学精神。

人文主义主要宣扬资产阶级的个人主义和人性观，“对于人类尊严的歌颂，并不意味着反对宗教”①。然而，作为思想解放的一面旗帜，它“通过新的思维方式和方法，对自然科学和普遍的现实问题产生了影响”②。这成为人文主义教育的精神内核。

虽然不同时期、不同国度的人文主义教育有着不同的内容与表现形式，但皆因秉承了人文主义的一般要求而肯定教育对人的促进作用，并在教育目的、对象、内容、原则和方法等方面表现出很多共性。

在教育目的上，新兴资产阶级不再需要僧侣和教会神职人员，而是需要积极参与社会活动的实干家甚至冒险家，希望培养性格完满、身体强健、朝气蓬勃、勇于进取的一代新人。因此，人文主义教育家以古希腊身心和谐发展的教育理想为蓝本，提出教育就是要发展儿童个性，培养全知全能、身心及道德和谐发展的人。15世纪意大利新建的学校曾这样描述教育目的：“教育者是塑造儿童个性的人。个性不是预先强加的……它是仁慈与完满，是与全人类相关的，为掌握所有技能提供可能。”③

在教育对象上，为满足新兴资产阶级的政治斗争与经济发展的需要，人文主义教育家通过开办新式学校扩大了受教育者的范围，基本打破了只有封建贵族和教会僧侣子弟才能享受教育的局面。如城市学校招收更多普通市民阶层的子女，有些宫廷学校的创办者除教育贵族子弟外，也招收贫民子女。意大利人文主义教育家维多里诺就曾在自家组织班级，教育优秀的贫苦学生。当然，由于人文主义教育以培养绅士、君主或朝臣为目的，“事实上，真正能够享受人文主义教育

---

①(英)G.R.波特.中国社会科学院世界历史研究所译.新编剑桥世界近代史·文艺复兴.北京:中国社会科学出版社,1988.

②(意)加林.李玉成译.意大利人文主义.北京:三联书店,1998.

③Robert Black. *Humanism and Education in Medieval and Renaissance Italy: Tradition and Innovation in Latin schools from the Twelfth to the Fifteenth century*. Cambridge: Cambridge University Press, 2001.

的是那些君主、显贵和富裕市民的子女"[①]。多数穷人的孩子被拒于人文主义学校之外。

在教育内容上，人文主义教育增加了多方面的教育内容，扩大了学科范围。人文主义教育家主张德、智、体全面发展。智育上，在重视古典人文学科的同时开始吸纳自然学科内容，并扩展传统"七艺"的教育内容，增加到11门学科，改变了对神学的依附地位，新增了历史和道德哲学，将文法分为文法、文学和历史，几何学分为几何、地理学，天文学分为天文学、力学。德育上，在偏重爱国、勇敢、勤勉、荣誉心等世俗道德品质养成的同时，仍把培养宗教虔诚作为基本内容之一。体育上，采用各种锻炼身体的制度和方法。

在教育原则与方法上，人文主义教育注重方法创新，反对旧教育盛行的体罚、机械学习及对儿童个性的压制，提倡尊重儿童兴趣与个性差异，通过活动、游戏、会话、探究与讨论、启发诱导、直观和实物等教学方法，激发儿童学习的主动性。人文主义教育还注重建立和谐民主的师生关系，营造宽松和谐的学习氛围。如维多里诺在其宫廷学校"快乐之家"中以仁爱保持师生间的友好关系，通过游戏和各种娱乐活动锻炼学生的实践能力。

不难看出，人文主义教育具有以下特征：第一，人本主义。不管是培养目标对个性全面发展的追求，还是教育方法对儿童天性的尊重，都体现出对人的力量、价值与潜能的充分肯定。第二，古典主义。人文主义教育借鉴了古希腊的教育理想，在课程设置上具有明显的复古性质，虽然带有"托古改制"的意蕴，但其古典色彩依然浓厚，多数人文主义者"都坚信古典文化会使人温文尔雅，能使人更充分地发挥其潜能"[②]。第三，世俗性。人文主义教育关注今生，主张为现世生活服务，在德育、智育等方面充斥着浓厚的世俗精神。第四，宗教性。人文主义与封建神权体系对立，但因这一时期的人文主义教育家几乎都信仰上帝，其真实愿望并非消灭宗教，而是以人文精神改革宗教，使之更富人性化色彩，因此都保留了宗教教育的内容。第五，贵族性。人文主义教育以培养上层市民阶层、君主、绅士或朝臣为主，主要服务于上层社会子弟。以上特征恰恰反映了在新旧教育转型的过渡时期，人文主义教育进步与落后并存的双重属性。

---

①陈曦文.基督教与中世纪西欧社会.北京:中国青年出版社,1999.

②王挺之等.新世纪的曙光:文艺复兴.北京:中国青年出版社,1999.

## 【小结】

从原始社会到西欧中世纪，古代学前教育经历了缓慢的发展过程。从原始社会学前家庭教育的萌芽，到古代东方学前教育的初创，再到古希腊、古罗马学前教育的发展，人类不断实践着自己的学前教育理想，探索着实施学前教育的不同方式，为后世西方学前教育的发展留下了宝贵的经验。古代学前教育的发展伴随着人类社会的进程走过了坎坷的里程。

### 思考与练习

1. 简述古代东方国家的学前教育发展状况。
2. 比较斯巴达与雅典学前教育的不同之处。
3. 评述西欧中世纪的学前教育。

参考答案

# 第7章

# 古代学前教育思想

在幼儿的生活世界中，由于幼儿个体间有着相同的年龄、共同的兴趣和一致的愿望，往往容易形成广泛的交互群体。但是，在幼儿与成人之间则不易建立这种关系，因为幼儿与成人在认知水平、思维方式和知识经验上有着很大的差距。通过理解和掌握古代学前教育家的生平、实践及幼儿教育思想等，不仅能丰富我们的专业知识面，还能使我们形成科学的儿童观，更能引导我们学会从各个不同维度思考问题，培养反思意识和批判精神，进而提高我们的岗位适应能力。

## 【学习目标】

1. 理解和掌握柏拉图的学前教育思想；
2. 理解和掌握亚里士多德的学前教育思想；
3. 理解和掌握昆体良的儿童早期教育思想；
4. 理解和掌握夸美纽斯的母育思想。

## 【学习重难点】

1. 重点掌握柏拉图的学前教育阶段的划分理论和亚里士多德的体、德、智、美和谐发展的教育思想；

2. 重点掌握昆体良的家庭教育和夸美纽斯的学前教育思想。

## 【知识结构图】

- 古代学前教育思想
  - 柏拉图⇒
    - 论学前教育的意义和任务
    - 论学前教育阶段的划分
    - 论学前教育的内容及材料选择
    - 论儿童道德教育
  - 亚里士多德⇒
    - 论教育的本质和目的
    - 论体、德、智、美和谐发展的教育
    - 论教育的年龄分期与教育程序
    - 论学前儿童的保育和教育
  - 昆体良⇒
    - 论教育的作用及人的天性与教育的关系
    - 论家庭教育和儿童的早期教育
    - 论教师和教学原则
    - 论体罚
  - 夸美纽斯⇒
    - 论教育适应自然的主导原则
    - 论儿童观和幼儿教育的重要性
    - 论母育
    - 论学前儿童的游戏及玩具
    - 论进入公共学校的准备

# 第一节
# 柏拉图的学前教育思想

柏拉图(前427—前347)是古希腊著名的哲学家,出生于雅典一个没落贵族家庭。青少年时期曾学习文学、音乐和绘画,创作了大量文学作品。20岁后跟随著名的哲学家苏格拉底学习。公元前387年,他在雅典创办阿加德米学园(柏拉图学园)收徒讲学,培养了包括亚里士多德等一大批学生。其代表作是《理想国》。他的教育思想主要反映在《理想国》一书中,在此书中,他构筑了一个从优生、优育到成人教育的系统教育体系,幼儿教育是其中的重要组成部分。

## 一、学前教育思想概述

### (一)论学前教育的意义和任务

柏拉图是最早提出学前儿童教育问题的教育家,他认为儿童应该从出生就开始接受教育,因为"凡事开头最重要"①。关于学前教育的任务,柏拉图认为应着重于道德行为的熏陶,以形成良好的品质。柏拉图认为,幼儿的心理犹如白纸,今后的所见所闻将会成为白纸上的文字、颜料,所以身边人对儿童的影响极为重要。孩子的模仿能力极强,近朱者赤,近墨者黑,所以要引导儿童去模仿那些英雄人物的言行举止,以此来熏陶孩子的道德;而那些不好的恶意的东西,要禁止儿童模仿。一个人如果能知善,肯定会行善;如果能知恶,必然会避恶。我们应当从小对幼儿进行良好的教育,教他们懂得世间的善与恶,做到知善行善,知恶避恶。

①陈文华.中外学前教育史.北京:科学出版社.2012:144.

### (二)论学前教育阶段的划分

柏拉图重视早期教育,他在《理想国》中制定了一个从出生到50岁之前的长期教育计划,并且按照年龄阶段进行划分。他认为7岁之前是人生的奠基阶段,对于7岁前的学前儿童,柏拉图根据儿童公育制度作了划分,包括两个阶段。

第一阶段:0—3岁。柏拉图提倡早期教育,认为教育得越早越好。在“儿童属于国家”的观念下,他提出儿童从一出生就应该交给国家特设的育儿机构养育,并且接受统一的教育和照料。生活起居由专门的女仆照料,要给孩子以有利的生活环境和生活质量。教育上,由国家最优秀的公民实施监督和教育。

第二阶段:3—6岁。儿童满3岁以后,要集中到附设在神庙里的国家儿童场里去,由国家选派的公民监督教育,饮食由女仆负责。在这一阶段,柏拉图重视儿童游戏的教育,利用游戏来对儿童进行德、智、美的培养。柏拉图还认为,儿童的本性需要游戏,同时,他们的性格比较任性,特别需要教育者用正确的方法加以引导。教育者也应当掌握分寸,不可损伤了他们的自信心。

### (三)论学前教育的内容及材料的选择

柏拉图认为,和谐的教育应当是用体操来训练身体,用音乐来陶冶心灵。柏拉图认为,一生专门从事体育运动而忽略音乐文艺对心灵的影响的人,往往变得野蛮残暴;反之,又不免过度软弱柔顺。理想国未来的护卫者需要两种品质兼而有之,彼此和谐。由于音乐和体育能使人的智力和激情这两部分张弛得宜,配合得当,达到和谐,故应予以重视。

为使儿童从小就通过教育而达到和谐发展,柏拉图为儿童安排了广泛的教育内容,包括故事、游戏、音乐等。

柏拉图认为,3—7岁儿童的本性是喜欢做游戏的,但游戏不仅仅是玩耍和娱乐,同时也是一种道德教育过程。为此,应该选派有经验的人去组织管理。他建议游戏活动要尽量做到适合儿童的年龄特点,简单、易行,自然也要有一定的规则和秩序,防止出现违反纪律的现象,通过游戏来逐渐培养孩子勇敢、聪慧、严肃和守法的性格。总之,游戏的内容和方法必须符合法律的精神,有利国家的安定。他强调,孩子必须参加符合法律精神的正当游戏。因为,如果游戏是不符合法律的游戏,孩子们也会成为违反法律的孩子,他们就不可能成为品行端正的守法公民了。柏拉图关于游戏的见解表现了一种自相矛盾的心态:他一方面认为儿童游戏很重要,另一方面又给儿童限定同样的玩具和同样的游戏方式,外加种种纪律限制，使他的儿童观蒙上了一层阴影。

对儿童讲述的故事应慎重选择。柏拉图要求政府对创作故事的人及其作品进行严格审查。审查的标准“以不慢神为第一义”，凡描写天神之间钩心斗角，相互倾轧、妒忌、说谎等等的故事，一律删去。而那些描述智慧、勇敢、友善的故事，则应列在目录上，劝导母亲和保姆们讲给孩子们听，以陶冶他们的心灵，培养良好的道德品质。他说：“我们应该尽量使孩子们开始听到的一些故事必定是有道德影响的最好一课”，因为“在那个年龄深入于心的一切意见，最容易看出是不容易磨灭和不容易改变的。”①

音乐教育含义较广，包含智育和美育。这就是说，既要学习读、写、算的初步文化知识，也要学习唱歌、演奏弦琴、朗诵诗歌。柏拉图极为重视狭义的音乐教育，因为“节奏和和声最能深入人心，留下深刻的影响，带来优美的一切”②。而庄严的乐曲、协和的旋律，能使人的精神和谐、性情温和、举止有节、仪态优美、心灵得到陶冶。体育以体操、角力、骑马、射箭等训练项目为主，借以强壮身体。

### （四）论儿童的道德教育

柏拉图继承并发展了他的老师苏格拉底“德行可教”的观点，认为幼儿教育的主要任务，应着重于道德行为的熏陶，以形成其良好的品质。他认为，在教育的初期，通过行动或实践来培养良好的习惯是特别重要的，做好事能养成美德，做丑事能养成邪恶。柏拉图重视对幼儿的教育，幼儿是人生道德发展的基础阶段，传统的美德故事历来是人们进行道德启蒙教育的蓝本，是人们学习的楷模，用美德故事对幼儿进行道德教育，既能陶冶情操，又为幼儿学习提供好的榜样。但要严格选择寓言、诗歌、文学的内容，把那些振奋精神、鼓舞斗志、积极向上的作品献给孩子们，同时要严厉取缔那些战争暴虐、神怪离奇、死难恐怖和贪赃枉法的题材。因为儿童具有善于模仿这一天性，在幼年时期若耳濡目染了反面题材，就会变成残暴、凶狠、自私、胆怯或狂妄的人。相反，如果从小就让他们模仿那些忠诚、勇敢、虔诚、节制的英雄、伟人的言行，就可以成为习惯。这是因为一个人从小所受的教育把他往哪里引导，就能决定他后来往哪里走。柏拉图一再告诫人们，早年接受的见解总是根深蒂固、不容易更改的，所以，必须谨慎地进行幼儿道德教育。

---

①张焕庭.西方资产阶级教育论著选.北京：人民教育出版社，1964:502.

②郑晓沧译.柏拉图论教育.北京：人民教育出版社，2014:3-57.

## 二、评价及启示

每个孩子都是一个独立的个体，他们的发展都是有阶段性的，因此，我们应该注重孩子在每一个阶段的发展需求，从而爱护和培养他，尤其是在早期的学前教育中。

柏拉图特别强调早期教育的重要性，他认为人的初始教育是十分重要的，应当尽量早地开展对儿童的教育。他说：“凡事开头最重要，特别是生物。在幼小柔嫩的阶段，最容易受陶冶，你要把它塑成什么形式，就能塑成什么形式。”[①]这种说法，似乎得到了当今社会的认同。我们现在都认为一个人从小受教育的方向，往往能影响他以后发展的方向，甚至也能决定他将来的目标方向。

柏拉图认为儿童早期教育应该从胎教开始。在《理想国》中他就提到，国家中的女性在怀孕期间应该对胎儿进行胎教，让孩子可以更早地发展。他认为，儿童幼年时期所接触到的事物对他有着永久的影响，教学过程要通过具体事物的感性启发，引起孩子的回忆，经过反省和思维，再现出灵魂中固有的理念知识，这与今天的教育思想有相通之处。

①胡金平，周采．中外学前教育史．北京：高等教育出版社，2011.

# 第二节
# 亚里士多德的学前教育思想

亚里士多德（前384—前322），古希腊著名的哲学家、教育家，代表作品有《工具论》《物理学》《形而上学》《伦理学》《政治学》，属于亚里士多德学派，主要研究领域有哲学、政治、科学等。其教育思想散见于《政治学》和《伦理学》中。

## 一、学前教育思想概述

### （一）论教育的本质和目的

#### 1. 论教育的本质

柏拉图认为，人的灵魂（心理）有三个部分：理性部分、意志部分和情感部分。亚里士多德发展了柏拉图这方面的思想，认为人的灵魂和肉体是互不可分地存在着的，就像形式和质料一样。灵是人的生命力或生命的本能，魂是指人的思想或情感的层面。

灵魂不能离开肉体而存在，就如没有钢琴就没有琴音，没有棉花就没有棉被。亚里士多德提出，人的灵魂由三部分组成："植物部分，即身体的生理部分；动物部分，指本能、欲望和情感；理性部分，即真正的人性部分。"[①]根据上述理论，亚里士多德主张相应地进行三种教育：体育、德育和智育，三者是相互联系的。

灵魂学说认为，教育的本质是促进人类生命的健康成长，身体的骨骼得到舒张，拥有健康的体魄；在拥有健康身体的基础之上，学习知识和感受生活的美好，提高自我的修养；在储备渊博的知识后，运用知识造福社会和国家，使国家的实

①刘崇明．学前教育史．上海：上海交通大学出版社，2015：149．

力增强和公民素质提高。

亚里士多德将学前教育分为两个阶段：0—5岁为前期，5—7岁为后期。他认为前期应顺应自然，以儿童的身体发育为主；后期应以习惯的培养为主。

前期的教育本质是：要给儿童足够的营养，并通过游戏的方式让儿童进行身体活动，让儿童的身体得到有效的发展，同时让儿童循序渐进地进行忍受寒冷的锻炼。

后期的教育本质是：习惯是需要培养的，要让儿童养成良好的行为习惯，并渐渐地成为自然。例如，只有通过每日早起晨读，才会培养出流利的口语。要注重环境的影响，父母要做好榜样，培养儿童良好的行为习惯，经常引导儿童锻炼身体，增强儿童的灵活度。

### 2. 论教育的目的

第一，亚里士多德把理性的发展看作教育的最终目的，主张国家应对奴隶主子弟进行公共教育。他将教育视为一种艺术，一种实践活动，提出通过"智育、德育、体育"三部分的教育，使人得到和谐发展。根据他对儿童身心发展特点的观察，亚里士多德在教育史上第一个做出了关于儿童生长发育年龄分期的尝试，并探讨了各个年龄阶段教育的具体要求、组织、内容以及方法。

第二，亚里士多德认为教育的目的是为了让人变得杰出，拥有德性。心灵是人类认知和理性思维的力量之所在，它使人们能够概括这个世界及其功能。它也能使人们熟练掌握政治、社会、经济等活动所需要的实用技巧。在发展理性的同时，教育也发挥着塑造人类道德品质的功能。

第三，亚里士多德强调教育是以人的身心自由发展（人身体和思想的自由）为目的。身心的自由与理性的发展是相互结合的，这个观点也符合现代教育发展的需要。

## （二）论体、德、智、美和谐发展的教育

### 1. 体育

亚里士多德认为，在儿童教育中，"我们必须首先训练其身体"。在他看来，对儿童进行体育锻炼的目的是培养儿童具有强健的体魄和勇敢的精神。对此，他提出："立法者应从考虑如何使他教养的儿童的体格能以充分强健开始"[①]，全面安排他们的生活、教育和训练。他主张让少年就学于体育教师和竞技教师，体育教师将培养他们身体所应有的正常习惯，竞技教师将授以各项角赛的技能。

①（古希腊）亚里士多德著，吴寿彭译．政治学．北京：商务印书馆，2014.

由于亚里士多德要求公民勇于参战并具有作战能力，而在征战中，得胜的应该是有高尚胸怀的人，只有真正勇敢的人们才能正视危难而毫不畏缩。为了培养这样的品格，亚里士多德倡导对儿童进行体操训练。他认为体操训练能培养人们的勇敢精神。他又提出，儿童的体育锻炼要与他们的身体相适应，过度的和不足的锻炼都会毁坏体力，损害儿童的身体健康。

### 2. 德育

亚里士多德在《政治学》中也论述了道德教育问题。他认为，为了把城邦治理好，必须"引导公民纳入行善的良轨"。他指出，习惯和理性是人们具有"善德"的根基。人们由于具有自然的天赋而能接纳社会美德，同时，人们良好的生活习惯及行为举止会使美德日趋完善。

亚里士多德认为人有三种性格，即过度、不足和中间。他说："事物有过度、不足和中间。德行的本性就是恰得其中间。""中间"是有理性的人追求的目标。例如，在鲁莽和怯懦之间是勇敢，在放纵和冷漠之间是节制。

在道德教育中，亚里士多德强调必须重视培养学生的习惯。因为人的德行是"生于人的习惯"的。他强调："在教育儿童时，我们当然应该把功夫用在他们的习惯方面。"[①]为了培养儿童具有良好的习惯，他主张用道德练习的方法。在他看来，只要熏染日久，德行就会逐渐成为第二天性。因为我们做公正的事情，才能成为公正的人；进行节制，才能成为节制的人；有勇敢的表现，才能成为勇敢的人。他还特别重视"躬行实践"的问题。他认为，一个人有识不一定就有德，因此，"验人德行，须察其行事"。显然，儿童在日常生活中"躬行实践"是十分重要的。

### 3. 智育

亚里士多德在《政治学》中也讨论了儿童的智力教育问题。他强调"求知是人类的本性"。他认为对儿童进行智力教育的目的在于："让儿童掌握真理，发展思维能力并培养他们的善行"，并且"应该让儿童学习基础科目即读写、体操和音乐"[②]。至于儿童如何掌握知识，他强调感知与直观在人的认识中的作用。而在感知的基础上，他要求人们掌握理性知识，只有这样才能了解事物的本质。亚里士多德对如何传授知识提出了自己的看法，他认为一个教育者必须掌握理性知识与技术。

---

①华东师范大学教育系等编．西方古代教育论著选．北京：人民教育出版社，2001.

②(古希腊)亚里士多德著，吴寿彭译．政治学．北京：商务印书馆，2014.

### 4. 美育

亚里士多德在《政治学》中还论述了美育问题，认为美育是对儿童进行和谐发展的教育的重要组成部分。[①]

在他看来，学校美育的基本任务是培养儿童具有审美能力和审美的创造精神。亚里士多德把学校教育的四种学科（阅读和书写、体育、音乐、绘画）分为两类：一类是有用的学科，即“实用之学”；另一类是文雅的学科，音乐就属于文雅的学科。亚里士多德特别重视音乐，他认为让儿童学习音乐，可以净化他们的心灵，可以使他们得到享受，同时也可以影响他们的情感和性格。因此，他提出对音乐教材要加以选择。

综上所述，亚里士多德所阐明的体、智、德、美和谐发展的教育，不仅是古希腊教育经验的总结，而且表达了希腊人培养全面发展的人的理想。

## （三）论教育的年龄分期与教育程序

亚里士多德是最早提出并要求教育顺应人的自然发展原则的人。他根据人的身心发展规律提出了循序渐进的教育程序，并提出了教育应根据儿童的自然发展顺序来确定教育年龄分期。

第一阶段：0—7岁属于家庭教育期，这一时期是儿童身体发展的关键期，重点在于引导儿童做些适合肢体发展的活动。这一时期又分为两个阶段[②]：

0—5岁的教育为前期。在前期阶段，教育应该顺应自然。要特别重视对婴儿的抚育，因为这对以后的体育有很大影响，要多吃“含乳分多的食物”。他指出儿童必须由母乳哺育，要逐步锻炼儿童的体格。在这一时期不应该给儿童施加任何课程学习的压力，以免妨碍其正常发展。要通过游戏多进行身体活动，注意保护幼儿脆弱的身体，避免骨骼弯曲，同时，还要让儿童循序渐进地进行忍受寒冷的锻炼并形成习惯。

5—7岁的教育为后期，这一时期应以良好习惯的培养为主。他认为儿童的道德品质由三个因素构成：自然（天性）、习惯与理智。他把重点放在习惯的形成上面，因为习惯的形成主要通过行动。例如，只有通过勇敢行动的反复练习，才能培养出勇敢的道德品质。[③]培养良好的习惯还要注意防止环境中的不良影响。此外，还应教育幼儿，使他们能够以正当的快乐为自己的快乐，以正当的痛

①（古希腊）亚里士多德著，吴寿彭译.政治学.北京：商务印书馆，2014.

②刘崇明.学前教育史.上海：上海交通大学出版社，2015.

③杨汉麟.外国幼儿教育史.北京：人民教育出版社，2010.

苦为自己的痛苦。如果养成蔑视可怕事物、在它们面前不退缩的习惯,就能变成坚定勇敢的人。这一时期的儿童可以开始进行适当的课业学习,但要注意不应使学习负担过重,以免妨碍身体发育,并仍应有充分的活动,以免肢体不灵活。除游戏活动外,也要多听神话故事,但要慎选故事材料。

第二阶段:7—14岁属于初等教育阶段。他认为应把儿童送入国家办的学校学习,这一时期也要发展人的非理性灵魂,所以此阶段的教育应以情感道德的培养为主,接受和谐教育。教育的主要内容为阅读、书写、体育锻炼、音乐和绘画,学这些科目的目的是促进儿童身心的和谐发展。例如:音乐和绘画让儿童学会善于利用闲暇时间;体育锻炼则能培养健康的体魄和勇气。

第三阶段:14—21岁属于中高级教育阶段。教育以智育为主,主要任务是发展青年的理性灵魂。他认为教育的主要内容是哲学、物理、文学、政治学等课程。这些课程能使学生的理性灵魂得到发展,实现教育的最高目标。

### (四)论学前儿童的保育和教育

#### 1. 胎教

(1)关于孕妇的养护。亚里士多德指出:“孕妇要注意自己的身体;进行经常的操练,摄取富于滋养的饮食。立法家可以规定孕妇们每日须到专司育儿的女神坛庙进香一次,养成她们经常运动的习惯。但思想不同于身体,孕妇应避免劳神苦思,要保持安静的情绪;因为胎婴在妊娠期间恰好好像植物对于土壤那样,显然要从母体吸收其生长所需的物质的。”[①]

(2)关于婴儿的哺育。亚里士多德主张:“新生的婴儿应该悉予哺养,抑或有些可以暴弃?这当然可以订立法规,凡属畸形与残废的婴儿禁止哺养。另一方面,在社会风俗不愿意无限制地增殖的各城邦中,应该有相反的法规,禁止各家为减少人口而暴弃婴儿至于死亡。各家繁殖的子嗣应有一定的限数,倘使新娠的胎婴已经超过这个限数,正当的解决方法应在胚胎尚无感觉和生命之前,实施人工流产(堕胎)。堕胎的或不渎神(不悖伦)或为渎神(悖伦)当以感觉和生命之尚未显现或业已存在为判别。”[②]在这里,亚里士多德提出的为幼儿哺养制定法规的思想值得注意。婴儿的出生确实存在畸形和残疾等问题,也存在由于风俗习惯的影响而随意处置婴儿的现象。为了制止这些随意的行为,进行一定的规范是必要的。从亚里士多德的观点可以看出,当时的雅典在规范幼儿养育方面

①郭法奇.外国学前教育史.北京:北京大学出版社,2015.

②郭法奇.外国学前教育史.北京:北京大学出版社,2015.

已经考虑到法律的作用。当然，这种考虑更多的是从成人社会的需要出发，还没有注意到儿童生命的重要。

亚里士多德的胎教思想受益于柏拉图的影响和他自己的经验。对此问题能提出类似优生、优育、胎儿保健和计划生育的见解是难能可贵的。当然他也存在武断与不妥之处，例如他认为结婚年龄应该女为18岁，男为37岁；而智力旺盛之年均在50岁左右，这些显然是不科学的。

### 2. 婴幼儿的体质训练

婴幼儿阶段的教育应顺其自然，以孩子的身体发育为主。亚里士多德主张对新生儿进行严格的体检，国家要制定一种法律，只允许健壮的婴儿得以抚养，而不许养活畸形残疾儿童。①幼儿出生以后的抚育方法对其体力发展有直接的影响，对此，亚里士多德要求人们给予幼儿良好的营养和适当的锻炼。

关于儿童的营养问题，亚里士多德提出了许多重要的建议。他说："无论从动物界方面来看或鉴于那些力求其子嗣体魄强壮而健斗的野蛮民族所施行的实例，都是明确的，乳类最适宜于儿童身体的发育。如欲免于疾病，应戒儿童饮酒以愈少为愈好。及时诱导孩儿做适宜于他们肢体的各种活动是有益的。"②同时，他也指出："让婴孩尽早训练成耐寒的习惯也是有益的；这种习性既可以促进健康，也可作为长大后征入军役的先期锻炼。……凡在儿童身上可能培养的习惯，都应及早开始，然后渐渐加强这些训练。儿童的体质富于内热，自然适于耐寒训练。"③

亚里士多德认为，婴儿期的保育主要是身心的教育，不可进行功课学习和劳作活动。如果要进行活动，也要有利于幼儿身体。他说："从婴儿期末到五岁的儿童期内，为避免对他们的身心发育有所妨碍，不可教他们任何功课，或从事任何强迫的劳作。但在这个阶段，也要进行某些活动，使他们的肢体不致呆滞或跛弱；这些活动应该安排成游戏或其他的娱乐方式。"④

关于儿童的游戏，亚里士多德提出的一些要求与柏拉图有相似的地方，如游戏与成人的关系；但是也有不同的地方，如关于是否应禁止儿童号哭。他认为："儿童游戏要既不流于卑鄙，又不致劳累，也不内含柔靡的情调。……有些人企图在他们的礼法中禁止孩儿放声号哭，这是不正确的。孩儿的号哭有如成年人

①王莉娅，麦少美．中外学前教育史．北京：高等教育出版社，2012.

②(古希腊)亚里士多德著，吴寿彭译．政治学．北京：商务印书馆，2009.

③(古希腊)亚里士多德著，吴寿彭译．政治学．北京：商务印书馆，2009.

④(古希腊)亚里士多德著，吴寿彭译．政治学．北京：商务印书馆，2009.

的摒气蓄力那样扩张肺部，确实有助于儿童的发育。”①

### 3. 儿童良好习惯的养成

儿童5岁至7岁的教育，按亚里士多德的观点，应以良好习惯的养成为主要任务。他认为这一时期的家庭环境对儿童性格的形成至关重要，有要特别防止对他们造成不良影响。他指出，在7岁以前，儿童必须住在家里，所以可能从他们所见所闻沾染到下流习气。没有哪件事比取缔不洁语言更应被注意，因为可耻的语言会轻易出口，导致可耻的行为。同样，也不要让他们看到不好的图画或戏剧。凡能导致邪念和恶毒性情的各种表演都应慎防，勿令耳濡目染。

那么，良好的习惯怎样培养呢？亚里士多德认为，决定儿童道德品质的有三个因素：一是天性，二是习惯，三是理智。其中习惯是最重要的。②良好习惯的培养，就是在日常言行中，让他们遇到美好的东西，经常接触好人好事，并让他们身体力行，反复练习。久而久之，良好的道德品质也就自然形成了。“习惯成自然”这句谚语，在西方即源于亚里士多德。

## 二、评价及启示

在西方教育思想发展史上，亚里士多德占有极为重要的地位。他以丰富的哲学、伦理学和政治学为基础提出的教育理论，是西方教育史上继柏拉图之后出现的又一个重要的思想体系，也是西方教育思想发展的一个重要阶段。他在西方教育史上第一次从理论上论证了身心和谐发展的问题。他提出与三部分灵魂相适应的三种教育，即发展植物灵魂的体育、发展动物灵魂的德育和发展理性灵魂的智育。他把肉体当作灵魂活动的必要条件，认为它们之间是质料与形式的关系，提出了“白板说”。这个思想是古希腊教育史上的一个重要突破。它奠定了后来依据年龄实施分期教育的认识论基础，体现了科学的教育方法以及因材施教的理念。亚里士多德作为古希腊最伟大的教育家，其教育思想丰富，教育理论影响深远。他的教育观念不仅对西方教育有着重要影响，也对我国教育的发展有很重要的借鉴价值。

---

①(古希腊)亚里士多德著，吴寿彭译．政治学．北京：商务印书馆，2009.

②王莉娅，麦少美．中外学前教育史．北京：高等教育出版社，2012.

# 第三节
# 昆体良的学前教育思想

昆体良（约35—约100）是公元1世纪罗马最有成就的教育家。公元70年被任命为一所国立拉丁语修辞学校的主持人，退休后专门从事著述。经过两年多的努力，写成了《雄辩术原理》。这部著作既是他自己教育教学工作经验的总结，又是古希腊、罗马教育经验的集大成者，是古代西方第一部系统的教学方法论著作，不仅反映了罗马学校教育的实际，而且系统地阐述了关于培养演说家的教育思想。

## 一、学前教育思想概述

昆体良非常重视幼儿教育。他认为，幼儿教育可以在德行和知识方面为雄辩家的培养打下初步基础。幼儿教育是在家庭里进行的，父母、保姆、家庭教师都是幼儿的教育者。他强调保姆必须是一个具有良好的品德和说话准确的人，因为她的一言一行都会影响幼儿。

### （一）论教育的作用及人的天性与教育的关系

#### 1. 教育的作用

昆体良说："天生畸形因而愚鲁不可教的人是很少很少的。"[①]一般的人都可接受教育，但人的心性各异，要有针对性地进行教育，就要了解和研究儿童的心性。昆体良认为，人的秉赋不同，教育的方法也应不同。例如有的孩子懒惰，就

①刘新科.外国教育史.武汉：武汉大学出版社，2012.

应管教他，而有的孩子受到约束就发火；恐吓能约束某些孩子，但另一些孩子却因此而丧失勇气。他对那些有好胜心的孩子抱有特别的期望，这种孩子一遇到失败就哭，教育时应采取激励和鼓舞的措施；同时，利用责备和荣誉等手段去激发他的雄心壮志，使他向优异者看齐。最令人担心的是那些对任何事情都漠不关心的孩子，对这样的孩子不可抱过多的期望。总之，教育者要研究儿童的天赋倾向、才能，根据其倾向和才能进行教学，即因材施教。此外，教师应了解学生的才能和倾向，帮助他们选择最适合自己天分的学科去研究。例如，有的适合作诗，有的则适合研究法律等。虽然人人都可以受教育，但存在智力上的差别，教学中应区别对待。在教育中，必须遵循年龄的特点，据此分配给学生恰当的学习任务，不能让儿童负担过重。在重视儿童的天赋差异的同时，也应重视教育的作用。教育适应儿童的自然天性，是为了更好地发挥教育的作用，使学生的才能得到充分的发挥。但只有自然条件，没有教育的培养也成不了才。一个优秀的雄辩家更多地得之于学习，而非得之于天然。

### 2. 天性与教育的关系

教育应当以人的天性为前提，顺应儿童的天性，选择符合儿童天性的内容，并以适当的方式传递给儿童。但成人社会往往做出相反的选择，这是教育压抑儿童天性的主要原因。在人与教育的互动中，应当改变的不是人的天性，而是教育自身。教育应当不断改变、调适自身，以使自身适合人的天性之表达和成长的需要。

天性是不可教的，教育对天性应保持敬畏。昆体良认为应尊重孩子的天性，因材施教。他提出了教学应当适度的原则。一个优秀的教师，要在深入观察、了解学生的个性及能力的基础上，节制自己的力量，成就学生的能力，既要避免要求学生做力不能及的事，又不可让学生放弃力所能及的课业。教师所传授的知识内容的分量应当与学生的接受能力相适应，以防止学生的负担过重。这个原则可视为近代教学量力性原则的萌芽。

昆体良认为应尊重孩子的天性，充分挖掘、发展孩子各方面的能力。他强调在教学过程中，教师应当经常向学生提出问题，促使学生积极思考，从而提高教学的效果。在必要的时候，应当让学生自己动脑筋、想办法，解决学习中遇到的一些问题，培养学生的独立性，以防止形成事事依赖别人的坏习惯。只有这样，才能逐步培养学生的创造性。

### (二)论家庭教育和儿童的早期教育

昆体良提出:"早期年龄阶段的光阴不要浪费","7岁以前学习的东西无论怎么少,但有了这个基础,到了7岁就可以学些程度更深的东西,否则到了7岁还只能从最简单的东西学起"[①]。他认为,未来雄辩家的培养和教育是伴随着婴儿的出生就开始的,他公开宣告:"我的计划是引导我的读者从咿呀学语开始,经过初露头角的雄辩家所必需的各个阶段的教育,一直到雄辩术的顶峰。"[②]昆体良还从儿童心理和生理特征出发,来强调学前教育的必要性。他说:"还有深一层的理由。愈是年纪小,头脑就愈易于接受小事情,正如只有在身体柔软的时期,四肢才能任意弯曲,强壮本身也同样使头脑对多数事物更难于适应。"[③]他深信,教育在人的成长中起十分重要的作用。

昆体良认为,在0—7岁期间,儿童需要在家庭中接受教育。[④]为了培养未来的雄辩家,家庭教育必须接受严格的督查。父母必须是有文化之人。保姆应该具有良好的性格和得体的言谈举止。父母、保姆以及周围的坏境也会对儿童的道德、学习、习惯有影响。

昆体良主张早期教育应重视德育和基础知识。因此,应当使儿童感到快乐,而不要使其负担过重,他提醒人们:"最要紧的是要特别当心,不要让儿童在还不能热爱学习的时候就厌恶学习,以至于在儿童时代过去以后,还对初次尝过的苦艾心有余悸。"为此,他要求父母和家庭教师要根据儿童的兴趣和接受能力进行合理的教育,从而培养他们对知识的热爱和兴趣,为学校教育打下良好的基础。

### (三)论教师的要求

昆体良在《雄辩术原理》中提出,要严格选择幼儿教师。他认为,当一名雄辩术学校的教师是一件光荣、崇高的事情,教师要竭尽全力去培养一个德才兼备的雄辩家。因此,昆体良提出了德才兼备的教师标准:

第一,教师要热爱儿童。只有热爱儿童的教师才有可能教育好儿童,为此,教师要对儿童付出充满感情和理智的爱,既要像父母一样关心爱护儿童,又要严格要求,和蔼而不放纵,这样的教师一定会以自己理智的爱赢得儿童的尊敬,进而获得教育的成功。

---

①刘崇明.学前教育史.上海:上海交通大学出版社,2015.

②(古罗马)昆体良著,任钟印译.昆体良教育论著选.北京:人民教育出版社,1989.

③(古罗马)昆体良著,任钟印译.昆体良教育论著选.北京:人民教育出版社,1989.

④林玉体.西方教育思想史.北京:九州出版社,2006.

第二，教师应是公认的有学问的人，既要掌握所学科目的内容，也能熟练运用各种教学方法。教师要弄清学生的能力和天赋，要把握学生的心理，根据学生的不同禀赋、不同个性使用不同的教学方法。幼儿教师要注重因材施教的教育原则。教师只有充分地观察和了解儿童，才能在教育过程中随时调整教育策略，采取最有针对性的方法教育儿童，获得良好的教育效果。

第三，幼儿教师要懂得教学艺术。教师既要善于进行道德教导，也要善于运用表扬和批评。面对幼儿所犯的错误，教师要尽量保持和蔼的态度，帮助儿童及时纠正错误，避免幼儿养成不良的行为习惯。总之，教师在教育过程中要随时观察幼儿的变化，从而采取恰当的教育措施。

### (四)论体罚

昆体良竭力反对体罚，尤其是对幼小儿童更应该严禁体罚。他认为，对儿童实施体罚是教育者无能和失败的表现，是有百害而无一利的做法。他所持的理由是：

①体罚是一种残忍行为，是一种凌辱；

②如果申斥还不足以矫正孩子的过失，他就会对体罚习以为常；

③如果正面告诫能在学业上加以督促，体罚就没有必要；

④幼年时使用体罚，一旦长大以后，恐吓失去作用，就更加难以驾驭；

⑤体罚造成儿童心情压抑、沮丧和消沉。

昆体良是最早提出反对体罚的教育家，他认为体罚是一种教育的谬误，是一种不光彩的行为。他反对体罚的理由，充分说明了他对儿童人格的尊重。

## 二、评价及启示

英国19世纪著名的哲学家穆勒在谈到昆体良的著作时指出，他的著作是整个文化领域中古代思想的百科全书，他的教育思想有着深远的影响。

昆体良提出了适度性原则，是为了防止学生的负担过重而失去学习的兴趣。虽然我们也倡导积极性、量力性原则，但是由于多方面的原因，我国现今的教学中仍然存在学生课业负担过重、教学内容分配不合理的现象。在这种背景下，昆体良的量力性原则和防止学生负担过重的见解，对我国的教育教学改革有重要的警示作用。

昆体良主张对儿童实施早期教育，并强调在家庭中进行早期教育对于未来的人才培养具有重要意义。虽然现在早期教育已经被人们接受，但我国的早期教育还只是在初级阶段，早期教育的科学水平还有待提高。昆体良的早期教育思想无疑给我们提供了有意义的参考。他在那个时代对教师素质提出的要求，对于今天的教师来说仍具有现实意义。教师应具有终身学习的观念和能力，这样才能让自己知识渊博而不至于落后；应该具有因材施教的能力，这样才能充分开发学生的智慧、潜能，培养学生的创造力；应该具有良好的教师形象，以身作则，成为学生的榜样。

时代不断进步，教育思想不断更新，但昆体良的教育思想在我国的教育改革过程中还是颇有影响，对我国的学前教育起着指导和借鉴作用。

# 第四节
# 夸美纽斯的学前教育思想

夸美纽斯(1592—1670)是17世纪捷克的伟大爱国者、教育改革家和教育理论家,是人类教育史上里程碑式的人物。夸美纽斯继承了文艺复兴以来的的人文主义教育思想并结合当时的教育实践,提出了"泛智"教育思想,并系统论述了教育的理论与实践问题。他的主要教育著作有《母育学校》《泛智学校》《大教学论》等。其中,《母育学校》是教育史上第一本系统论述学前教育的专著。他是第一个提出系统的教学法的近代教育家。

## 一、学前教育思想概述

### (一)论教育适应自然的主导原则

"教育适应自然"的思想贯穿在夸美纽斯整个教育思想中,也是其教育方法、教育原则的体现。

(1)教导的严谨秩序应以自然为借鉴,并且必须是不受任何阻碍的。夸美纽斯认为,自然中存在一种起支配作用的普遍法则,即秩序,是秩序保证了宇宙万物的和谐发展。他认为真正维系我们这个世界的结构乃至它的细枝末节的原则不是别的,只是秩序而已,因此,秩序被叫作事物的灵魂。秩序是把一切事物教给一切人们的主导原则,这是应当并且只能以自然的作用为借鉴的。因此,一切事物都依赖于它的各个部件的和谐工作。人是自然的一部分,人的身心发展也是一个自然的过程,遵循自然的规律,人的教育也应遵循自然的规律,适合自然法则。夸美纽斯认为,在教学中所需要的是把时间、科目和方法巧妙地加以安排,学校的改良也应当参照万物的严谨秩序。

(2)教育应顺应儿童的天性。夸美纽斯特别反对强迫学生,他认为一切生存的事物都有它存在的目的，都具有达到那个目的所必需的器官与工具，并且还具有一定的倾向，使凡事不会勉强地去达成它的目的，而是凭借自然的本能，如果加以阻碍，就会招致痛苦与死亡。[①]夸美纽斯还认为，人是自然的实体，教育应当以儿童本身的自然素质为起点，不应该违背儿童的天性，而要顺着他们本身的倾向发展。此外，他认为父母的态度、教师的循循善诱和及时称赞、学校的良好环境、教学内容和教学本身的吸引力，以及学校和政府的奖赏等，应激发学生内在的学习愿望，促进学生的自主学习。在教学方面，他强调：教师是自然的仆人，不是主宰。他们的责任在于培植，不在于变换，假如他发现某个科目与某个学生的天性是不符合的，他就决不应该强迫学生去学习。

（3）教育应遵循儿童身心发展的特点。夸美纽斯通过对儿童的详细观察，研究了儿童身心自然发展和成长的过程及条件，提出了教育要符合儿童的年龄特征和个别差异的教学观点。他认为，自然界的发展和人类许多活动的进行都是井然有序的。人是自然的一部分，也是井然有序的。因此，教育必须遵循儿童身心发展的规律，循序渐进地进行。他认为有的教师不按照学生的实际情况去教，“犹如向仄口瓶子猛灌大量水一样，结果大量的水却流到瓶外，最后瓶中获得的水比缓缓注入的还要少。”[②]在教学上，他主张一切教学的科目都应加以排列，使其适合学生的年龄，凡是超过了他们的理解力的东西就不要让他们去学习，人的发展的自由和自然性要求教育者不能用强力来强迫儿童。他根据儿童身心发展的过程，将儿童从出生到长大所接受的教育划分为四个阶段，即婴儿期、儿童期、少年期和青年期。根据各个时期不同的特点，他主张建立四种不同类型的学校，即母育学校、国语学校、拉丁语学校和大学。各个学校根据儿童的年龄特征，进行不同内容的教学，采取不同的教学方法，使儿童的身心得到循序渐进的发展。

此外，他还要求教育要符合儿童的个性差异。他认为，有的人对于抽象的学科很有能力，但对于实用的功课就缺乏才干；有些人除了音乐之外，什么都能学会，有些人却精通数学、诗词和逻辑。[③]因此，同一个方法是不能同样施加给一切人的。他强调，要让每个人都顺着他的天性倾向去发展；某个知识若不适合学生的心理，它就是不适合的。[④]他主张教育要选择恰当的时机。他在教育史上首次提出了一个前后衔接的统一的学校教育制度，体现了普及初等教育的需要，对后

①（捷克）夸美纽斯著，任钟印选编；任宝祥等译．夸美纽斯教育论著选．北京：人民教育出版社，2005.
②（捷克）夸美纽斯著，任钟印选编；任宝祥等译．夸美纽斯教育论著选．北京：人民教育出版社，2005.
③（捷克）夸美纽斯著，任钟印选编；任宝祥等译．夸美纽斯教育论著选．北京：人民教育出版社，2005.
④（捷克）夸美纽斯著，任钟印选编；任宝祥等译．夸美纽斯教育论著选．北京：人民教育出版社，2005.

来的学校制度和义务教育产生了很大的影响。

(4)教育应“以自然为向导”。夸美纽斯的“教育适应自然”思想是建立在人文主义感觉论基础之上的。欧洲中世纪的学校教育把学生禁锢在狭隘的书本知识之上,远离儿童的现实生活。因此,他反对单纯的书本教学,反对脱离儿童现实生活的书本知识,认为关于自然的知识和关于社会的知识最重要,强调学生感官的作用,主张向自然学习,向实际事物学习。

## (二)论儿童观和幼儿教育的重要性

### 1. 儿童观

儿童观,就是对儿童的看法和认识。儿童观不同,教育儿童的内容、方法以及具体的教育任务也不同。错误的儿童观会导致不科学的教育方法,对儿童身心发展产生不良影响,进而阻碍人类的发展,阻碍社会的进步。夸美纽斯称儿童为“上帝的种子”,是“无价之宝”,是人类的未来。一方面,儿童产生于父母的实体本身,是父母实体的一部分,生来是没有被玷污的纯洁的“种子”,具有谦虚、善良、和睦、可亲等美德;另一方面,儿童必然会发育长大,成为未来的学者、哲学家、科学家以及国家的领导者等等,所以儿童也是国家的未来。由此,夸美纽斯要求父母加倍地热爱儿童,要求国家更多地关心儿童的成长。

### 2. 幼儿教育的重要性

夸美纽斯对教育的作用作了高度的评价。首先,他认为教育对人的发展具有重大作用。其次,他认为教育对社会发展具有促进作用。夸美纽斯说,“教育是人类得救”的主要手段,是“有教养的民族能利用的宝藏”。再次,他重视儿童的差异性和后天教育。在人类的教育中,幼儿教育尤为重要,因为幼儿是一个家庭的希望,是一个国家的希望,是世界的希望,更是人类的希望。最后,夸美纽斯重视幼儿教育的方法,他从唯物主义思想出发,强调实践性,主张让幼儿通过自己的体验、观察进行学习。

此外,夸美纽斯还主张教育时要注意采用适合幼儿的方式。他在《大教学论》中阐述了教学的两个基本思想:一是教学必须遵循自然的顺序;二是对幼儿传授知识,必须依靠感官进行。因此,他特别强调,幼儿教育第一年必须在摇篮里进行,让幼儿听大人唱歌和细语,带幼儿到大自然中,尽量给予温暖和安全。第二年应经常与幼儿做游戏,或让他们自己玩耍、跑动和追逐,并利用音乐及适合的图片增进幼儿的身心愉快，发展幼儿的感知能力，重视幼儿的活动。可见，夸美纽斯的"教育适应自然"原则强调两点：一是强调教育要遵循自然秩序，二是强调教育要依据幼儿的天性。他提出，父母和成人一定要采取符合幼儿发展水平的恰当方法去教育孩子。

### (三)论母育学校的教育

夸美纽斯在1632年为父母们所写的学前儿童教育指南——《母育学校》，可以说是世界上第一部系统地论述家庭教育形式下的学前儿童教育的专门著作 。

在夸美纽斯看来，每一个家庭都可以成为一所学校，孩子的父母（特别是母亲）便是老师。他在教育史上第一次从普及教育的角度和儿童心理发展的连续性、阶段性角度，提出了学前阶段教育的重大任务。夸美纽斯认为从儿童到成人的发展分为婴儿期、童年期、少年期和青年期四个阶段，每一个发展阶段都有一项专门的教育任务；同时，他又强调每个阶段之间存在着密切的联系。从上述观点来看，母育学校乃是他构筑的前后衔接、统一的学制系统的第一阶段。他把奠定体力、道德和智慧发展的基础，作为第一阶段教育的主要任务。他说，在母育学校里，应当把一个人在人生旅途中所应具备的全部知识的种子播种到他的身上。《母育学校》阐述了学前教育的目的和任务是培养儿童体力、智力和道德的初步基础，通过感觉器官的训练和发展，使幼儿获得有关自然界、社会生活和家庭生活的初步认识。关于幼儿教育的内容，他论述了保健、德育、智育、父母指导书及教材。

#### 1. 保健

在保健方面，夸美纽斯引用一位作家的忠告："健康的精神寓于健康的身体"，提醒父母们关注子女的健康。子女的健康问题宜从胎儿时期就加以注意。夸美纽斯非常重视锻炼和娱乐，主张不要让儿童习惯于用药，因为药品按其性质来说是和食物对立的，会妨碍他们的成长。要使他们生活有规律并保持愉快的心情。他认为，儿童心情愉快，可以振奋他们的心灵。因此，他要求儿童自幼要建立合理的生活制度。

#### 2. 德育

夸美纽斯十分重视幼儿的道德教育，因为儿童生下来不是要做一头小牛或一匹小驴，而是要成为一个有理性的人。他强调必须在幼年生活的头几年，就奠定每种德行的基础，包括节俭、整洁、礼节、尊敬长辈、诚实、不损害别人、不嫉妒、落落大方和爱劳动等。在上述品质中，夸美纽斯特别重视节俭和勤劳等优良品质的培养。他认为节俭是健康生活的基础，是其他一切品德的根本。在德育方法上，他认为应充分重视榜样、教导、示范、训练、惩罚、表扬等方法的作用。

夸美纽斯坚决反对溺爱和放纵孩子，反对父母或成人容忍儿童为所欲为。因此，他要求自幼培养儿童的纪律观念，但又不要过于严厉。

### 3. 智育

根据幼儿的年龄特点，夸美纽斯认为这一时期的主要任务是训练幼儿的外部感觉、观察力及获得各类知识，同时发展语言、思维，为他们以后在初等学校里的系统学习做准备。

幼儿智力教育的主要任务是：第一，发展幼儿的外部感觉和观察力；第二，发展语言和思维；第三，训练手的初步技能，即对幼儿进行“能、知、行”三方面的教育，为入学后的教育打下基础。

夸美纽斯还认为，感觉是获得知识的主要源泉。所以他非常重视发展幼儿的观察力，建议父母给幼儿看图画，看天空、房子、花草等等，扩大幼儿的视野。

### 4. 父母指导书及教材

夸美纽斯在《母育学校》里详尽地阐述了父母教育指导书和儿童读物问题。他认为，要想帮助父母或保姆有效地教育好孩子，必须为他们编写一部手册。手册应包括以下内容：父母及保姆的教育责任；儿童所学各科教学大纲；教授每一科目的最佳时间以及所应采用的最佳言语和姿态。夸美纽斯认为，应当为儿童编写一本可直接供其观赏的图画书。图画书中的内容和《母育学校》中提出的教学大纲相对应，可以配套使用。根据这些，他编绘出版了《世界图解》这本学前儿童读物。

## (四)论学前儿童的游戏及玩具

夸美纽斯对于学前儿童的游戏、玩具和作业也有许多宝贵的意见。在西方学前教育思想史上，夸美纽斯是第一个从幼儿的年龄特征来论证上述诸方面问题的人。他认为，儿童天性好动，血气旺盛，难以静止。所以，对他们不应加以限制，而应让儿童常常有些事情可做，像蚂蚁一样不停地做事情。他甚至规定了这样一条原则：凡是儿童喜欢玩的东西，只要对儿童没有什么损害，就应该让他们去玩，从而得到满足。不应该阻止他们，因为儿童不活动对身心损害更多。他认为，给儿童以活动的自由有三大好处：一是锻炼身体增进健康，二是运用和磨炼思想，三是练习四肢五官使之趋于灵活。[①]

至于活动方式，夸美纽斯认为游戏这种活动方式最适合幼儿。因为游戏的时候，人的精神专注于某种事物，而这种事物又经常磨炼人的能力。用这种手段，儿童就可以受到积极生活的锻炼而没有任何困难，因为自然本身在激发他们去做事情。夸美纽斯号召父母们积极行动起来，帮助和指导儿童玩游戏，陪着他们玩游戏。

夸美纽斯对玩具也提出了详细的切实可行的意见。他认为真的工具会给孩子带来危险，所以必须找些玩具以代替真的工具，如小的铁刀、木剑、锄头、小车、滑板、踏车、建筑物等等。儿童也可以用自己所喜欢的泥土、木片、木块或石头搭起小房子，显示他们初步的建筑术。夸美纽斯关于游戏及玩具的思想，我们可以归到"劳动准备说"之中去。因为在他所述的游戏的形式和手段中，有许多反映了狭义劳动的过程与结果。我们也可以从中看到某些"能量散发说"的因素，因为夸美纽斯之所以强调游戏，是为了让富有活力的儿童散发多余的能量。夸美纽斯还提议要为儿童的眼、耳及其他感官提供一些小的作业，他认为这些作业对增强他们的身心力量将是大有裨益的。

### （五）论进入公共学校的准备

夸美纽斯认为，儿童6岁之前不应当进入公共学校，因为这时的儿童自理能力不强，需要更多的照顾和监护，同时其思维发展阶段还不足以去学习公共学校的课程内容。但是儿童到了一定年龄后就应当离开母亲，进入学校，接受教育。儿童在母亲胸怀中长大，现在他们的身心有了力量，就应该把他们交托给老师。如此，他们便可以顺利地成长。只有把握好入学时机，才能取得最佳的教育效果。儿童进入小学的能力标志有以下几点：①真正获得在母育学校所应学会的东西；②对问题有注意和辨别与判断的能力；③有进一步学习的要求或愿望。

同时，夸美纽斯还对父母如何引导儿童进入学校进行了指导，有以下几点：①鼓励儿童，使其明白进入学校是愉快的事情；②激发儿童对知识的渴求；③让儿童相信未来的教师是值得相信和爱戴的。

夸美纽斯在《母育学校》的第11章和第12章中，专门探讨了幼儿入学及做好

①陈文华.中外学前教育史.北京：科学出版社，2011.

入学准备工作的问题，提出了许多有益的建议。他认为，幼儿需要更多的关怀，所以最好留在“母育学校”里，在母亲庇护下，自然而然地在不知不觉中用游戏的方式进行学习。但儿童到了五、六岁的时候，他的骨骼和头脑的发育日趋完成，应该到学校中去继续学习已经开始的东西。因为到了这个时期，儿童已能容易地学完需要在家学会的东西，如果再不把儿童送到真正的学校中去，那么，他会习惯于无益的休闲，甚至会养成粗野等缺点，而这类缺点一经养成，以后是很难改变的。与此同时，夸美纽斯又指出，6岁入学也不是绝对的要求，要从儿童各自能力发展的不同情况出发，入学时间推迟或提前半年到一年，也是允许的。他提出，要对儿童进行以下三方面的调查，其一，确定幼儿是否已经掌握应在母育学校知道的东西；其二，儿童是否已具有注意力、思考力和一定的判断能力；其三，儿童是否具有继续学习的愿望。

夸美纽斯要求父母必须认真做好入学前的准备工作，要求父母鼓励儿童入学，告诉他上学是一件十分愉快的事情，就像赶集或收获葡萄一样给人快乐；在学校里会有其他孩子同他一起学习和玩耍。可以给儿童看看为他准备好的学习用品，赞扬未来教师的善良与博学，引起儿童对教师的信任与热爱的感情，等等。他告诫父母，千万不能以学校和教师来恐吓儿童，使儿童心怀恐惧，不愿入学。

## 二、评价及启示

应当说，身处欧洲封建社会向资本主义社会转折期的夸美纽斯是一位有着独特见解的哲学家，也是一位博学的教育家。夸美纽斯的《大教学论》是人类历史上第一本教育论著作，他在教学原则、教学方法、教育目的等方面都提出了革命性的见解，尤其是“把一切事物交给一切人类”的博大胸怀，更是成为欧洲普及义务教育的先声，也是我国普及义务教育的重要理论指导之一。由于时代的局限性，在夸美纽斯的教育思想中，还存在着一些不足之处，但是，他作为一位杰出的教育思想家，对后世教育理念与实践的发展方向有着巨大的引领作用。

## 【小结】

本章主要介绍了外国古代的四位伟大教育家柏拉图、亚里士多德、昆体良、夸美纽斯的学前教育思想。在西方教育史上，柏拉图是最早提出学前儿童教育问题的教育家；亚里士多德是西方教育史上首次论述“教育适应自然”原则和“教育立法”思想的教育家；昆体良是西方教学论的奠基人，他经过长期的实践探索和理论研究，在幼儿教育问题上提出了教育和教学方面的许多有益主张；夸美纽斯的幼儿教育理论，也为西方幼儿教育理论的发展奠定了一定的基础，标志着西方幼儿教育研究从神学化向人本化的转变。

## 真题模拟

1. 在西方教育史上，古希腊的（　　）是最早提出学前教育思想的人。

A. 苏格拉底　B. 柏拉图　C. 亚里士多德　D. 昆体良

2. 西方教育史上首次论述“教育适应自然”原则和“教育立法”思想的教育家是（　　）

A. 苏格拉底　B. 柏拉图　C. 亚里士多德　D. 昆体良

3. 古罗马著名雄辩家和教育家（　　）把培养或造就新一代心地善良、精于演说的雄辩家作为他的教育目的。

A. 柏拉图　B. 亚里士多德　C. 昆体良　D. 西塞罗

4. 将儿童比作“上帝的种子”，认为儿童生而具有和谐发展的根基的教育家是（　　）。

A. 夸美纽斯　B. 柏拉图　C. 亚里士多德　D. 昆体良

### 思考与练习

1. 简述夸美纽斯的教育适应自然原则。
2. 如何理解“儿童是上帝的种子，是无价之宝”？

参考答案

# 第 8 章

# 近现代学前教育的发展与实施

受近现代三次工业革命及各自国家政治、经济、文化、科技等影响，欧美和日本学前教育的发展既有共性的一面，也有明显的差异性。总体来看，近现代学前教育的发展可以划分为两个阶段，第一个阶段是公共的社会化的学前教育的诞生与发展，第二个阶段是规范的制度化的学前教育的建立与完善。尤其是在第二次世界大战以后，欧美与日本越来越重视学前教育事业发展，不断根据社会发展与儿童需要制定适宜的学前教育政策法规。

## 【学习目标】

1. 了解近现代学前教育改革发展的历史背景；
2. 理解和掌握近现代欧美与日本学前教育发展的历史沿革。

## 【学习重难点】

1. 重点理解近现代历史变革与欧美、日本学前教育发展的关系；
2. 重点理解与掌握近现代欧美和日本学前教育政策的演变。

## 【知识结构图】

- 近现代学前教育发展与实施
  - 英国
    - 慈善学前教育的萌芽与发展
    - 现代学前教育改革与发展
  - 法国
    - 编织学校与托儿所
    - 新教育运动展
  - 德国
    - 巴乌利勒保育所运动
    - 幼儿学校运动
    - 福禄贝尔幼儿园
  - 美国
    - 欧文幼儿学校
    - 福禄贝尔幼儿园的创建与普及
    - 政府大规模介入学前教育
  - 俄罗斯
    - 慈善性学前教育机构的产生
    - 公共学前教育机构的发展
  - 日本
    - 公共学前教育机构的出现与发展
    - 福禄贝尔幼儿园的传入与本土化
    - 学前教育制度的确立与完善

# 第一节
# 英国的学前教育

## 一、英国近代学前教育社会化进程

英国是一个封建传统浓厚的国家，但资本主义经济出现较早。1640—1688年，英国发生了早期资产阶级革命，最终以资产阶级和贵族互相妥协的方式建立起君主立宪制[①]，确立了两者联合专政的资本主义制度。封建主义与资本主义的相互妥协，对英国教育领域产生了深远影响。一方面，教育领域依然保留了较为浓厚的封建主义印记；另一方面，教育改革必须为资本主义发展服务。[②]

17世纪中期到19世纪上半叶是近代学前教育机构产生与初步发展的时期，欧洲近代学前教育机构最早诞生于英国。

### （一）英国慈善学前教育的萌芽与发展

英国一直持有“教育是家庭的职责”的传统教育观，在家庭中实施对年幼孩子的教育是英国学前教育的传统形式。

国家干预缺失是英国的独特之处。在1839年教育委员会成立之前，英国根本不存在国家教育管理机构。[③]

兴起于15世纪末的圈地运动为英国资本主义的发展提供了原始积累，尤其是1688年以后，英国政府制定大量的法律公开支持圈地，使圈地运动以合法的形式进行，大批失地农民被迫涌入城市，成为城市贫民。圈地运动为资本主义的发展提供了充足的劳动力，但直接使传统家庭式学前教育解体，涌现出一系列社会问题。首先是城市贫民与工人家庭的幼童安全与健康状态极度恶化。失地农民

①王天一，夏志莲，朱美玉. 外国教育史. 北京:北京师范大学出版社，1993.
②王天一，夏志莲，朱美玉. 外国教育史. 北京:北京师范大学出版社，1993.
③周采，杨汉麟. 外国学前教育史. 北京:北京师范大学出版社，1999.

与城市贫民为了生计，每天早出晚归，没有时间与精力照顾年幼的子女，再加上疾病、营养等问题，导致婴幼儿大量死亡；其次，家庭教育的缺失使得许多幼儿处于无人管教的处境，极易被社会不良风气影响，成为影响社会稳定与发展的潜在威胁；再次，工业革命的持续发展，要求劳动力必须接受一定的教育，具备一定的科学文化素质，让贫民家庭幼童接受基本的教育成为资本主义发展的客观需要。贫民子女的养护与教育成为影响英国社会稳定与发展的重大社会问题。

在家庭式学前教育逐步解体之后，民间力量先于英国政府承担起学前教育的职责。一些同情贫民与工人孩童的恶劣处境的开明社会人士、宗教人士、慈善家陆续举办贫困儿童救济机构，开创了英国近代公共慈善学前教育的先河。

欧文与怀尔德斯平是英国慈善学前教育最有影响的引领者。1809年，英国空想社会主义者欧文在新兰纳克棉纺厂创办了英国第一所公共性质的学前教育机构——新兰纳克幼儿学校，该幼儿学校为3岁以下儿童设立托儿所，为4—6岁儿童设立幼儿园。学校利用游戏、军事体操、谈话、直观教学等对儿童进行全面教育。[①]新兰纳克幼儿学校是这一时期英国影响最大的贫困儿童救济机构，被公认为世界上第一所专门的幼儿教育机构，拉开了近代开放式社会化学前教育的序幕。受欧文影响，很多慈善家、工厂主纷纷效仿，举办幼儿学校。怀尔德斯平为英国学前教育的发展做出了重要贡献，他依托伦敦幼儿教育协会推动幼儿学校在英国的普及，形成了幼儿学校运动，并对法、德、美等国的幼儿教育产生了影响。

1940年，英国枢密院教育委员会视学官首次发出关于幼儿学校检查项目的训令，幼儿学校成为国家补助的对象，检查项目包括学校设备与教育内容及方法。享受国家补助的幼儿学校必须接受政府的监督与控制。这是英国政府对幼儿教育进行干预的起点。

### （二）18世纪下半叶英国学前教育的发展

19世纪50年代，来自德国的福禄贝尔幼儿园传入英国，并在70年代以后迅速发展，在幼儿教育领域逐渐形成了两种教育形式并存的局面：一种是以贫民与工人子女为对象的幼儿学校，另一种是以中上层阶级子女为对象的幼儿园。

伦克夫妇是最早在英国传播福禄贝尔幼教思想的人物。1951年，他们在英国设立德语幼儿园，招收侨居英国的德国人子女，1954年起开始招收英国儿童入学，得到英国各界人士的认可。1974年，英国成立了福禄贝尔协会，推广福禄贝尔的幼儿教育理论，在普及幼儿园与培养幼儿教师方面做出了重要贡献，并影响到英国幼儿教育政策。福禄贝尔幼儿园和幼儿学校成为英国幼儿教育领域的两种主要形式。

①周采，杨汉麟．外国学前教育史．北京：北京师范大学出版社，1999.

### （三）19世纪末至第二次世界大战前

第一次世界大战前，英国学前教育的主要特征是保育学校的创立和发展，以及幼儿学校教育方法改革。1918年颁布的《费舍法案》与1933年颁布的《哈多报告》是这一时期涉及学前教育的两个重要文件。

麦克米伦姐妹是保育学校的创建者，她们借鉴福禄贝尔、蒙台梭利等幼儿教育家的教育理念，在教育中强调学前儿童的身体健康，重视儿童的个性发展，强调为儿童创造适宜的环境。1918年由英国国会颁布的《费舍法案》正式将保育学校纳入国民教育制度中，并把保育学校的设立和援助问题全部委托给地方教育局，并给予补助，以促进幼儿身体与智力发展。受两次世界大战的影响，该法案到"二战"结束时都未能真正实现。1933年，哈多担任主席的教育咨询机构公布了三份《关于青少年教育的白皮书》（也称《哈多报告》），推动了英国幼儿教育理论和实践的发展。《哈多报告》肯定了保育学校对儿童身心发展的重要作用，提倡为7岁以下儿童建立专门的幼儿学校，幼儿学校应遵循保育学校的教育原则，6岁前儿童的教育突出游戏、户外体育、唱歌、绘画、手工等，6岁以后加入正式的读、写、算教育。报告内容实现了英国传统教育与儿童中心主义的融合，是英国学前教育发展史上具有重大意义的文件。

## 二、英国现代学前教育改革与发展

第二次世界大战后，英国学前教育发展呈现出新的特征。1944年通过了一个重要的教育改革法案——《白特勒法案》，该法案提出为2—5岁儿童设立保育学校，为5—7岁儿童设立幼儿学校，或在初等学校附设保育班，保育学校或保育班的设置是地方教育行政部门不可推卸的责任。幼儿学校教育仍作为义务教育的最初阶段包括在初等教育之中。60年代以后，随着经济的发展及各方面的需要，英国学前教育开始加速发展。1967年，普洛登女士在对幼儿学校进行充分考察的基础上，发布了《普洛登报告》，提出要大力发展幼儿教育，广泛设立幼儿学校，增加学前教育中的教育成分，为幼儿学校配备合格的师资等。1972年，英国科学大臣萨切尔发布《教育白皮书》，提出"扩大幼儿教育"，并计划在10年内实现幼儿教育全部免费，并扩大5岁以下的儿童教育。

在公立学前教育加速发展的同时，学前儿童游戏场协会在大城市及工业区也创办了大量幼儿游戏班，还设立了许多私立幼儿园，并开始创办半日制、部分时间制的幼儿教育机构，学前教育入园率有了较大提高。

# 第二节
# 法国的学前教育

法国近现代学前教育的发展可以分为以下几个阶段:18世纪70年代至19世纪30年代,是法国近代学前教育的发展初期,出现了一批慈善性质的托幼机构;19世纪30年代至19世纪末,学前教育逐步被法国政府纳入教育管理体制,学前教育制度基本建立;20世纪上半叶,新教育运动及实验教育学对法国的学前教育改革产生了积极影响;第二次世界大战后,政府越来越重视学前教育的发展,学前教育成为基础教育体系的重要组成部分,国家对其发展负有重大责任。

## 一、法国近代社会化学前教育的探索

### (一)编织学校:法国近代学前教育的开端

与欧洲其他国家一样,法国传统的学前教育主要依托家庭开展。进入18世纪以后,随着社会的发展与贫困人口的增多,法国也出现了一批具有慈善性质的、社会化的幼儿看护与教育机构。1776年,法国牧师奥柏林创办的编织学校,是法国教育史上有记录的最早的幼儿教育机构,它也被视为法国近代社会化学前教育的开端。

编织学校主要招收3—6岁的幼儿,在农忙季节对幼儿进行教育。编织学校一周开放两次,学校有两位指导教师,分别担任手工技术指导和文化、游戏方面的指导,教育内容也可以分为两个方面:对儿童传授缝纫、编织等手工工作方法;法语、格言、童话、游戏、绘画、地理、宗教赞美诗等。奥柏林比较重视幼儿的游戏活动,他认为幼儿应该在游戏中学习。①

①郭法奇.外国学前教育史.北京:北京大学出版社,2015.

奥柏林的编织学校与欧文、怀尔德斯平的幼儿学校有许多相似之处，两者都是在传统的家庭式学前教育解体的背景下建立的，主要面向贫困家庭幼儿，都具有慈善与救济性质。尽管规模较小、教育内容零散、机构设施简陋，但编织学校在帮助贫困家庭幼儿学习与发展上发挥了积极的作用，对法国近代学前教育的发展产生了一定的影响。

### （二）托儿所与近代法国学前教育制度

在法国近代学前教育发展尤其是学前教育制度化过程中，托儿所占据了重要地位。1826年，受英国幼儿学校运动影响，法国慈善家与教育家帕斯特莱夫人领导的慈善组织“妇女会”在巴黎创办了一所收容贫民幼儿的机构，收容幼儿80名。帕斯特莱夫人创办的托儿所得到时任巴黎第12区区长柯夏的支持与帮助。柯夏在学习英国幼儿学校的基础上，于1828年在巴黎创办了与幼儿学校类似的模范托儿所，还从理论上对托儿所设置的目的与意义、教育内容与方法等进行了论述。她认为托儿所对普通民众与国家发展都至关重要，设置托儿所的主要目的是对贫民幼儿的救济，也要承担一定的教育责任；在教育内容上，柯夏主张“百科全书式”教育，包括读、写、算、几何、地理、历史、博物、图画、体育等，宗教与德育在教育内容中占据首位；教育方法主要使用直观教学法，以实物教育为主，反对体罚。①

托儿所运动的发展引起了法国政府的关注。1932年，法国颁布《初等教育法》(《基佐法案》)，将托儿所视为初等教育的基础，应得到政府管理与支持。1935年，法国确立了初等教育视学官制，提出在各县设置视学官，在负责初等教育管理的同时，对托儿所进行视察与监督，法国政府开始正式管理托儿所。1936年，托儿所成为公共教育部领导下的学校，接受市、镇、村教育委员会和郡教育委员会的领导。1937年，法国政府发布了最早的托儿所管理和监督规定，共5章30条，明确提出“托儿所或者为幼儿开设的学校，是考虑到6岁以下的儿童需要的母性的监督和最初的教育，而为他们开设的慈善机构”，并对托儿所的性质、管理、监督、教育内容等做了细致的规定。托儿所从主要面向贫民的慈善救济机构转变为面向全体国民的公共教育事业，正式成为国家教育制度的一部分。在此情况下，托儿所在法国迅速发展，1850年，法国共建立公立托儿所1055所，私立托儿所680所。

①梅根悟．世界幼儿教育史(上册)．张举等译．长春：吉林人民出版社，1986.

### (三)福禄贝尔幼儿园对法国学前教育的影响

19世纪中叶，在德国福禄贝尔幼儿园领导者别劳夫人的努力下，福禄贝尔幼儿园的教育思想与方法传入法国。法国教育部门与民间机构积极支持与协助别劳夫人，教育部向全国发行了大量的幼教刊物与指导书籍；民间机构也为普及新的幼儿园教育思想出版了相关杂志。法国人了解并接受了福禄贝尔的幼教理念，它对法国的学前教育发展产生了一定影响，主要表现为以下两个方面：一是形成了学前教育机构的双轨制，普通民众子女进入条件简陋、较为普及的托儿所，上层家庭子女则进入条件优越的、数量较少的幼儿园；二是影响了法国学前教育的理念、内容与方法，幼教机构开始重视户外活动与游戏，将恩物作为教育内容等。①

## 二、现代法国学前教育制度化改革与发展

从19世纪30年代以来，法国学前教育逐步被政府纳入中央集权的行政管理体系之中，将所有幼儿教育机构统称为“母育学校”，学前教育从主要面向处境不佳的幼儿的救济式特殊教育转变为国民普遍接受的大众式基础教育。学前教育在大规模社会化的过程中，也开始了制度化的探索。从19世纪末开始，法国学前教育进入新的发展阶段，制度化的学前教育进一步完善，并进行了一系列的改革，力图使学前教育更加符合社会发展的需要，更能促进幼儿身心发展。

### (一)新教育运动与法国学前教育制度化

19世纪末至20世纪初，欧洲兴起了一场反对传统教育理论和方法，主张用现代教育的新理论、新内容、新形式、新方法对学校进行改革乃至重建的教育运动，又称新教育运动。②新教育运动有七项基本原则：一切教育的根本目的是保持和促进儿童内在的精神力量；教育应该尊重儿童的个性；使儿童的天赋兴趣自由施展；鼓励儿童自治；培养儿童为社会服务的合作精神；发展男女儿童教育间的协作；要求儿童尊重他人，并保持个人尊严。③新教育运动强调将科学研究方法应用于教育研究与实践，强调生活教育、关注儿童的兴趣与需要，体现出浓厚的儿童中心教育观。

---

①梅根悟.世界幼儿教育史(上册).张举等译.长春：吉林人民出版社，1986.

②张斌贤.外国教育史.北京：教育科学出版社，2015.

③张斌贤.外国教育史.北京：教育科学出版社，2015.

新教育运动对法国的学前教育产生了巨大影响。法国教育家弗莱内和库齐内批判传统教育脱离社会生活、忽视儿童需要，他们认为儿童是教育的中心，应当尊重儿童的个性，重视儿童实际经验的获得，提倡活动教学法。法国心理学家比纳批判传统教育忽视儿童个性差异，要求把新教育建立在个性心理学基础上，主张根据儿童的个性差异因材施教。1904年，法国政府要求运用各种方法鉴定低能儿童，以便为他们开设特殊班或特殊学校。根据政府的要求，比纳和西蒙提出用智力量表来测试儿童智力的方法，并编写了《比纳-西蒙智力测量表》，测试对象是3—13岁的儿童。对学龄前儿童进行智力鉴定，为学前教育早期干预提供了依据。

法国学前教育政策也受到新教育运动的影响。1905年，法国教育部长对母育学校过于强调知识的倾向提出了批评，认为对2—4岁的幼儿进行读写算教育不是母育学校的主要目标。1908年，教育部长再次发出指令：母育学校的目的是对学前儿童进行照料，满足他们德、智、体三方面发展的要求；母育学校是贫困儿童的避难所；鼓励无人照料的儿童到母育学校，并给予平等的接待和照料。

在政府的重视下，法国现代学前教育制度逐步形成。公立母育学校由国家和地方开办，并实行免费入校制度；私立幼儿班的监督由教育部的母育学校女视学官负责；私立小学幼儿班由小学督学官负责监管；母育学校师资由初等师范学校负责培养。20世纪中期，法国有公立母育学校3653所，私立母育学校217所；公立幼儿班4385个，私立幼儿班397个。①

### （二）"二战"后法国的学前教育改革

第二次世界大战后，受现代化与民主化思潮影响，更好地为社会服务、培养适合需要的人才、实现学前教育与小学教育的衔接等成为这个阶段法国学前教育改革的重点。

1957年10月，法国政府将儿童入学年龄提前至5岁零9个月，这意味着儿童进入小学的年龄提前。加强与小学教育的有效衔接，为幼儿提前入学提供准备成为学前教育面临的挑战。

1969年，法国政府对母育学校课程进行了改革。改革后的学前教育采取与小学教育类似的"三段分期教育法"，将课程由原先的分科课程改为综合课程，将课程综合为三大类：基础科目（语文、数学）、启蒙教育科目（历史、地理、自然、手

①周采，杨汉麟．外国学前教育史．北京：北京师范大学出版社，1999．

工、图画、音乐、公民教育等)和体育科目,从课程上推动了母育学校与小学的有效衔接。

20世纪70年代以后,法国政府对教育提出了新的要求。1975年,法国颁布《哈比教育法》,其中规定了学前教育的目标:发展幼儿个性;消除儿童由于出身和家庭条件差异而造成的机会不均现象;早期发现和诊断儿童智力上的缺陷及身体器官上的残疾;帮助儿童顺利完成学前教育向小学教育的衔接。除原有的幼小衔接方面,又增加了学前教育补偿和诊断治疗功能。[①]在法国政府的高度重视与政策支持下,法国学前教育一直保持在世界领先地位。

①郭法奇.外国学前教育史.北京:北京大学出版社,2015.

# 第三节 德国的学前教育

德国统一的时间较晚，其学前教育事业的发展较其他国家相对缓慢。19世纪初，德国学前教育发展受邻近的英国、法国影响较大，出现了一些救济性质的托幼机构。1840年，福禄贝尔幼儿园创办以后，其学前教育理论与实践在欧美国家广泛传播并产生了重大影响，既推动了德国学前教育的发展，也提升了德国学前教育在世界上的影响力。

## 一、德国学前教育社会化初期的探索

### （一）巴乌利勒保育所运动

18世纪，德国学前教育有了一定的发展。工业革命开始后，社会化的幼儿教育机构开始快速发展，其中最著名的是巴乌利勒保育所。1802年，受法国帕斯特莱夫人在巴黎创办托儿所的启发，巴乌利勒夫人在多特蒙德设立了一所保育所，作为其对贫民儿童的救济工作的一部分。

巴乌利勒保育所是一所季节性幼儿园，开放时间是初夏到农忙期，从上午6点到下午8点，主要招收母亲从事日间农业劳动并已断奶的1—5岁婴幼儿。保育所将幼儿健康放在首位，有良好的卫生条件和营养丰富的饮食，教育方面有生活规律训练、道德教化、语音、游戏、唱歌等，但处于附属地位。[①]

巴乌利勒保育所是德国历史上最早的幼儿保育机构，并对德国其他地区产生了影响。19世纪20年代左右，越来越多的保育所开始建立，德国一些城邦开始关注，并制定了许多政策。如1825年黑森·卡塞尔选帝侯发出指令，明确要求建立季节性保育所，为因外出工作而不能照顾孩子的家庭提供帮助，费用由具有

①周采，杨汉麟．外国学前教育史．北京：北京师范大学出版社，1999.

慈善心的富有居民捐助，不足时可由市镇金库支付。

### （二）弗利托娜的幼儿学校运动

19世纪20年代，英国的幼儿学校运动对德国产生了很大影响。弗利托娜1922年开始在阿尔萨斯州威尔特城担任新教牧师，多次前往英国考察幼儿学校。1835年，她在自己的教区建立了面向贫民幼儿的教育机构，1836年更名为“幼儿学校”。幼儿学校主要招收2岁以上的贫困幼儿，设施齐全，园舍宽敞。弗利托娜的幼儿学校教育内容广泛，有读、写、算、宗教、道德、图画、军事活动、手工劳动等，并且非常重视游戏的作用。幼儿学校的教育目的是通过宗教和道德教化，让底层贫民幼儿养成虔诚、服从、坚韧、勤劳的品行，从而维护社会稳定。

与此同时，受英国幼儿学校影响，德国政府对幼儿教育的观念也开始改变。1927年，德国教育部发布文件，要求“迅速建立幼儿学校”，提高贫困儿童的道德水准。1938年，弗利德里希·威廉三世发布指令，批准了为援助柏林托儿所而设立的“中央基金”，并明确提出基金要用于维持现有的托儿所和建立新的托儿所，但指令并未要求政府提供资金，而是规定由市民捐资筹集。因此，德国政府将幼儿教育定位为私人慈善性质机构，其主要目的依然是缓和社会矛盾和维持社会稳定。[①]

### （三）福禄贝尔幼儿园

福禄贝尔幼儿园之前的德国幼儿教育机构主要是由私人举办的面向贫困幼儿的救济性机构，直到1940年福禄贝尔幼儿园创立，德国才有了正规的学前教育机构。福禄贝尔幼儿园及其幼儿教育理论对德国乃至整个欧美学前教育的发展产生了深远影响。

1837年，福禄贝尔在卡伊尔霍学校附近的布兰肯堡创办了一所教育机构，专门招收3—7岁儿童。1940年，他将这所幼儿教育机构命名为“幼儿园”。他依据感性直观、自我活动和社会参与的教育思想，建立了一套以活动和游戏为主要特征的幼儿园课程体系，包括游戏与歌谣、恩物游戏、手工作业、运动游戏、自然研究以及歌唱、表演、讲故事等。

1848年，德国政府走向保守和反动，幼儿园也成为被打击和迫害的对象。1851年，政府禁止举办福禄贝尔幼儿园，直到1860年禁令才解除。禁令解除后，福禄贝尔幼儿园运动团体在德国各地相继成立，其中有两个团体发挥了重要作

①郭法奇.外国学前教育史.北京:北京大学出版社,2015.

用；一个是别劳夫人为名誉会长的柏林福禄贝尔主义幼儿园促进妇女协会，另一个是由别劳夫人发起成立的家庭教育与民众教育协会。前者成立于1860年，建立了4所幼儿园和1所幼儿园教师培训机构；后者成立于1863年，该协会依据福禄贝尔的教育思想，对幼儿教育进行全面改革。1874年，上述两个协会合并为柏林福禄贝尔协会，进一步推动了福禄贝尔幼儿园运动的发展。

除此之外，这一时期还出现了专门研究福禄贝尔思想的组织与刊物。1859年，哥特·福禄贝尔之友小组开始研究福禄贝尔教育思想，并在1860年发行《幼儿园》杂志。1872年，小组改名为福禄贝尔协会总会。随着规模的扩大，1873年又联合德国各地的福禄贝尔运动组织，组建德国福禄贝尔联盟。

福禄贝尔幼儿园运动推动了福禄贝尔幼教思想与实践的广泛传播，除了德国建立了大量幼儿园，其他国家也纷纷建立幼儿园。福禄贝尔创立的幼儿园教育体系，让学前教育成为教育领域的一个重要分支和独立机构，标志着学前教育机构的功能从"救济"走向了"教育"。①

## 二、德国学前教育制度化发展

### （一）"二战"前的德国学前教育制度化发展

20世纪初，德国的学前教育呈现多元化发展状态，包括福禄贝尔幼儿园、贫困幼儿慈善救济机构、幼儿学校等。1922年，德国颁布《儿童福利法》，明确了学前教育的社会福利属性，并设立了儿童保护局，负责监督与指导婴幼儿福利工作的开展。同年，德国又颁布《青少年法》，要求建立"白天儿童之家"（各类托幼机构），并强调加强幼儿教师的培训。与此同时，德国政府还颁布了幼儿园条例，指出凡是招收2—5岁儿童的教育机构都可称为幼儿园，所有幼儿园由政府的教育部门、健康部门进行监督，儿童必须入园。这一时期的幼儿园是以私立为主，公立幼儿园非常有限。

### （二）"二战"后德国的学前教育改革

第二次世界大战结束后，德国教育进入恢复与重建时期，废除了纳粹德国中央集权的教育行政管理体制，实行教育地方分权制度，因此，在20世纪60年代以前，德国并没有建立统一的学前教育管理体系，各州自己制定学前教育发展计划与政策。学前教育也未纳入公共教育体系之中，幼儿园主要由教会、慈善组织、

①郭法奇.外国学前教育史.北京:北京大学出版社,2015.

民间团体等社会力量开办，各州儿童局只负责幼儿园的督查工作。相对于英、法等国家来说，德国的公共学前教育发展较晚。导致这一现象的主要原因是德国自由主义的教育传统将学前教育视为家庭与社会慈善机构的责任，政府不做过多干预。

20世纪60年代以后，受学前教育研究与实践的影响，德国开始意识到发展学前教育的重要性。1970年，德国联邦教育审议会公布了全国教育制度改革方案，将德国教育划分为初等、中等和继续教育三个部分，其中将3—4岁幼儿教育纳入初等教育，将5—6岁幼儿教育划入义务教育。该政策将学前教育纳入国家公共教育体系，强化了学前教育与初等教育的联系与衔接，幼儿入园率不断提高。据统计，1960年3—6岁儿童入园率仅为33%，至1977年已达75%，部分州入园率高达98%。[①]政府的介入与干预，完善了国家学前教育管理制度，极大地推动了学前教育的普及。

①周采，杨汉麟.外国学前教育史.北京:北京师范大学出版社，1999.

# 第四节 美国的学前教育

美国是一个历史相对较短的新兴资本主义国家。哥伦布发现新大陆以后，大量欧洲移民进入美国。1776年，美国正式建国，从19世纪初开始工业革命，逐步发展成为一个高度发达的资本主义强国。美国的学前教育起步较晚，早期主要受欧洲学前教育思想的影响，欧文式幼儿学校、福禄贝尔幼儿园先后在美国生根发芽。在借鉴外来学前教育思想与实践后，美国出现了慈善幼儿园和公立幼儿园，在20世纪初形成了以公立幼儿园为主，慈善幼儿园与私立幼儿园共同发展的格局。进入20世纪以后，受进步主义教育、智育主义、教育公平等社会思潮影响，政府大规模介入学前教育的改革与发展，推动了美国现代学前教育制度的形成。

## 一、美国学前教育的社会化发展历程

### (一)欧文幼儿学校运动与“家庭学校”回归

19世纪以前，美国儿童主要在家庭中接受学前教育。1824年，欧文在美国印第安纳州建立了“新和谐村”，并开办了幼儿学校。在他的影响下，美国部分州建立了幼儿学校。幼儿学校招收4岁左右的儿童，使用幼儿学校的教育方式，强调与初等学校的衔接，重视幼儿健康保健和户外活动。幼儿学校主要面向社会上层家庭儿童，经费以收费为主。但由于在发展过程中忽视对儿童特点的研究，过于强调成人的要求，出现了“形式化”“小学化”的倾向，受到社会批评。[①]30年代，家庭学校取代幼儿学校重新成为美国社会最主要的学前教育形式，反映了美

①郭法奇.外国学前教育史.北京:北京大学出版社,2015.

国家庭教育传统的力量。幼儿学校运动时间虽然不长，却在美国社会传播了重视学前教育的思想。

### (二)福禄贝尔幼儿园的创建与普及

19世纪50年代，福禄贝尔幼儿园传入美国，对美国学前教育的发展产生了重大影响，其中影响较大的人物是玛格丽特·舒尔茨和伊丽莎白·皮博迪。

美国最早的福禄贝尔式幼儿园是德国移民玛格丽特·舒尔茨于1955年在威斯康辛州为德国移民子女创立的德语幼儿园。舒尔茨使用福禄贝尔教育方法指导儿童唱歌、游戏和作业，到1870年，已建立了10所德语幼儿园。受舒尔茨的影响，美国人也开始探索本土化的幼儿园。1860年，伊丽莎白·皮博迪女士在波士顿开办了美国第一所英语幼儿园，她也因此被称为美国幼儿园的真正奠基人。1863年，皮博迪出版《幼儿园指南》一书，她在书中阐述了幼儿园既不同于小学，也不同于幼儿学校、初等学校，它是幼儿的乐园。幼儿园课程主要是儿童自主的活动和游戏，并强调师幼互动、共同游戏。为提升自己的教育素养，皮博迪还专程赴德国学习福禄贝尔教育方法，回到美国后，一方面加强福禄贝尔教育思想的宣传，另一方面还创办了美国第一所幼儿师范学校，为美国幼儿园提供高素质的教师。①

### (三)慈善幼儿园与公立幼儿园运动

随着美国工业革命与资本主义的快速发展，社会贫富分化加剧，贫困家庭儿童无人照看，处境悲惨，导致了许多社会问题。出于人道主义的立场，一些社会人士与慈善团体纷纷开办面向贫困家庭儿童的慈善幼儿园。第一所慈善幼儿园由弗利克斯、阿德勒等于1877年在纽约创办，之后，许多城市创办起了慈善幼儿园。随着慈善幼儿园的广泛设立，贫困家庭儿童的生命安全和健康得到一定程度的保护，推动了美国公共学前教育事业的发展，为发展公立幼儿园奠定了基础。

受慈善幼儿园与公立学校运动影响，美国政府开始重视公共学前教育事业的发展，并在19世纪最后10年开始大规模普及公立学前教育。1873年，时任密苏里州路易斯市教育局长的威廉·哈里斯在路易斯市德斯皮尔斯学校内创办了美国第一所公立幼儿园，聘请布洛女士担任教师，招收儿童20名。在哈里斯和布洛女士的合作下，第一所公立幼儿园取得了极大成功，美国其他州纷纷效仿，

---

①郭法奇.外国学前教育史.北京:北京大学出版社,2015.

建立公立幼儿园，至19世纪末，美国主要城市都建立了公立幼儿园。到1914年，美国公立幼儿园数量已达7554所，学前教育成为公共教育中的重要组成部分。

## 二、美国学前教育制度化的发展历程

### （一）进步主义教育运动与对传统教育的批判

19世纪末至20世纪50年代，美国出现了一场以杜威教育哲学为理论基础，以改革美国学校教育为宗旨的教育革新活动。它尖锐地批判传统教育，强调教育与社会生活的联系，提倡尊重儿童的心理发展规律，主张以儿童的兴趣、经验为中心革新课程和教学，重视做中学。①进步主义教育家对福禄贝尔、蒙台梭利等人的幼儿教育思想与方法进行了批判。

19世纪80年代，美国进步主义教育先驱布莱恩最先公开批评福禄贝尔幼儿园的诸多缺陷，其理论存在象征主义、神秘主义及浓厚的宗教色彩，恩物与作业的使用过于僵化，儿童在游戏中的自主性不足。心理学家霍尔认为福禄贝尔并未对儿童的学习与发展进行科学研究，教育实施缺乏科学依据。杜威批判福禄贝尔设计的恩物与作业脱离儿童的生活经验，对儿童来说毫无意义。

20世纪初，蒙台梭利教育思想与方法传入美国，在短时间内获得了巨大成功，蒙台梭利学校与协会相继成立。但蒙氏教育法遭到在美国占主导地位的机能主义、行为主义、精神分析学派心理学家和进步主义教育家的批判，认为其教育是机械的感官教育，脱离儿童实际生活，是“19世纪中期的货色”，已经落后于时代要求。②受此冲击，从1915年开始，“蒙台梭利热”急剧降温并在20年代销声匿迹。在进步主义教育运动的推动下，美国学前教育形成了独具特色的与儿童兴趣与实际生活紧密联系的教育思想与方法。

在这个时期，英国的保育学校及政府推动的日托所运动是对美国学前教育影响较大的事件。1915年，受英国麦克米伦保育学校的启发，美国芝加哥大学教授夫人团体自发开设了美国第一所保育学校，美国政府则于1919年创办了第一所公立保育学校，并在1929年成立了全国保育协会。“二战”期间，为了让妇女安心投入军事生产，美国政府对保育学校提供经费支持，促进了保育学校的快速发

①张斌贤.外国教育史.北京:教育科学出版社,2015.

②郭法奇.外国学前教育史.北京:北京大学出版社,2015.

展。截至1945年2月，全国共有保育学校1481所，招收幼儿69000人。为缓和30年代经济危机带来的社会矛盾，从1933年开始，美国政府设立大量日托所，向失业人员子女提供免费服务和照顾。但日托所以保育为主，教育因素较少，其教育功能不如保育学校。

### （二）政府大规模介入学前教育

从20世纪50年代开始，美国政府开始大规模介入学前教育事业。一方面，受教育民主化潮流影响，美国政府开始关注底层儿童教育，实施“开端计划”打破贫困代际传递，促进社会公平；另一方面，美苏争霸愈演愈烈，两国开始在综合国力上全面竞争，而竞争的关键在于人才的竞争，因此，美国政府将注意力投向儿童，大规模的幼儿智力开发运动成为这一时期的显著特点。

贫困问题是20世纪五六十年代美国面临的挑战之一，若不妥善解决，就会危及美国民主社会的稳定和谐。受环境决定论影响，人们将教育视为从根本上解决贫困、维护社会公平的重要手段。在这样的社会背景下，美国政府于1963年和1964年提出“向贫困宣战”，希望解决贫困家庭儿童的福利和教育问题，保障所有儿童都享有平等的教育机会。1965年秋，美国开始在全国范围内实行“开端计划”，由联邦政府拨款，为缺乏教育机会的贫困家庭的3—4岁儿童提供免费保育与教育，帮助这些儿童做好入学准备，促进幼儿的认知、情感与社会性发展。随着项目的推进，残疾儿童和0—3岁贫困儿童及移民家庭的儿童都被纳入“开端计划”。从项目实施至今，受惠儿童达830万人以上，成为美国联邦政府迄今为止规模最大的早期儿童发展项目。项目的实施促进了教育机会均等，让贫困儿童也能接受基本的学前教育，同时也促进了贫困家庭经济独立和社会稳定。但也有批评者认为“开端计划”过于强调阅读、数学等知识教学，不利于幼儿持续发展。

在关注贫困儿童的同时，对儿童智力的研究与开发也是这个阶段美国学前教育的重要特点。1957年，苏联发射人类第一颗人造地球卫星，引起美国及西方世界的巨大震动，美国政府及社会各界开始反省教育存在的缺陷与问题，进步主义教育提倡的“生活适应”教育更是成为攻击的目标。美国掀起了一场旨在提升教育质量、促进学生智力发展的教育改革，心理学家布鲁纳的教育理论对该运动产生了巨大影响。布鲁纳认为儿童具有极大的智力发展潜力，任何学科知识都可以以某种有效的方式教给处于任何一个阶段的儿童。在此形式下,美国政府、教育界、家长日益重视儿童智力的开发,形成了幼儿智力研究与开发的热潮。[①]其中影响较大的事件是皮亚杰学前教育实验和蒙台梭利运动的再次兴起。一些研究者依据皮亚杰的认知结构发展理论,研发幼儿教育实验方案。与此同时,蒙氏教育思想重新得到重视,开设了大量蒙氏幼儿园,蒙台梭利协会也得到重建。蒙氏教育理念与方法不仅在学前教育领域极受欢迎,对美国中小学教育也产生了影响。

①张斌贤.外国教育史.北京:教育科学出版社,2015.

# 第五节
# 俄罗斯的学前教育

很长一段时期,俄罗斯经济、社会、文化等各方面的发展水平均低于西欧其他国家,学前教育也如此。沙俄时期,政府不重视学前教育,只是为孤儿或弃儿举办了收容所(孤儿院),学前教育的慈善救助性质非常突出。苏联时期,政府非常重视公共学前教育的发展,不断制定完善相关方针政策,根据社会需要和儿童发展推进学前教育改革,构建了具有苏联特色的学前教育体系。

## 一、慈善性学前教育机构的产生与发展

18世纪下半期,俄国资本主义开始萌芽,封建农奴制逐步解体,城市工商业有所发展。法国资产阶级革命运动也影响到俄国,政府开始实行一些开明政策,解决弃婴和孤儿的收容问题。1763年,莫斯科开办了俄国第一所面向弃婴和孤儿的教养院,并为贫困产妇在教养院内附设了一所产科医院,很快,各省市都开设了教养院。

19世纪上半期,在目睹城市贫儿、孤儿等的悲惨处境后,俄国一些进步人士组成各种慈善团体,为这些特殊群体提供帮助。这些慈善团体举办了收容所和孤儿院,前者主要是为外出谋生的母亲照顾孩子,后者主要面向城市弃儿和孤儿,但这些机构主要集中在城市,且数量较少,影响力不大。

1861年沙皇政府废除农奴制,民主进步的社会运动波及社会各个领域,学前教育也引起社会的关注,与此同时,德国的福禄贝尔幼儿园运动也波及俄国,在这两股力量的影响下,俄国学前教育有了一定的发展。1869年,《幼儿园》月刊发行,这是俄国最早的学前教育刊物。19世纪70年代,俄国一些城市成立了福禄贝尔协会和福禄贝尔学院,专门研究福禄贝尔幼教理论并培养学前教育专业工作者。

进入19世纪末，随着俄国资本主义的快速发展，大工业生产对劳动力产生了巨大的需求，资产阶级加大了对工人的剥削，工人生活贫困，大量妇女投入生产，工人、贫民等家庭的儿童缺乏照顾与营养，处境非常悲惨，儿童死亡率很高。政府开始在城市和乡村举办孤儿院，为流离失所的孤儿提供基本的救助。在政府影响下，一些慈善团体也为孤儿设立了各种机构，如育婴堂、育婴孤儿院、平民幼儿园等。面向特殊儿童的幼教机构也开始出现，在莫斯科等大城市相继设立了面向聋哑儿童的寄宿制幼儿园。总的来看，沙俄政府对学前教育重视不足，并未将学前教育纳入国民教育体系，仅仅是将其作为面向特殊儿童群体的救济扶助手段，导致俄国的学前教育明显落后于同时代的西欧国家。

## 二、公共学前教育制度的建立与改革

苏联时期是公共学前教育制度建立并不断改革发展的时期，在政府的高度重视下，学前教育事业发展较快，并形成了统一领导与集中管理的学前教育制度。

十月革命至第二次世界大战是苏联公共学前教育制度基本建立的时期。十月革命后，苏联成立了专门的学前教育局，将学前教育作为学校教育的组成部分，并规定了学前教育服务儿童与服务家长的双重任务。为保障学前教育事业健康有序地发展，苏联在短时间内建立起了学前教育机构网，推动学前教育大规模普及，并通过组织干部培训班、设立学前教育学院等方式，为学前教育机构培养了大量管理人员和专业师资。1919—1928年，苏维埃政府还多次组织召开学前教育代表会议，讨论学前教育管理、经费、课程、师资等问题。在政府的高度重视下，仅从1917年至1920年，苏联已建立学前教育机构4723所，培养管理人员与教师3280人，在园幼儿达254527人。[①]

20世纪30—40年代，苏联政府先后制定和颁布了《幼儿园工作规程》、《幼儿园教养员工作指南》和《幼儿园规则》。其中，《幼儿园工作规程》从宏观上规定了幼儿园的教育目的、任务、组织、建设等内容；《幼儿园教养员工作指南》根据儿童年龄特点，将规程中所规定的目标、任务、内容等具体化；《幼儿园规则》则对幼儿园的性质与任务、幼儿园的教育对象、幼儿园的课程等进行了明确要求。它们的颁布与实施，标志着苏联公共学前教育制度基本确立，促进了苏联学前教育科学化、正规化。

---

①周采，杨汉麟.外国学前教育史.北京:北京师范大学出版社，1999.

20世纪50—60年代，苏联发起了“托幼一体化”运动，即将原来分别隶属卫生部与教育部的托儿所、幼儿园合并为统一的学前教育机构。统一后的机构由教育部负责指导与监管，儿童卫生保健由卫生部负责。为适应新的学前教育机构的需要，1962年，苏联颁布了世界上第一个涵盖婴儿到学龄前幼儿的教育大纲——《幼儿园教育大纲》，将出生后2个月至6周岁的儿童划分为7个教育班：第一婴儿期班（0.2—1岁）、第二婴儿期班（1—2岁）、婴儿晚期班（2—3岁）、学前初期班（3—4岁）、学前中期班（4—5岁）、学前晚期班（5—6岁）、入学预备班（6—7岁），实行了婴幼儿教育一体化、系统化。此后，苏联根据儿童心理发展与教育实验研究，先后多次修订《幼儿园教育大纲》。

# 第六节
# 日本的学前教育

日本近现代教育和日本社会一样,经历了三次重大变革。第一次是1868年开始的明治维新时期的教育改革,日本打开国门,向西方学习,建立起近代教育制度;第二次是第二次世界大战后在美国干预下的教育民主化改革,建立了日本现代教育制度;第三次是20世纪80年代以来,为适应全球化与信息化时代而做出的教育变革。[①]日本近现代学前教育发展与改革也是在这样的背景下展开的。

## 一、日本学前教育制度的创立与发展

### (一)公共学前教育机构的出现与发展

1876年,为给全国建立幼儿园样板和女子师范学校的学生提供实践场所,在文部大辅田中不二麿的倡议下,东京女子师范学校附属幼儿园正式成立,这是日本第一所官办幼儿园,也是日本第一所学前教育机构。为加强管理,文部省还于1877年为该园制定了规则,对幼儿园的日常管理等做出了规定。该园占有大片园地,园舍精美,设施齐全,但入园费用昂贵,再加上社会对公共学前教育的需求及认识尚处于萌芽阶段,这类幼儿园在日本的普及非常缓慢。到1881年,该类型幼儿园仅有7所。

为提高幼儿园的普及程度,让更多儿童接受学前教育,日本文部省提出了新的幼儿园办园意见,即教育要面向所有儿童,尤其是要让贫困家庭受益。为保障意见落实,简易幼儿园应运而生,该类型幼儿园规模普遍较小,园舍较为简陋,设施较为缺乏,但为普通民众尤其是贫民家庭、农村家庭子女提供了接受学前教育

①张斌贤.外国教育史.北京:教育科学出版社,2015.

的机会，加快了日本公共学前教育的普及程度。

在政府主办的幼儿园以外，日本还出现了民间私人举办的学前教育机构。随着日本近代工业化的发展，越来越多的年轻父母进入工厂工作，无暇照顾年幼的儿童。出于人道主义的关怀，赤泽钟美夫妇于1890年创办了日本第一所托儿所，照顾职业劳动妇女的年幼子女，让她们安心工作。托儿所的出现引起了日本社会的广泛关注，不少企业与工厂纷纷为员工子女建立了托儿所。随着托儿所的发展，日本逐渐形成了独具特色的幼儿园-托儿所二元学前教育模式。

### （二）福禄贝尔教育思想的传入与本土化改造

近代日本学前教育机构的建立与政策制定等，都受欧美学前教育理论与实践影响，尤其是德国的福禄贝尔教育思想，对日本近代学前教育的发展产生了较大影响。最早引入福禄贝尔思想的是日本东京师范学校校长中村正直编译的《福禄贝尔幼儿园理论摘要》，他在该书中指出，幼儿园建立的目的是让幼儿充分发挥自己的自然才能和天赋，幼儿园应为幼儿自由天性的发展提供条件。此后，福禄贝尔的教育思想在日本受到热烈追捧，福禄贝尔恩物游戏及教育方法被日本各幼儿园广泛采用。但日本也在学习福禄贝尔思想的同时对其进行了本土化改造：减少恩物的比重，增加德育的科目，游戏与唱歌活动中道德灌输成分越来越多。1882年，东京女子师范学校附属幼儿园修改保育科目，增设“修身科”；1887年，文部省编辑出版的《幼儿园歌曲集》极力宣传忠君报国思想，培养“顺臣良民”。[①]

### （三）幼儿园立法与近代学前教育制度的建立

随着公共学前教育机构的创立与发展，日本各地相继建立了一批幼儿园与托儿所，一些学前教育团体与协会也相继成立。1896年，东京女子师范学校附属幼儿园成立的福禄贝尔学会向文部省大臣提议为幼儿园制定教育法令。受此影响，1899年文部省研制并颁布了《幼儿园保育及设备规程》，对幼儿园的教育目的、内容、方法、园舍、设施、设备等进行了详细规定，这是日本政府制定的第一个有关幼儿园教育的法令，为幼儿园建设与监管提供了规范的标准，是日本学前教育走向制度化的起点。

---

①梅根悟．世界幼儿教育史（上册）．张举等译．长春：吉林人民出版社，1986.

## 二、日本学前教育制度的确立与完善

### (一)《幼儿园令》与学前教育制度化的确立

1911年,日本全国保育工作者大会向政府呼吁制定《幼儿园令》,改变学前教育立法缺失的状况。在日本幼教工作者的不断呼吁下,1926年4月,日本文部省颁布了《幼儿园令》及实施规则,这是日本教育史上第一部针对学前教育的独立法令。该法令规定:幼儿园是为父母都参加生产劳动、无暇进行家庭教育的幼儿设立的保育机构;幼儿园以保育幼儿身心健康发展、培养善良性格、辅助家庭教育为目的;放宽入园年龄限制,不满3岁的幼儿也可入园;在形式上可以采取半日制,也可采取全日制。[①]《幼儿园令》的颁布明确了日本学前教育的法律地位,学前教育真正成为教育体系中不可或缺的一环。

### (二)学前教育制度的持续改革与发展

1947年,日本颁布了《教育基本法》和《学校教育法》,对教育进行了多方面的调整与改革。为加强对幼儿保育工作的管理,根据《学校教育法》等法律精神,1948年日本文部省制定了《保育大纲》,这是日本政府编制的第一部学前教育大纲。该大纲强调以游戏为主,尊重幼儿自由自发的活动,避免幼儿园教育偏重知识和技能的倾向。1956年,在对《保育大纲》进行修订的基础上推出了《幼儿园教育大纲》,对幼儿园保育、教育提供了重要的规范与指导。1964年,文部省再次修订《幼儿园教育大纲》,规定日本幼儿园教育内容包括健康、社会、自然、语音、音乐韵律、绘画创作六个方面,并对每个方面都提出了教育目标,重视儿童兴趣、语音、创造力、问题解决等品质的培养。[②]1989年,日本政府根据社会、科技、教育的发展变化,再次修订《幼儿园教育大纲》,强调幼儿的主体性地位,以指导幼儿游戏为中心,并将教育内容修改为健康、人机、关系、环境、语音和表现六个方面。[③]

20世纪60年代以后,受国际社会儿童早期智力开发、教育公平运动等思潮的影响,日本政府又相继推出了三项振兴学前教育的行动计划,推动日本现代学前教育大发展。第一次行动计划是从1964年开始的"幼儿教育七年计划",该计划的目标是实现幼儿入园率达到60%以上,计划结束时,日本幼儿入园率已达63.5%;第二次行动计划是1972年"振兴幼儿教育十年计划",该计划的目标是实现4—5岁儿童全部入园,虽然没有完全实现目标,但也极大地推动了日本学前

①郭法奇.外国学前教育史.北京:北京大学出版社,2015.

②郭法奇.外国学前教育史.北京:北京大学出版社,2015.

③唐淑,何晓夏.学前教育史.大连:辽宁师范大学出版社,2001.

教育的发展，至1985年，日本5岁儿童入园率已达90%。1991年，日本文部省又制定了第三次幼儿教育振兴计划，其目标是确保之后十年3—5岁儿童有充分的入园机会，接受更好的教育。[①]

## 【小结】

本章分别介绍了近现代英国、法国、德国、俄罗斯、美国、日本六个国家学前教育的发展历程，大致可以分为两个部分。近代是欧、美、日本公共学前教育事业诞生与发展时期，学前教育的性质更多地体现为慈善救济事业，政府介入较少。进入现代，欧、美、日本学前教育进入制度化发展与改革阶段，各国通过制定政策、投入经费、加大监督等举措，先后建立起完善的公立学前教育体系，并依据社会发展与儿童发展的需要持续进行了改革，学前教育成为国民教育体系的重要组成部分。

## 真题模拟

1.1816年，新兰纳克幼儿学校——世界最早的学前教育机构是由(　　)创办的。

A. 欧文　　B. 巴乌利勒　　C. 怀尔德斯平　　D. 奥柏林

2. 提出为2—5岁儿童设立保育学校，为5—7岁儿童设立幼儿学校，在初等学校附设保育班、保育学校或保育班的设置规定为地方教育行政当局的不可推卸的义务的法案是(　　)

A. 费舍法案　　B. 白特勒法案　　C. 基佐法案　　D. 国防教育法

3.“二战”后，日本最重要的教育立法是(　　)。

A. 教育基本法　　B. 学校教育法　　C. 幼儿教育七年计划　　D. 幼儿园令

### 思考与练习

简述近代欧洲学前教育制度发展的一般特点。

参考答案

①郭法奇.外国学前教育史.北京:北京大学出版社,2015.

# 第 9 章

# 近现代学前教育思想

学前教育史上很多教育家的思想都非常具有时代性和前瞻性，对当今学前教育的创新与发展有很大的借鉴价值。学史使人明智，学前教育史的昨天里有宝贵的财富，有渊博的知识，有深刻的思想，有无穷的智慧。学前教育的历史记录着学前教育发展的经验和教训，历史上著名的学前教育专家们，指导着我们，使我们在学前教育前行的路上呼吸着智慧的空气。

## 【学习目标】

1. 了解洛克、裴斯泰洛齐的学前教育思想；
2. 理解和掌握卢梭、福禄贝尔、蒙台梭利的学前教育思想；
3. 理解和掌握马拉古兹的学前教育思想及特色。

## 【学习重难点】

1. 理解和掌握福禄贝尔、蒙台梭利的学前教育思想；
2. 理解和掌握马拉古兹的学前教育思想及特色。

## 【知识结构图】

- 近现代外国学前教育思想
  - 洛克的学前教育思想
    - 教育的作用和目的
    - 体育、德育和智育
    - 评价及启示
  - 卢梭的学前教育思想
    - 自然教育
    - 教育年龄的分期
    - 评价及启示
  - 裴斯泰洛齐的学前教育思想
    - 爱的教育和家庭教育
    - 要素教育
    - 评价及启示
  - 福禄贝尔的学前教育思想
    - 教育目的和原则
    - 幼儿教育理论
    - 评价及启示
  - 蒙台梭利的学前教育思想
    - 儿童观
    - 感官教育和教具
    - 评价及启示
  - 马拉古兹的学前教育思想
    - 瑞吉欧幼教系统
    - 主要特色
    - 评价及启示

# 第一节 洛克的学前教育思想

约翰·洛克于1632年出生在一个律师家庭，幼时受过严格的家庭教育。洛克的教育思想集中体现在代表作《教育漫话》中。他在荷兰流亡期间（1683—1689），担任富商约翰·班克斯伯爵的儿子的家庭教师时，通过书信的方式与其亲戚爱德华·克拉克交流，指导他如何教育孩子。后来洛克将这些书信整理成册，并在1693年出版。该书系统表述了新兴资产阶级在教育方面的要求，成为从西欧中世纪的宗教教育发展到近代为现实生活服务的世俗教育的重要著作。

## 一、教育的作用及目的

### （一）论教育的作用

洛克十分重视教育的作用。他在《人类理解论》中阐述的唯物主义经验论是他研究教育问题的理论基础。他继承了培根和霍布斯的唯物主义经验论，批判了天赋观念论，详细论证了基于感觉经验的人类认识的发展过程。他提出了著名的"白板说"，认为儿童的心灵生来就像"一张白纸或一块蜡"，任由你在上面写上什么或把它塑造成什么。从"白板说"出发，洛克高度评价了教育在人的发展中的作用。他说："我敢说我们在日常所见的人中，他们之所以或好或坏，或有用还是无用，十分之九都是他们的教育所决定的。人类之所以千差万别，便是由教育之故。"[①]洛克尤其强调幼年教育的重要性，幼时所得的印象哪怕极其微小，都有极重大和极长久的影响。他强调教育不只是父母的事情，"国家的幸福与繁荣也靠儿童具有良好的教育"[②]。

①（英）洛克著．傅任敢译．教育漫话．北京：人民教育出版社，1985:24.

②（英）洛克著．傅任敢译．教育漫话．北京：人民教育出版社，1985:24.

### （二）论教育的目的

洛克明确提出："教育的目的就是培养绅士。"他认为绅士是有德行、有学问、有能力、有礼貌的人，既要有贵族气派，又要有资产阶级的创造精神和才干，还要有健壮的身体。洛克所要培养的绅士是当时英国资产阶级与贵族联合专政所需要的一代新人。他提出绅士的培养方式是家庭教育，他认为："当时的学校是集合了形形色色被教育坏了的、满身毛病的一群学童的机关，教师也不可能认真顾及每一个儿童。"因此，为了培养绅士，只有让资产阶级的子女在自己的家中接受教育，才能做到因材施教。

## 二、学前教育思想

为了培养绅士，洛克主张从小就对儿童进行体育、德育和智育方面的教育。

### （一）体育

洛克十分重视体育，因为健康的身体是满足个人幸福、获得事业成功的前提条件。他指出："健康的精神寓于健康的身体，这是对于人世幸福一种简短而充分的描绘。"

健康的身体是绅士事业的前提。洛克认为身体健康的主要标准是能忍耐劳苦。他从医学的角度出发探讨了儿童身体养护等一系列问题。首先，他反对娇生惯养，当时许多贵族家庭溺爱子女。他认为儿童应习惯于忍受冷热晴雨。他主张："孩子每天（即使冬天）要用冷水洗脚，衣服要轻薄，睡卧用硬床。"其次，应加强体育锻炼。洛克要求儿童多参加户外活动。他主张学习游泳，认为这既是一种能应付急需的技能，对于健康也有很多好处。最后，养成良好的生活习惯。洛克主张儿童应过有节制的生活，儿童的生活应该有规律，睡眠要充足，并养成早睡早起的习惯。洛克主张儿童的饮食要清淡，简单，不用调味品，儿童生病应该少用或不用药物。他以自己的医学知识和教育经验为依据提出上述思想，在当时是有相当的科学性的。

### （二）德育

在洛克的绅士教育理论体系中，德育居于首要地位。因为在他看来，德行是一个绅士必须具备的最重要的品质。他认为，道德观念及习惯的形成是后天经验和教育的结果。人的本性就在于追求幸福，"如果没有德行，我觉得他在今生来世就都得不到幸福"。德行愈高的人，其他一切成就的获得也愈容易。

在洛克看来，儿童的道德品质应该从小开始培养，尤其是理性、礼仪、坚韧的性格和吃苦耐劳的品质。他指出："幼年德育的任务是要在儿童身上打好德行的最初基础；要敬仰上帝、说真话和善以待人。"要及早教儿童爱别人，善良地对待别人。

如何培养幼儿的道德品质呢？洛克的德育思想有两条主线，一条是：训练儿童以理性克制欲望。洛克所谓的"理性"，指的是资产阶级奉行的行为规范，而克制欲望是为了避免耽于一时的享乐，玩物丧志。另一条主线则是：根据唯物主义经验论思想，从小通过教育及练习去培养儿童必需的、良好的性格习惯。他认为良好的性格习惯使人终生受益。

如何训练呢？洛克提出了许多具有进步意义的方法：首先，及早管教，及早实践。他认为，儿童幼年时如果父母教育不当，等于"把邪恶的种子向儿童送"，使儿童们"离开了道德的大道"。因此，父母必须谨慎地进行德育。洛克认为："儿童不是用规则可以教育得好的，规则总是会被他们忘掉的。你觉得他们有什么必须做的事，你就便应该利用一切机会，甚至在可能的时候创造机会，给他们一种不可缺少的练习。"[①]其次，奖惩得宜，培养羞耻心和荣誉感。"如果你能使儿童爱好名誉、惧怕羞辱，你就使他们具备了一个真正的原则，这个原则就会永远发生作用，使他们走上正轨。"[②]再次，重视榜样的力量，多用"说理"的方式。他认为，在各种教育和培养儿童的方法中，最简易的方法就是跟榜样学习。他认为"说理"不同于"说教"，要考虑儿童的理解能力和接受能力。

### （三）智育

智育也是为培养精神健全的绅士服务的。洛克认为："学问是应该有的，但是它应该居于第二位，只能作为辅助更重要的品质之用。"他认为，一个有德行的绅士比一个掌握了许多脱离实际的学问的大学者更可贵。

洛克指出，智育的目的不在于向儿童传授知识，而在于培养儿童的智慧及能力。他指出，学习的根本目的"不是使青年人精通任何一门科学"，或"扩大心智所存知识"，而是"打开他们的心智，装备他们的心智"，"增加心智能力"。在学习内容方面，他认为儿童适宜学习写字、图画、阅读、语言、舞蹈和游戏等。

洛克重视智育方法，并提出了一些有意义的见解。首先，应启发儿童求学的欲望，激起读书的兴趣。洛克反对强迫儿童学习，反对用斥责和惩罚的方法。他

①（英）洛克著．傅任敢译．教育漫话．北京：人民教育出版社，1985:61.

②（英）洛克著．傅任敢译．教育漫话．北京：人民教育出版社，1985:55.

告诫教师，强迫会使学生对学习产生厌恶的心理。他主张，教师要设法使学生体会到学习的乐趣，可以在游戏中学习，使他们“自己去要求学习，把求学当成另外一种游戏或娱乐去追求”。其次，应鼓励和培养儿童的好奇心。他认为，儿童的好奇心是一种追求知识的欲望，应该加以鼓励。为此，洛克指出，儿童无论提出什么问题，教师都不可制止或讥笑，而是根据儿童的接受能力，耐心、认真地解释，同时，还应该鼓励和表扬，以激发儿童求知的积极性。再次，要集中和保持学生的注意力。洛克认为，这是“教员的巨大技巧”。他建议教师应该使儿童尽量明白所学习知识的用途；让儿童知道利用其所学过的东西能够做以前所不能做的事情。

## 三、评价

洛克作为近代杰出的教育家，其教育思想具有鲜明的时代特点和阶级局限。他提出了著名的“白板说”，是西方教育史上“外铄论”这一儿童心理发展理论的宗师。他高度评价了教育在人的成长中的作用，并深入探讨了幼儿教育及家庭教育问题，强调了德育与体育的重要性，并在德育、智育、体育各方面提出了许多有价值的教育建议。他的教育思想对后世的幼儿教育有重要影响。

# 第二节
# 卢梭的学前教育思想

让·雅克·卢梭（1712—1778）是18世纪法国杰出的启蒙思想家及教育家。他的代表作《爱弥儿》在近代教育史上占有十分重要的地位。在这本书中，卢梭通过对他所设想的教育对象爱弥儿进行教育的过程，来反对传统的封建教育制度和方法，提倡适应儿童天性发展的自然教育思想，确立了儿童本位的儿童观和教育观，对近代学前教育的发展产生了重要的影响。

## 一、自然教育思想

### （一）自然教育的实质

卢梭重视教育对人的发展的作用。他说："我们生来所没有的东西，我们在长大的时候所需要的东西，全都由教育赐与我们。""这种教育，或是受之于自然，或是受之于人，或是受之于事物。"[①]卢梭认为，人的教育来自三个方面：自然的教育、人的教育和事物的教育。自然的教育是指儿童身心自然发展；人的教育是指教育者对受教育者的有意识、有目的的指导；事物的教育是指环境对受教育者的影响。卢梭指出："在这三种不同的教育中，自然的教育是完全不能由我们决定的，事物的教育只是在有些方面才能够决定，只有人的教育才是我们能够真正地加以控制的。"[②]卢梭认为，只有"人的教育"和"事物的教育"归于"自然的教育"，这三种教育力量才能协调统一，进而达到教育的目的。由此他提出，真正的教育

①（法）卢梭著.李平沤译.爱弥儿.北京：商务印书馆，1983.

②（法）卢梭著.李平沤译.爱弥儿.北京：商务印书馆，1983.

应当是顺应儿童天性发展的教育，即自然教育。卢梭指出："大自然希望儿童在成人以前就要像儿童的样子，如果我们打乱了这个次序，我们就会造成一些早熟的果实，他们长得既不丰满也不甜美，而且很快就会腐烂，我们将造就一些年纪轻轻的博士和老态龙钟的儿童。"[①]可见，卢梭自然教育的核心思想是：儿童的教育必须遵循自然的要求，即顺应儿童的自然天性及儿童身心发展的特点进行教育。

### (二)自然教育的目的及原则

卢梭指出，自然教育的目的就是要培养自然人。何为自然人？这其实是卢梭的教育理想，即他塑造的"爱弥儿"的形象。应该说，卢梭对自然人的描绘都是爱弥儿的特点，包括热爱自然，感觉敏锐，意志坚强，身体健康，也拥有自由而独立的灵魂。自然人有以下特点：其一，是不受传统束缚而率性(即按本性)发展的人；其二，是具有自身价值的独立实体，是非等级、非阶级、非固定职业的人；其三，是体脑发达、身心健康的人。[②]总之，卢梭所要培养的是能适应资产阶级发展的一代新人。

卢梭指出，自然教育的重要原则是自由。"真正自由的人只想他能够得到的东西，只做他喜欢做的事情，这就是我的第一个基本原理。只要把这个原理应用于儿童，就可以得出各种教育原则。"[③]在卢梭看来，除了父母之爱，自由也是孩子成长的重要营养，可以说是非常重要的精神养料。根据自由的原则，卢梭坚决反对封建教育制度对儿童个性与自由的摧残和压制，反对当时经院主义教育的教育内容和学校中盛行的严酷的纪律和体罚。卢梭要求教育者最好做一个"导师"，尊重儿童主体性。他要求教师为儿童创设适合儿童自然发展的环境，要求教师多给儿童自由，尊重儿童的天性，使儿童真正成为教育的主人。

## 二、论教育年龄的分期

卢梭强调，应当根据儿童的特点来进行教育。按照儿童年龄的自然进程，儿童的教育可以分为四个阶段，每个阶段有不同的教育内容和教育方法。这四个

①(法)卢梭著.李平沤译.爱弥儿.北京：商务印书馆，1983.

②杨汉麟，周采.外国幼儿教育史.南宁：广西教育出版社，1993.

③(法)卢梭著.李平沤译.爱弥儿.北京：商务印书馆，1983.

阶段分别是：婴儿期（0—2岁），以身体的养护和锻炼为主；儿童期（2—12岁），以体育锻炼和感官教育为主；少年期（12—15岁），以知识教育和劳动教育为主；青年期（15—20岁），以道德和宗教教育为主。这里重点讨论婴儿期和儿童期的教育。

## （一）婴儿期（0—2岁）

卢梭认为："教育是随生命的开始而开始的。"[①]这一时期，人往往在身体方面软弱无能，但柔韧，善于活动，能够接受锻炼，心理方面"他没有任何心情，没有任何思想，几乎连感觉也是没有的；他甚至觉察不到他本身的存在"。因此，婴儿期教育的主要任务是身体的养护和保健，其目的是促进身体的健康发展，增强幼儿的体质。对婴儿期的教育，卢梭提出了以下要求：

（1）给予孩子真正的自由。当时人们习惯于将新生婴儿置于襁褓之中，卢梭主张让新生婴儿的四肢得到充分活动的自由，反对捆绑和束缚儿童。他说："新生婴儿需要伸展和活动他的四肢，以便他们不再感到麻木，因为他们（在母腹内）蜷成一团，已经麻木很久了。"[②]捆绑和束缚会让儿童感觉到痛苦，"他们徒然挣扎，他们愤怒，他们号哭。"卢梭认为这是"不合自然的荒谬的习惯"[③]。捆绑和束缚不仅会剥夺儿童的活动自由，阻碍其血液循环，还会影响其性格与气质。卢梭还主张让儿童有自己管理自己的机会。成人应让孩子从小养成不命令人、不驾驭他人、不依赖他人的习惯，成人不可服从儿童"胡乱的想法和没有道理的欲望"，给予儿童的帮助应该是儿童所必需的。[④]在日常的生活中，要让孩子自己多动手做事，如自己穿衣、自己吃饭和自己大小便等，而不是任何事情都依赖别人。

（2）父母应亲自教养儿童。针对当时上层社会孩子主要交给保姆养育的习惯，卢梭提倡用母乳喂养孩子，并认为这是母亲的头等责任。自然的情感"在每个人的心里振奋起来，血亲之情得不到习惯和目前关心照料的加强，它在最初的几年里就会消失，孩子的心可以说在他还没有出生以前就死了，从这里，我们开头的几步就脱离了自然"[⑤]。卢梭还主张父母共同养育子女。他说："一个做父亲

①（法）卢梭著．李平沤译．爱弥儿．北京：商务印书馆，1983.

②（法）卢梭著．李平沤译．爱弥儿．北京：商务印书馆，1983.

③（法）卢梭著．李平沤译．爱弥儿．北京：商务印书馆，1983.

④（法）卢梭著．李平沤译．爱弥儿．北京：著商务印书馆，1983.

⑤（法）卢梭著．李平沤译．爱弥儿．北京：商务印书馆，1983.

的，当他生养孩子的时候，这只不过是完成了他的任务的三分之一”，同时还应负有培养“合群人的义务”“为国家造就公民的义务”①。“真正的保姆是母亲，真正的教师便是父亲，他们要互相配合，共负责任。”②

（3）注重增强儿童体质。卢梭强调，婴儿期的教育要适应儿童身体的发展，注重增强儿童的体质。他主张儿童食物的口味应清淡，要多吃水果和蔬菜，少吃油腻食品，食物应该多样化，以免造成儿童偏食。对于儿童的衣着，卢梭主张应该让儿童穿得宽松、朴素，不宜穿得过多，不要给他们裹头、戴帽，让他们尽早适应寒冷的天气，以提高他们对环境的适应能力。儿童的睡眠应有足够的时间，给儿童准备的被褥不可过于温暖和舒适，过于温暖会导致儿童体质虚弱，对孩子的身体有害无益。对于环境，他建议孩子远离城市，在乡村呼吸新鲜的空气，获得新生。卢梭有关儿童身体养育的论述，受洛克的影响很大。

### （二）儿童期（2—12岁）

卢梭认为，孩子在2—12岁这个时期处于“理性的睡眠期”，他们“不能接受观念，而只能接受形象”，“必须锻炼他的身体、他的器官、他的感觉和他的体力，但是要尽可能让他的心闲着不用，能闲多久就闲多久。”③他反对这一时期对儿童进行理智教育和知识教育，认为这不仅会阻碍儿童体力的发展，也是违反自然的。他提出，这个时期教育最重要的任务是发展儿童的外部感觉器官，使其获得丰富的感觉经验。他认为感觉是智慧的工具，训练感觉和身体器官，能为理性活动打好基础。对儿童期的教育，卢梭提出了以下见解：

（1）训练感官，发展感觉能力。在西方教育史上，卢梭是第一位详细论述如何训练儿童感官的教育家。在触觉、视觉、听觉、味觉和嗅觉这几种感觉中，卢梭特别重视触觉和视觉。卢梭指出，人们并不是平均地使用感觉器官的。在各种感觉中，运用得最多的是触觉，“它遍布于我们身体的整个表面”，“正是有了这种感官，才使我们不论愿意与否都要通过它的不断运用尽早地获得经验。”④与触觉相比，视觉具有不可比拟的优越性。他说：“触觉只能在一个人周围发挥作用，而视觉则能把它的作用延伸到很远的地方。”⑤在如何发展感觉、训练儿童各种感官

①（法）卢梭著．李平沤译．爱弥儿．北京：商务印书馆，1983.
②（法）卢梭著．李平沤译．爱弥儿．北京：商务印书馆，1983.
③（法）卢梭著．李平沤译．爱弥儿．北京：商务印书馆，1983.
④（法）卢梭著．李平沤译．爱弥儿．北京：商务印书馆，1983.
⑤（法）卢梭著．李平沤译．爱弥儿．北京：商务印书馆，1983.

方面，卢梭提出了许多有益的见解：发展触觉的主要方法是练习，让儿童像盲人那样抚摸物体，训练触觉的敏锐性和准确性；可以通过各种活动如游戏、写生、制图等发展视觉；主要靠学说话、唱歌、听音乐来练习和发展听觉。

（2）提倡消极教育，实施“自然后果法”。卢梭认为，儿童在12岁以前是不能了解人际关系和道德观念的，这一阶段的教育重点不在于知识教育和道德教育。他主张这段时间“教育应当纯粹是消极的”，反对成人对儿童进行道德灌输或传授真理。卢梭指出：“你开头什么也不教，结果反而会创造一个教育的奇迹”，“使他大大地接近了最终目的而又不受什么损失。”[①]简言之，要无为才能有为。这个观点备受争议，带有主观臆断的色彩。但卢梭是在对当时封建教育不满的情况下提出的，反对儿童过早受到封建教育的毒害和束缚，因而消极教育有其反封建的合理性。

在教育方法上，卢梭提倡“自然后果法”。他深受洛克的教育思想的影响，但他不赞成洛克那种“和儿童讲理论”和进行道德说教的方法，同时也反对体罚，主张“不要对他们施加任何种类的惩罚”，也不可晓之以理或“进行任何种类的口头教训”。卢梭认为，教育儿童最好的方法是“使他们从经验中去吸取教训”，主张以儿童的行为所产生的自然后果去惩罚他，使儿童从行为的后果中获得自然教育。他举例说，如果儿童打破了房间的窗子，“就让他昼夜风吹，别怕他受风寒，绝不要埋怨他给你造成种种麻烦，不过你要让他头一个感觉到这些麻烦”[②]，他说：“我们不能为了惩罚孩子而惩罚孩子，应当使他们觉得这些惩罚正是他们不良行为的自然后果。”[③]自然后果法作为一种教育方法，对后世的儿童教育产生了深远的影响，是公认的重要的德育方法之一，有其合理的一面，但是这种方法并不是在任何情况下都适用。

## 三、评价及启示

卢梭的教育思想在西方教育史上具有划时代的意义，他的自然教育思想被看作新旧教育的分水岭。自然教育思想中提出通过教育培养自然人，教育要顺应儿童的天性，尊重儿童的主体地位，这些都具有很强的反封建性，反映了新兴

①(法)卢梭著．李平沤译．爱弥儿．北京：商务印书馆，1983．
②(法)卢梭著．李平沤译．爱弥儿．北京：商务印书馆，1983．
③(法)卢梭著．李平沤译．爱弥儿．北京：商务印书馆，1983．

资产阶级的要求。卢梭的教育思想对近代欧美教育理论的发展产生了重要影响，如杜威、蒙台梭利的教育理论深受卢梭的影响。他给我们的幼儿教育带来的启示是：以儿童为本，把儿童看作儿童；教育教学活动应遵循儿童身心发展规律；重视儿童的生活体验和主动经验的获得等。但是，卢梭的教育思想也有其局限性，如没有认识到教育首先要受到社会政治、经济等方面因素的制约和影响，把儿童的天性过分理想化，在教育的年龄分期方面缺乏科学的依据。由于过分强调儿童的经验，过分强调儿童的感觉教育，忽略了儿童的知识教育。

# 第三节
# 裴斯泰洛齐的学前教育思想

裴斯泰洛齐(1746—1827)是19世纪瑞士著名的民主主义教育家。他热爱教育事业,执着追求教育革新,在教育理论上提出了许多独创的见解。在西方教育史上,裴斯泰洛齐是提倡爱的教育和实施爱的教育的典范。他一生致力于贫民教育事业,希望通过教育来改变人们的贫困状况。1780到1797年,他把自己的教育理想和教育改革方面的探索以论文和小说的形式写出来,《林哈德和葛笃德》是裴斯泰洛齐的主要教育著作。他在书中阐述了社会和教育的关系,表达了他通过教育改良社会的思想,体现了资产阶级的民主教育观。

## 一、学前教育思想

### (一)爱的教育与家庭教育

#### 1. 爱的教育

裴斯泰洛齐指出:"教育的主要原则是爱。"爱的教育贯穿在裴斯泰洛齐的全部教育观念和教育活动之中。他提倡的爱的教育,是指对教育对象真诚的、全心全意的、无保留的关心与热爱。[①]他在新庄、斯坦兹孤儿院面对身体不健全的儿童,仍是满怀爱心。他说:"我的热情将如春天的太阳使冰冻的大地苏醒那样,迅速地改变我的孩子们的状况。"[②]他还提出了在家庭教育和学校教育中如何实施爱的教育的问题。在家庭中,父母从孩子刚出生起就要给予孩子充分和理智的爱。在学校,教师要像慈祥的母亲一样热爱儿童,教导儿童,全心全意地以母爱

①杨汉麟,周采.外国幼儿教育史.南宁:广西教育出版社,1993.

②张焕庭.西方资产阶级教育论著选.北京:人民教育出版社,1979.

精神去感化儿童。

### 2. 家庭教育

裴斯泰洛齐认为家庭教育对于人的发展十分重要。他的很多教育著作都强调了家庭教育的重要性，要求社会教育“模仿家庭教育所包含的各种优点”，他说：“家庭生活必须被看成是上帝为教育人类所提供的唯一的外部环境”，是教育最基本的外在“源泉”，“我们必须在家庭教育中寻找我们教育科学的出发点”[①]。裴斯泰洛齐阐述了必须重视家庭教育的原因：首先，母亲在儿童的教育中占据极重要的地位。他在《葛笃德怎样教育她的子女》一书中说：“作为人类的爱、感激和信任的基础的情感又怎样成为我的本性呢？培养服从的品质的那些活动又是怎样来的呢？我发现，它们的主要根源在于婴儿和他的母亲之间的关系。”[②]其次，父母最了解孩子，也就能很好地教育孩子。他指出，母亲对幼儿的一举一动最为敏感，“能从儿童的眼睛、嘴唇、面部判断他心灵中最微小的变化”。基于对孩子的个性、心理和能力的了解，父母就能进行有效的教育。再次，教育应从摇篮开始。他指出：“我要找出儿童最初开始学习的时间，我立刻确定这个时间与儿童的诞生是一致的。”他认为应该及早施教，家庭教育对儿童早期的智力和才能的发展起着重要的作用，最初的教育必须由母亲来承担。他总结了他在斯坦兹孤儿院及杜格多夫幼儿学校的教育经验，写成了《母亲必读》等书籍，供母亲们阅读参考。

## （二）早期和谐发展教育

裴斯泰洛齐十分重视早期教育，认为儿童应该及早施教。他提出家庭教育内容和学校教育内容一样，包括德育、智育、体育和劳动教育等。

### 1. 德育

德育在裴斯泰洛齐的教育体系中占有核心地位。他深受卢梭的影响，认为道德教育可以弥补和解决进步社会中的退步问题。道德教育最简单的要素是爱，德育的主要目的是培养儿童的博爱精神。他论述了对儿童进行道德教育应遵循的原则：（1）由近及远的原则，首先应培养儿童对母亲的爱，再逐渐扩大到爱父亲、爱兄弟姐妹、爱周围的一切人，最后扩大到爱全人类，并意识到自己是整个人类的一员；（2）由具体到抽象的原则，裴斯泰洛齐非常重视父母、教师以身作则

①夏之莲等译．裴斯泰洛齐教育论著选．北京：人民教育出版社，1992.

②张焕庭．西方资产阶级教育论著选．北京：人民教育出版社，1979.

和儿童道德行为练习，具体的示范和练习的方法胜过说教和恐吓。《林哈德与葛笃德》一书中，他描述了葛笃德的子女宁愿自己挨饿，把省下的面包送给更贫穷的孩子，在他们的内心对此行为产生了一种美好的情感体验。

### 2. 智育

裴斯泰洛齐认为发展智力是教学的重要任务之一。首先，早期智力教育应和孩子的亲身经验联系起来。不考虑孩子经验的教学，没有任何价值，也不能很好地促进学生的发展。其次，重视儿童的感官教育。他认为人的认识是从感觉器官的观察开始，观察是认识之始。在儿童的早期教育中，最好采用直观的教学方法帮助儿童透彻地理解知识。他提出的很多见解都符合儿童认知发展的特点，对发展儿童智力具有重要的意义。

### 3. 体育与劳动教育

裴斯泰洛齐认为体育和劳动教育对人的发展具有重要的意义。他认为儿童生来好动，这就是体育和劳动教育的基础。他反对过早使儿童从事某项专门的体育训练，主张通过日常生活中最简单的动作练习进行，还建议将体操和儿童的游戏及自由玩耍结合起来。他论述了体育和劳动教育与智育、德育之间的关系。他认为体育不仅能增强儿童的体质，而且能培养儿童劳动的精神和技能，还能发展儿童的智力，培养儿童优秀的道德品质。在劳动教育方面，他提出了教学和劳动相结合的教育理论，主张儿童可以学习一些简单的手工艺技巧，而且还要在实践中进行训练。他主张儿童到最好的农场和手工业作坊以及工厂去，熟识工匠们的工作，这样做是为了给儿童以谋生的手段。他认为劳动教育既可以提高儿童的劳动能力，又能让儿童学习文化知识。

## （三）要素教育和各科教学法

裴斯泰洛齐认为，在各门学科的教学过程中，都存在一些最简单的因素，即所谓的要素。教育过程应从一些最简单的要素开始，逐步过渡到更加复杂的要素。要素教育的原理体现在智育、德育、体育及劳动教育等各个方面，不同的方面有不同的要素，各种教育都能找到一定的最简单的要素作为实施教育的起点。如体育中最简单的要素是关节活动；道德教育中最简单的要素是儿童对母亲的爱；智育的基本要素是“数”“形”“词”。要素教育理论是他对初等教育新方法的研究和实验所取得的主要成果，集中体现了裴斯泰洛齐教育民主化的要求。裴斯泰洛齐在要素教育的基础上，进一步确立了初等教学法，不仅研究了各门学科的简单要素，还研究了各门学科的教学步骤，从而形成了各门学科的教学法，包括每个家庭的母亲都可以运用的简化教学法，从而使每个家庭都可以对儿童实施初等教育。

## 二、评价与启示

裴斯泰洛齐把自己的一生贡献给了教育事业。在西方教育史上，他是提倡与实施爱的教育的杰出代表。他提出的要素教育理论及在此基础上形成的各科教学法，是初等学校各科教学法的奠基人，为近代初等教育的发展做出了突出贡献，被称为“初等教育之父”。他首次明确提出了教育心理学化的口号，使教育学在科学化的历史进程中迈出了重要一步。他也是第一位将“教育与生产劳动相结合”这一思想付诸实践的教育家。他的教育思想深刻地影响了福禄贝尔、赫尔巴特等人，对学前教育具有重大意义，推动了19世纪欧洲学前教育理论的发展进程。

# 第四节 福禄贝尔的学前教育思想

福禄贝尔(1782—1852)是19世纪上半叶德国著名的幼儿教育家,他建立了完整的幼儿园教育体系,被誉为“幼儿教育之父”。他的幼儿教育理论和实践对世界各国的幼儿教育发展都产生了深刻的影响。福禄贝尔的代表作《人的教育》阐述了教育原理和他对教育各时期的看法。其重要教育著作还有《慈母游戏和儿歌》《幼儿教育学》等。

## 一、论教育目的和教育的一般原则

### (一)教育目的

福禄贝尔教育思想的哲学基础是德国古典哲学,其哲学思想深受费希特、谢林、克劳塞的哲学思想的影响。费希特在哲学中提出了“自我”和“行动”的命题,谢林的“同一哲学”“宇宙精神”,克劳塞的“万物在神论”对福禄贝尔影响很大。在教育思想上,他深受裴斯泰洛齐、卢梭等人的影响,强调教育适应自然的观点。福禄贝尔从唯心主义出发,认为“上帝的本源”是全部生活和全部教育的出发点,进而指出教育的目的就是唤起和发展潜藏在人体内部的“上帝的本源”,把人身上潜藏着的上帝的精神表现出来,而教育的作用就在于激发和推动这一过程的实现。因此,福禄贝尔的教育思想带有宗教神秘主义的色彩。

### (二)教育的一般原则

福禄贝尔论述了教育的原则,主要有以下三点:

(1)教育适应自然的原则。福禄贝尔认同裴斯泰洛齐教育适应自然的观点,他把教育适应自然理解为适应潜藏在人体中的力量和才能的自我发展，因此，教育适应自然的主要含义是，合理的儿童教育必须观察、效法或遵循自然万物发展的正确道路，“小心翼翼地追随本能”，即追随儿童的天性。福禄贝尔说：“一切专断的、指示性的、绝对的和干预的训练、教育和教学必然地起着毁灭的、阻碍的、破坏的作用。”他举例说：“葡萄藤应被修剪，但修剪本身不会给葡萄藤带来葡萄。相反，不管出自多么良好的意图，如果园丁在工作中不是十分耐心地、小心地顺应植物本性的话，葡萄藤可能由于修剪而被彻底毁灭，至少它的肥力和结果能力被破坏。”福禄贝尔和卢梭一样，认为儿童天性善良，并表现为四种本能，即活动的本能、认识的本能、艺术的本能和宗教的本能。教育要追随活动的本能，就是要唤起和发展儿童的积极性、创造性和自动性，所谓自动，就是自我活动或自发活动。因此，在这四种本能中，福禄贝尔特别重视儿童的活动的本能，他认为活动的本能最能表现“上帝的本源”，随着年龄的增长，它会发展为“创造的本能”，父母应善加引导。①他认为人的许多能力都是先天的本能，这无疑是唯心主义的观点，但是他反对压抑幼儿天性、尊重幼儿身心发展的教育观点是可取的。

（2）发展的原则。福禄贝尔认为宇宙都是无限发展着的，人作为宇宙万物中的一部分也是不断发展的，由一个发展和形成的阶段，趋向高一级的发展和形成的阶段。他主张不能把人及人性看作“一种已经充分发展的和完全形成的、一种已经固定和静止的东西”，而应当看作“一种经久不断地成长着的、发展着的、永远活着的东西，永远朝着以无限性和永恒性为基础的目标，从发展和训练的一个阶段向另一个阶段前进的东西”。②他进而指出，人类的教育活动就应当按照儿童的本性，连续、协调地促进他们在各方面得到发展。

（3）创造的原则。福禄贝尔认为：“上帝按照自己的意象造人，人应该像上帝一样创造与产生。”人是积极能动的生灵，不是被动的接受者和观察者，他必须根据神创造人类的法则，利用自然界的材料，按照自己的思想，从事创造的活动，并借以洞察内在世界与外在世界，最后认识神。这一原则反映出费希特行动哲学的影响。在教育活动中，教育者应看到儿童的积极能动性，重视儿童的“自动”和“自我”的发展，重视儿童的自我活动或自发活动。可见，创造的原则和发展的原则紧密相关。

---

①张焕庭.西方资产阶级教育论著选.北京:人民教育出版社,1979.

②赵祥麟.外国教育家评传(第二卷).上海:上海教育出版社:1992.

## 二、幼儿教育理论

### (一)论幼儿园教育的意义和任务

福禄贝尔在从事教学实践的过程中,深深意识到早期教育的重要性。幼儿时期是人生的一个最重要的阶段,此时的生活方式和所受的教育将影响他一生,应把学前教育作为人的教育过程中一个极其重要的阶段。他说,从幼儿阶段起,“真正的人的教育就开始了”。福禄贝尔深受夸美纽斯和裴斯泰洛齐的影响,非常重视家庭和母亲在早期教育中的作用。他又指出,单由家庭来教育儿童存在很多问题,应建立专门的学前教育机构,以保证儿童身体和精神的健康成长,培养训练有素的幼儿教师,并推广幼儿教育经验。他指出,并非要以幼儿园教育来代替家庭教育,而是力图以这种社会教育机构来弥补家庭教育的不足。

福禄贝尔指出,幼儿园的主要任务是通过幼儿的自由活动、游戏以及直观的方法来培育学前儿童,使他们参加各种必要的活动性课程,以发展他们的体格,锻炼他们的外部感官,丰富他们的心灵,熏陶其性格,使他们正确地认识人和自然,并增长相关的知识;使儿童在游戏、娱乐和天真活泼的活动过程中学到一定的知识,以做好升入小学的准备。

### (二)论幼儿园的教育方法及教学原则

福禄贝尔认为,促进儿童内在本质的发展是教育工作者的主要任务。如何帮助儿童发展?福禄贝尔深受费希特、裴斯泰洛齐的影响,如将费希特的“自我”和“活动”的思想直接运用到他的儿童游戏与创造活动的理论中;受裴斯泰洛齐直观教学原则的影响,他重视采用“实物”教学。结合自己对幼儿教育的实践,福禄贝尔总结出了幼儿园的教学原则:

(1)自我活动性原则。这是福禄贝尔教育原则中的核心原则。他认为神的本质的外在表现及其发展,是通过自我活动进行的。自我活动是一切生命的最基本的特性。这一原则要求重视儿童的活动自由,让儿童有充分的自我表现机会,以促进其强大自我的形成,逐渐体会到神的力量。他以雕塑、绘画、音乐等方式来实现对幼儿自我活动与教育的提升。

(2)游戏教学原则。游戏教学原则是以自我活动性原则为基础的。在幼儿园教育的实践中,福禄贝尔认识到游戏活动对幼儿发展的价值。游戏不仅能愉悦孩子的身心,还能促进孩子智力的发展。他重视游戏和活动的教学方式,并通过恩物、歌谣、运动、作业等方式来提高教学效果。

(3)实物教学原则。福禄贝尔将裴斯泰洛齐的"直观"理论作为其方法的出发点,重视让学生在与事物的接触中积累自己的经验,让儿童用自己的眼睛去观察,获得亲身体验。他所提倡的实物,主要是指他为幼儿游戏设计的一套"恩物"。他指出,教育工作者有意识地把那些有关联的事物呈现在儿童面前,能使儿童容易而正确地理解这些事物,并由此形成关于这些事物的正确观念。

## (三)论幼儿园的课程体系

福禄贝尔重视幼儿的活动和游戏。他指出,要使儿童的游戏具有教育意义,就不能漫无目的,对游戏的材料必须加以确定,并善加指导,以使儿童所从事的游戏活动以及游戏活动中流露出来的情感,都有秩序、层次并适度。为此,他将其后半生的主要精力放在幼儿园课程的发展上。他把幼儿园的训练分为三种方式:唱歌;动作及姿势;建造[①],并建立起以活动和游戏为主要内容的幼儿园课程体系,主要包括以下内容:

(1)歌谣。1841年,福禄贝尔出版了《儿歌》。1843年,在扩充内容后,改名为《母亲与儿歌》。在此书里,有一套精选的歌谣及图画的表示和游戏的说明。福禄贝尔指出,编写此书的目的是为了帮助母亲们教育自己的孩子,使孩子们认识大自然中的各种现象,练习他们的感官,活动他们的肢体,并且通过母爱去陶冶幼儿的心灵。

(2)游戏与"恩物"。福禄贝尔阐述了游戏对幼儿发展的重要意义。他认为游戏是表现和发展儿童的自动性和创造性的最好活动方式。游戏不仅是儿童幸福的源泉,而且对于发展幼儿的认识能力、想象力和创造力都是有益的。他指出:"这一时期(幼儿期)的游戏并非是无关紧要的小事,它有高度严肃性和深刻的意义。培养它、哺育它吧,母亲! 保护它、关心它吧,父亲!""这一年龄阶段的各种游戏是整个未来生活的胚芽,因为整个人的最纯洁的素质和最内在的思想就是在游戏中得到发展和表现的。"他把儿童的游戏分为两类:第一类是活动性游戏(运动游戏),是建立在儿童模仿他们在自然界和周围生活中所观察到的各种动作的基础上的,如"小河""蜗牛""磨坊""旅行";第二类是精神性游戏,就是运用他为幼儿设计的玩具(即"恩物")进行游戏。

"恩物"是福禄贝尔受裴斯泰洛齐的启发,特意为幼儿设计的一套玩具。实

①杨汉麟,周采.外国幼儿教育史.南宁:广西教育出版社,1993.

际上，“恩物”就是供儿童游戏和使用的课程资源，其教育价值在于帮助儿童认识自然及其内在规律，发展儿童的认知能力和创造能力，培养儿童动手操作的能力。“恩物”主要有六种。第一种是6个不同颜色的绒线圆球，包括红、绿、青、黄、橙、紫，借此发展幼儿辨别基本颜色的能力；成人还可以前后、上下、左右地摆动小球，以发展幼儿的空间概念。第二种“恩物”是木制的小球体、立方体和圆柱体（球的直径、立方体的一边和圆柱的高都是相同的）。儿童利用这三种形体可以学到很多知识，做很多活动，如旋转、摇晃、滚动，并用不同的方式表现它们所有的特征。大一些的孩子通过观察、比较和进行描述，可以认识物体的形状和理解到一些初步的力学定律。第三种“恩物”是由8个同样大小的小长方体组成的一个大立方体。第四、五、六种“恩物”都是一个大立方体，可以分成大小和数目不等的小立方体、长方体、长方板以及小三角形板，可使儿童学习几何形体和计数，还可使用不同的形体搭建各种东西，有助于儿童认识形体和理解部分与整体之间的关系。“恩物”能帮助儿童理解他们周围的客观世界，又能表达他们对于客观世界的主观认识。福禄贝尔设计的“恩物”在世界范围内广泛流传。

（3）作业。作业是福禄贝尔为幼儿园制定的另一种教育活动形式及课程。他倡导的作业种类很多，有纸工、绘画、拼图、串联小珠、镶嵌、泥塑等，还包括一些劳动作业，如初步的自我服务，照顾植物、动物等。福禄贝尔认为，作业不仅可以扩大幼儿对多种图形的认识，而且可以帮助幼儿认识点、线和平面，并练习使用它们组成整体。进行种植花草和饲养家畜等作业，能满足儿童的好奇心，促进知识和智力的发展，还有助于儿童熟识各种自然现象，培养他们对于自然科学的兴趣。

作业和恩物的关系十分密切。作业的进行主要体现福禄贝尔关于“创造”的教育原则，要求将恩物的知识运用于实践。恩物的主要作用在于“由外向内”，及在接受或吸收外界事物的知识；作业的主要作用则是“由内向外”，帮助儿童发表或表达他们对于外界事物的印象或认识。作业活动需要较多的技能和技巧，必须学习恩物游戏后才能进行，所以恩物在前，作业在后，顺序不可颠倒。在物体形态上，恩物游戏并不改变物体的形式，作业则要改变材料的形式。恩物重在引导儿童发现、洞察和整理，使儿童学到关于外界的知识；作业则运用恩物所提供的观念来开展活动，并引起控制、修改、变化和创造的活动。[①]

①杨汉麟，周采．外国幼儿教育史．南宁：广西教育出版社，1993.

## 三、评价及启示

福禄贝尔是近代学前教育理论的奠基人。他首创了幼儿园作为学前教育的重要机构;他详细论述了幼儿园教育的体系、内容和方法,大力推动了学前教育学的发展,并使其成为教育理论领域中一个重要分支和独立部门,标志着学前教育机构的作用开始由“看管”转向“教育”。福禄贝尔的儿童教育观和其创建的学前教育理论体系,对许多国家学前教育的发展都有很大的影响。但应该指出,他的学前教育理论的基础是唯心主义哲学,因此不可避免地带有神秘主义和形式主义色彩。福禄贝尔教育思想对当前我国学前教育的启示主要有:应正确认识幼儿园的作用和任务;游戏是幼儿园教育的基本活动;充分发挥家园共育的作用;重视幼儿园与小学的衔接,等等。

# 第五节
# 蒙台梭利的学前教育思想

玛丽亚·蒙台梭利(1870—1952)是意大利著名的女教育家。她的自由教育思想,与她1907年在意大利罗马圣罗伦佐贫民区创办的“儿童之家”及其所用的教具和训练方法,引起了社会各界的强烈反响和许多教育家、心理学家的广泛讨论。蒙台梭利独特的学前教育理论和方法,极大地推动了现代幼儿教育的改革和发展。由于她的教育学说与“儿童之家”的实践,她在幼儿教育方面成为自福禄贝尔以来影响最大的人,被称为“20世纪幼儿园的改革家”。蒙台梭利的主要著作有《蒙台梭利教学法》《教育人类学》《高级蒙台梭利方法》《童年的秘密》《发现儿童》《吸收的心智》等等。

## 一、蒙台梭利的学前教育思想

### (一)儿童观

蒙台梭利深受卢梭自然教育思想的影响,对旧式学校和家庭教育压抑儿童个性的做法进行了猛烈的抨击。她指出,旧式教育忽视了儿童发展的内在力量,把成人的想法和要求强加给儿童,压抑了儿童的本性,制约了孩子的发展。在旧式教育中,“儿童就像是被钉子固定的蝴蝶标本一样,给儿童的身体和心灵都带来了极大的痛苦”。她说:“儿童所受的痛苦不只是身体上的,在智力活动方面也遭受痛苦。学习是强制性的,充满了厌倦和恐惧……他们变得懒散、沮丧、沉默、耽于恶习,对自己失去信心,毫无童年时期的快乐可爱的景象。”她呼吁整个社会关心儿童,注意到儿童的重要性,并承认儿童的社会权利。她的儿童观主要体现在以下几个方面:

### 1. 儿童心理发展是“内在的生命力”在适宜环境中的自然表现

蒙台梭利认为，儿童身上存在着一种强烈的、天赋的内在潜力，它规定和制约着儿童的成长和发展。儿童内在的生命力是通过自发冲动表现出来的，这种自发冲动的外在形式就是自由活动。教育的任务是激发和促进儿童的“内在潜力”，并按其自身规律获得自然的和自由的发展。她说：“如果我们能在儿童身上发现一个人成长所需的要素，那么我们将能在儿童身上发现人类未来幸福的源泉。”①她主张把儿童看作儿童，而不是成人和教师灌注的容器，也不是可以任意塑造的蜡或泥。教师和父母应该仔细地观察儿童，研究儿童，了解儿童的内心世界，发现“童年的秘密”，应当为儿童创造适合其内在需要和兴趣的，能够诱发儿童自发学习、自动作业的环境，使儿童根据自己的内在需要进行活动和选择各项作业，在一个“有准备的环境”中，通过自由和自发的活动，获得智力的、精神的和身体的、个性的自然发展。

### 2. 儿童的发展存在敏感期

蒙台梭利受荷兰生物学家德弗里的影响，结合儿童各年龄阶段的感觉活动及心理特征，认为儿童心理的发展同各类生物的发展一样，存在着各种敏感期。她是最早将敏感期这一概念引入教育领域的人，认为儿童在发展的不同阶段，都有某种心理的倾向性和可能性显示出来，过了特定的时期，其敏感性则会消失。她还试图对儿童的敏感期加以区分，提出儿童从初生到5岁是感觉的敏感期；1岁到4岁是秩序的敏感期；2个月到8岁是语言的敏感期；从初生到6岁是动作的敏感期。蒙台梭利还指出了环境与敏感期之间的关系，认为敏感期是在一定的外界环境中出现的。当环境与儿童的内部需要协调一致时，一切都会顺乎自然地实现。如果缺乏适宜的环境，可能会错过儿童发展的“敏感期”。正因为敏感期是有时间性的、会转移的，所以教师和父母必须随时留心观察儿童的实际生活及其表现，要善于识别，及时地进行引导、帮助，并创造适宜的环境，最大限度地加以利用。

### 3. 儿童心理发展具有阶段性

蒙台梭利认为儿童是处在连续的不断前进的发展变化之中的，儿童发展是有阶段性的。在发展变化的每一阶段，儿童均有其特定的身心特点。前一个阶段是后一个阶段的准备，为后一个阶段奠定基础。根据对儿童的观察和研究，她

①（意）蒙台梭利著．金晶，孔伟译．童年的秘密．北京：中国发展出版社，2003.

将儿童心理发展划分为三个阶段，并分析了每一阶段的特点。

第一阶段：幼儿阶段（0—6 岁），是儿童个性形成的重要时期。这一阶段又可以分为两个时期，即 0—3 岁无意识地适应环境的时期和 3—6 岁有意识地吸收环境的时期。0—3 岁，儿童在无意识之中通过有吸收力的心理来适应生活。他们能依靠敏感性，大量感受和吸收周围的环境，获得大量关于周围环境的印象，实现心理各方面的进步。这一时期，儿童从周围环境吸收印象主要依赖感觉，身心的和谐十分重要。3—6 岁，儿童开始有意识地吸收环境。蒙台梭利认为这一时期的儿童不像前一时期那样仅仅依靠感觉，更多地依靠手的活动，有意识地吸收环境。他们有意识地用双手不停做事，触摸和把握各种东西，有选择地模仿成人的动作，并通过这些活动一步一步地发展自己的心理，直至获得较为完整、系统的心理，使各种心理现象初步形成体系。另外，蒙台梭利认为这一时期是性格形成的时期，儿童在各种能力均得到发展并初步形成系统的基础上，稳定的性格特征开始出现了。

第二阶段：儿童阶段（6—12 岁）。蒙台梭利认为，这一阶段儿童开始有意识地学习，是儿童增长学识和艺术才能的阶段 。这一阶段儿童的主要特征是：其一，发展有了很大的稳定性，开始具备抽象思维能力；其二，产生道德意识和社会感；其三，要求离开过去那种狭小的生活圈子。根据这些特征，蒙台梭利主张把对他们的教育从早期的感觉练习转向抽象的智力活动，并用道德标准和社会规范来要求他们。

第三阶段：青春阶段（12—18 岁）。蒙台梭利认为，这一阶段是儿童社交关系的敏感时期。在这一阶段，他们有了自己的理想，强烈地意识到自己是社会团体的一员，产生了爱国心和荣誉感，能根据自己的兴趣探索事物，因此，这一时期必须重视对他们进行社会性训练，帮助他们学习适应社会，成为合格的社会公民。

### （二）论教育环境

蒙台梭利教育方法包含三个重要的要素，即有准备的环境、作为导师的教师和作为活动对象的工作材料。蒙台梭利认为，儿童的内在潜能是在环境的刺激、帮助下获得发展的，是个体与环境之间相互作用的结果。蒙台梭利指出：“要帮助一个儿童,我们就必须给他提供一个能使他自由发展的环境。”[①]在蒙氏教育中,一个有准备的环境是关键,环境在教师和儿童之间起着桥梁作用。如何为儿童准备环境呢?对于3岁以下幼儿尤其是新生婴儿来说,最好的环境就是父母和家庭本身,最重要的因素是“营养”与“爱”。对于3岁以上儿童,需要能激发其活动动机的“有准备的环境”:有规律、有秩序的生活环境;美观、实用、对幼儿有吸引力的生活设备和用具;能丰富儿童的生活印象;有感官训练的教材或教具。蒙台梭利为儿童创办的“儿童之家”就是所谓“有准备的环境”的样本,“儿童之家”的设计符合儿童发展的需要,充分体现了环境创设的适宜性原则。

### (三)论感官教育与教具

感觉教育在蒙台梭利教育体系中占有重要的地位,是蒙台梭利教育法的重要特色。她在1909年成书的《蒙台梭利教学法》中系统地论述了感觉教育的目的和原则、各种感觉教育的方法和教学材料,并从生物学和社会学的角度提出了感觉训练的重要性。蒙台梭利认为感觉训练既能帮助个体在自然方面获得有效的发展,也能使个体适应周围的环境。她论述了感觉教育的重要性,学前阶段的儿童处在感觉敏感期,这个时期要不失时机地使感官得到充分的发展。“感觉器官比高级智力活动发展得早,3—7岁的儿童正处在形成期。”蒙台梭利认为,感官教育是形成认识能力的第一道大门,与智力培养密切相关,感觉训练是“智力发展的第一步”。

蒙台梭利的感觉教育包括触觉、视觉、听觉、嗅觉和味觉等感官的训练,以触觉的训练为主。她要求每种训练单独进行,并为感官训练设计了一套练习材料,有彩色圆柱体、温觉瓶、重量板、音感钟、嗅觉筒等等。蒙台梭利的感官练习材料有以下几个特点:(1)刺激的孤立性,即每一类材料只训练一种感觉;(2)教具有控制错误的功能。蒙台梭利认为,感觉教育应当遵循自我教育的原则,提倡幼儿根据自己的能力和需要进行学习,独立操作、自我校正,使儿童在操作过程中能根据教具的暗示进行“自我教育”。如视觉感官教具——带有圆柱体的插座,在一块木板上有10个直径大小不等的孔,每个孔对应一个圆柱体,要求幼儿把混放在一起的圆柱体正确地放进相应的孔中。儿童反复练习,并能自己感知错误,促使其视觉感知能力的精确性和敏锐性等得到训练和提高。

蒙台梭利感官教育的目的有:(1)认识物性;(2)发展感官知觉;(3)帮助儿童形成概念;(4)建立逻辑思维的基础;(5)培养手眼协调能力。蒙台梭利进行

---

①(意)蒙台梭利著.金晶,孔伟译.童年的秘密.北京:中国发展出版社,2003.

感觉教育主要采取了提供教具的方法，按照由易到难的原则编排教具的顺序，并使每种教具分别训练幼儿的一种感觉，通过有针对性的、分步骤的反复练习，增强幼儿对物体的特殊性能的感觉能力，去识别接触到的变换着的物体，增进各种感知能力。但是，蒙台梭利的感觉教育也有其不足之处，如感觉练习材料的孤立性，割裂了各种感觉之间的内在联系；感觉练习的方法较为机械、呆板，儿童长期进行训练容易受到操作顺序的束缚，儿童的自由活动受到一定的限制，不利于想象力和创造力的培养，与她的“任儿童自由反应”和“脑体活动相结合”的主张相悖。

### (四)自由、纪律和活动的关系

蒙台梭利论述了自由、纪律和活动(工作)的关系。她说：“自由与纪律是同一事物不可分离的部分，就像一枚硬币的两面一样。”①自由与纪律并不是完全对立的，蒙台梭利认为纪律通过自由而来。自由并不是自我放纵，纪律应该是一种自主的纪律，而不应靠强迫形成。当儿童专心于某件事、某种活动时，他也是在形成自己的良好纪律。她举例说，3岁小女孩专心做感觉练习，把几个大小不同的木制小圆柱放进相应的孔中去，反复练习很多次仍不厌倦，仍专心地练习，这说明她在感觉练习活动中已经形成了良好的纪律。所以说，自由活动是儿童发展的重要条件，也是形成良好纪律的重要方式。蒙台梭利受卢梭的影响，反对用“讲道理”“说教”的方法去规范儿童的行为。这种方法不仅收不到很好的效果，而且还会压抑儿童的个性。她主张通过自由活动的方式让儿童自觉地形成纪律，借助活动的桥梁作用，将自由和纪律辩证地联系起来。

## 二、评价及启示

蒙台梭利将毕生精力献身于儿童教育事业，长期从事教育改革实验，对促进学前教育理论与实践的发展做出了重要贡献，其教育实践活动极大地推动了学前教育理论的发展。20世纪，她的教育思想几乎遍及世界上每一个国家和地区，同时也激起了人们研究和实践学前教育的巨大热情，欧洲的许多国家先后兴起了蒙台梭利热。蒙台梭利的基本理论和方法已为当代的实验心理学、发展心理学和教育心理学所肯定，证明其教育理论是合乎时代潮流的。

①张斌贤，褚洪启.西方教育思想史.成都：四川教育出版社，1994.

# 第六节 马拉古兹的学前教育思想

洛利斯·马拉古兹(1920—1994),意大利著名的学前教育专家,创建了独具特色的瑞吉欧幼教系统。他创立的教育系统富有自己的特色和创新意义,有其自身的组织方式,还有其环境创设的原则。他继承和发展了福禄贝尔、蒙台梭利、杜威、皮亚杰、加德纳等先驱们的教育思想,并根据社会的发展和对儿童的认识,在教育理论和实践上作了极富创造性的提升和发挥。其主要的代表作有《儿童的一百种语言》。

## 一、学前教育思想概述

### (一)瑞吉欧幼教系统创建的理论基础

瑞吉欧幼教系统源于意大利北部小城瑞吉欧,由学前教育专家马拉古兹带领他的团队与家长、社区工作者共同创建。目前,其教育理念已广泛影响了世界上许多国家和地区。在理论上,瑞吉欧幼教系统深受杜威进步主义教育思想和皮亚杰、维果茨基等的建构主义思想的影响。

进步主义教育是20世纪上半期盛行于美国的一种教育哲学思潮,对当时的美国学校教育产生了相当大的影响。其主要代表人物是杜威,他反对旧教育以教师、教材、课堂为中心,提出了新"三中心"说,即以儿童、经验、活动为中心,尤其重视儿童的主体作用。杜威在儿童中心论的基础上提出了教育的本质论,即"教育即生长、教育即生活和教育即经验的不断改造",以及"做中学"的教学原则和重视活动课程的思想。这些都深深影响了瑞吉欧幼教系统对教师、儿童和教学过程的认识。

瑞吉欧幼教系统还继承和发扬了皮亚杰、维果茨基的建构主义心理学的观点。皮亚杰的基本观点是：儿童是在与周围环境相互作用的过程中，逐步建构起关于外部世界的知识，从而使自身认知结构得到发展的。瑞吉欧幼教系统强调儿童的主动学习，主张教育应根据儿童的不同发展阶段，适合不同逻辑水平儿童的需要，促进儿童对知识的自主建构。维果茨基指出皮亚杰是从生物学的观点出发看待儿童的发展的，将儿童的心理发展看作内部力量驱使下的过程，脱离了文化和周围的环境。他认为儿童高级心理机能的发展的根本原因是受社会文化的影响。成人和同伴群体对儿童的社会性发展起着重要的作用，即作为个性核心成分的社会性，是在儿童同他人的社会交往过程中逐渐由外到内发展而来的。

瑞吉欧幼教系统既继承和发扬了进步主义和建构主义的观点，又提出了自己富有特色的、具有创新意义的哲学观念和教育主张。瑞吉欧幼教系統主张儿童的学习不是独立建构的，而是在诸多条件下，主要是在与家长和教师、同伴的相互作用中建构的，是在特定的文化背景中建构知识、情感和人格。在互动过程中，儿童既是受益者，又是贡献者。

### （二）瑞吉欧幼教系统的基本思路

#### 1. 社会支持，家长参与

瑞吉欧幼教系统把幼儿教育看作全社会的事。社会在育儿方面给予家庭以有力的支持，是意大利文化中集体主义的一种表现。在瑞吉欧市，0—6岁儿童的保育和教育是一项十分重要的市政工程，享有政府财政拨款的12%。许多由社区公民自发组织起来的民间组织对地方政府施加影响，对政府的这一项工作进行监督，以保障与改善该地区学龄前儿童的家庭教育和正规教育。他们要求中央政府提供公共资金、由区政府负责整体规划、由市政府负责管理。1971年，社会参与管理在有关学前教育的国家法律中得到确立。社会参与管理有两种形式：公立学校主要是在学校内部成立委员会，而幼儿园、托儿所主要采取以社区为本的管理方式。①在瑞吉欧，家长都有权参与学校所有环节的一切事务，并自

①史静寰，周采．学前比较教育．辽宁：辽宁师范大学出版社，2013.

觉承担起这一责任。例如，家长要讨论学校的各项政策，研究幼儿身心发展的状况，参与课程的计划与实施并给予一定的评价。这类似于我国幼儿园建立的家委会，但工作范围但更广泛，家长的主体性和参与意识更强。

### 2. 民主与合作是学校管理风格

瑞吉欧幼教系统是一个以儿童为中心的联盟，使教师与儿童同样能获得“家一样的感觉”。幼儿园在人员的组成上也很有特色。学校没有校长，教师之间也没有任何的等级之分，他们只是平等的同事与合作者。所有学校由一位主管直接向市政府汇报工作，他还要组织一批教研员进行宏观的决策、计划和研究，并对各所学校进行具体的指导。这些教研员是该市幼儿教育的课程决策者，每个人都要协调和指导五六所学校全部教师的业务工作。学校每个班（婴儿班12人，托儿班18人，幼儿班24人）配备2名教师，同儿童相处3年，有利于良好师生关系的形成。另外还有1名艺术教师和几个教辅人员，艺术教师除了在艺术教育方面做出贡献，还要协助教师发展课程，并做好课程、教学与幼儿活动的记录。这些都为瑞吉欧的幼儿园营造了一种社区的氛围。

### 3. 环境布置的适宜性

环境的布置也是瑞吉欧幼教系统的中心环节。瑞吉欧的教师把学校看作一个促进社会互动、探索、学习的“容器”，一个有教育内涵的，包含着教育信息，充满各种刺激，能促进交互性体验和建构性学习的环境。①

环境创设要解决的一个核心问题是如何增进环境的开放性和资源的综合利用。学校一般处于社区中间，因为很多教育方案需要儿童走出校园去探索。在设计新的空间和改造旧的场地时，一个通常的问题就是如何使各部分教室能够便利、有效地衔接起来。学校内部各个建筑都是通过“中心”相互联系的。所有的教室都向一个中心区域敞开大门，厨房可以随时参观。大大的玻璃窗、教室后面的院落、开向外面的大门，也使学校同社区保持沟通；入口处放着各种各样的镜子、照片和儿童的作品。瑞吉欧的教师们将幼儿学校的环境称为“我们的第三位教师”。艺术工作室是瑞吉欧幼儿园的建筑中最有特色的一部分，这里的气氛自由而宽松，既是儿童探索各种语言、各种表达方式的场所，也是教师研究儿

①史静寰，周采. 学前比较教育. 辽宁：辽宁师范大学出版社，2013.

童及其活动的一个场所。

## (三)主要特色

### 1. 儿童的一百种语言

瑞吉欧-艾米利亚学校非常重视培养儿童的想象力和创造力。儿童的想象力和创造力,最明显地表现在他们结合并跨越各种感官功能,穿越在各种媒介之间的能力。他们对各种媒介的运用,构成了儿童的一百种语言。儿童的一百种语言意味着儿童用多种方式或者多种符号系统来表达他们的态度。[①]在瑞吉欧看来,幼儿表达自我和彼此沟通的手段,以及教师判断幼儿对于相关的内容是否理解,不应只是使用语言符号,语言只是教师与幼儿沟通的手段之一。瑞吉欧要求教师多采用动作、手势、姿态、表情、绘画、雕塑等方式进行教学。在绝大多数情况下,幼儿的学习、探索和表达是许多"语言"的综合。

为宏扬进步主义的教育理念,推广自己的教育经验,自20世纪80年代初期以来,马拉古兹和他的团队在欧洲各国举办巡回展览。名为"儿童的一百种语言"的展览获得巨大成功,瑞吉欧的理念与教育经验得到各国人士的赞赏,被美国《新闻周刊》评为"全世界最好的教育系统之一"。

### 2. 方案教学与生成课程

方案教学是对瑞吉欧幼教系统最全面的概括。方案教学是一个教和学互动的过程,是教师和儿童共同展开研究性学习的过程。[②]方案主题可来源于成人的建议、儿童的讨论甚至一些突发事件,如天气的变化或客人的来访等,随机性较强。但选择主题方案时必须考虑儿童的兴趣和需要,而且让幼儿在方案的提议、选择和决定上承担起主要的责任。主题在实施中是有层次的,一个大的主题下可以包含许多小的需要、计划和实施;同时又是灵活的,一个方案进行到某一阶段时,可能会产生意想不到的情形,使得活动的主题发生转换或产生新的主题。这一点说明方案教学具有生成性的特点,不同于传统的幼教课程模式。方案教学强调的是儿童的内在动机,教师为儿童准备必要的材料和环境,鼓励儿童成为学习的主人,教师扮演观察者和引导者的角色。

---

①史静寰,周采.学前比较教育.辽宁:辽宁师范大学出版社,2013.

②史静寰,周采.学前比较教育.辽宁:辽宁师范大学出版社,2013.

方案教学在瑞吉欧的幼教工作者看来,是一种"弹性计划",即所谓的生成课程。生成课程的概念是由贝蒂·琼斯于1970年首次提出来的。"生成"强调的是方案主题是从儿童和成人的日常生活、儿童的兴趣中产生的,而"课程"意味着有教师的计划成分。所以,生成课程有自发性和生成性的特点。生成课程和儿童的日常生活紧密相关,它没有预设的课程目标、内容。在这种课程的学习中,儿童是积极主动的学习者,是学习的主人,教师在课程中主要起着引导和启发的作用。教师在日常工作中,要注意观察孩子的兴趣和问题,然后对儿童的行为进行实时的评估,再在评估的基础上生成课程来支持儿童的发展。在瑞吉欧幼教模式下,教师们常常同某一个小组的幼儿一起开展一个项目,幼儿小组围绕着一个共同的项目和老师一起开展研究、探索解决问题的办法,不断地表达自我,和同伴相互交流。研究性学习是瑞吉欧学校的主要学习方式。

## 二、评价与启示

马拉古兹继承和发展了教育先驱们的思想,根据当代社会发展和人们对儿童的认识,对学前教育的理念和实践做了极富创造性的发挥和提升。他创造的瑞吉欧幼教系统,反映的是学前教育的一种新文化,影响了全世界。加德纳将马拉古兹与福禄贝尔、蒙台梭利、杜威和皮亚杰等一些在历史上曾对学前教育产生过重要影响的人物相提并论,将马拉古兹看成代表当今学前教育时代精神的人物。瑞吉欧幼教系统带给我们的启示有:儿童是积极主动的学习者,是学习的主人;教师应成为幼儿的合作者、研究者;重视利用学校、社会和家庭的合作;重视在儿童的活动中自然而然生成的课程等。

## 【小结】

约翰·洛克是英国资产阶级唯物主义的哲学家、政治家和教育家。他撰写的《教育漫话》一书从理论上为英国的绅士教育提供了一个完整的体系。让·雅克·卢梭是18世纪法国杰出的启蒙思想家及教育家,提倡自然教育思想,确立了儿童本位的儿童观和教育观,教育代表作为《爱弥儿》。裴斯泰洛齐是19世纪瑞士著名的民主主义教育家。在西方教育史上,裴斯泰洛齐是提倡爱的教育和实施爱的教育的典范,主要教育著作是《林哈德和葛笃德》。福禄贝尔是19世纪上半叶德国著名的幼儿教育家，他创办了世界上第一所幼儿园，建立了完整的幼儿园教育体系，被誉为“幼儿教育之父”。他的幼儿教育理论和实践对世界各国的幼儿教育发展产生了深刻的影响，代表作是《人的教育》。蒙台梭利是意大利著名的女教育家。她的自由教育思想，与她1907年在意大利创办的“儿童之家”及其所用教具和训练方法，引起了社会各界的强烈反响和许多教育家、心理学家的广泛讨论，极大地推动了现代幼儿教育的改革和发展，被誉为“20世纪幼儿园的改革家”，其主要著作有《蒙台梭利教学法》等。马拉古兹是意大利著名的学前教育专家，在他的领导下，创建了独具特色的瑞吉欧幼教系统，对当今世界学前教育产生了重要的影响，其代表作有《儿童的一百种语言》。

## 真题模拟

1.（　　）提出了著名的“白板说”，认为人的一切观念都来自后天的经验，而不存在什么天赋。

A. 夸美纽斯　　B. 卢梭　　C. 洛克　　D. 福禄贝尔

2. 在西方教育史上，（　　）是第一个提出并详细论述儿童体育的教育家。

A. 杜威　　B. 裴斯泰洛齐　　C. 洛克　　D. 欧文

3.“自然后果法”是哪个教育家提倡的教育方法？（　　）

A. 夸美纽斯　　B. 洛克　　C. 卢梭　　D. 裴斯泰洛齐

4. 卢梭自然教育的方法是（　　）

A. 积极教育　　B. 消极教育　　C. 不管不问　　D. 自由发展

5. 与柏拉图的《理想国》、杜威的《民主主义与教育》并称为西方教育史上具有里程碑意义的教育代表作是（　　）

A. 洛克的《教育漫话》　　B. 福禄贝尔的《人的教育》

C. 蒙台梭利的《童年的秘密》　　D. 卢梭的《爱弥儿》

6. 世界上第一个承认游戏的教育价值，又系统地把游戏列入教育过程的教育家是（　　）

A. 蒙台梭利　　B. 卢梭　　C. 夸美纽斯　　D. 福禄贝尔

7.1907年在罗马贫民区创设“儿童之家”，创立以感官为基础的幼儿教育教学体系，进行幼儿教育实践的教育家是(　　)

A.福禄贝尔　　B.卢梭　　C.夸美纽斯　　D.蒙台梭利

8. 福禄贝尔幼儿园教育的基本原则是(　　)。

A.自我活动　　B.艺术活动　　C. 学习活动　　D.保育活动

9.福禄贝尔认为儿童有四种本能，包括认识的本能、宗教的本能、艺术的本能和(　　)

A.制作的本能　　B.创造的本能　　C.活动的本能　　D.运动的本能

10.福禄贝尔认为儿童有四种本能，其中最重要的本能是(　　)

A.活动的本能　　B.认识的本能　　C.艺术的本能　　D.宗教的本能

11.在教育史上，(　　)是提倡爱的教育和实施爱的教育的典范。

A.裴斯泰洛齐　　B.卢梭　　C.洛克　　D.福禄贝尔

12.蒙台梭利教育内容中最重要的而且最有特色的部分是(　　)

A.日常生活练习　　B.感觉教育　　C.文化科学教育　　D.语言教育

13.蒙台梭利教育方法的核心是(　　)

A.有准备的环境　　B.导师　　C.工作材料　　D.活动

14.蒙台梭利主张在儿童自由的自我探索活动中，利用教具“控制错误”的特点，使儿童达到智慧的自我教育。这种观点是对哪位教育家的教育思想的发展？(　　)

A.卢梭　　B.裴斯泰洛齐　　C.福禄贝尔　　D.洛克

15. 瑞吉欧学前教育理论的代表人物是( )。

A. 皮亚杰　　B.加德拉　　C. 马拉古兹　　D.维果茨基

## 思考与练习

1.试析卢梭的学前教育思想。

2.试析福禄贝尔的学前教育思想。

3.试析蒙台梭利的学前教育思想。

4.试析马拉古兹的学前教育思想。

参考答案

# 第 10 章

# 当代学前教育的发展与实施

现代社会是高度信息化、经济跨国化、竞争全球化的社会，世界各国的竞争归根结底是教育的竞争。教育与政治、经济、文化的辩证关系，也让世界各国认识到教育改革的紧迫性。学前教育作为人生最基本的教育，是整个教育事业的基础，其改革与发展也势在必行。

## 【学习目标】

1. 了解当代西方学前教育发展的现状；
2. 了解当代西方学前教育发展的新动态；
3. 了解当代西方学前教育发展的趋势。

## 【学习重难点】

1. 重点理解和掌握当代西方学前教育发展的新动态；
2. 重点理解和掌握当代西方学前教育发展的趋势。

## 【知识结构图】

- 当代西方学前教育发展的现状
  - 当代西方学前教育的发展与实施 ⇒
    - 教育兴国成共识
    - 教育地位提升营造好环境
    - 社会变革提出挑战
  - 当代西方学前教育发展的新动态 ⇒
    - 教育政策变革
    - 课程改革
  - 当代西方学前教育发展的趋势 ⇒
    - 民主化
    - 一体化
    - 个性化
    - 多元化
    - 现代化

# 第一节
# 当代西方学前教育发展的现状

现代社会是一个高度信息化、经济跨国化、竞争全球化的社会。在现代化的社会里，世界各国的竞争归根结底是教育的竞争。学前教育作为人生最基本的教育，是整个教育事业的基础，改革与发展也势在必行。

## 一、教育兴国成为各国共识

随着知识经济的到来，世界各国都在寻找着自己的对策。从综合国力的竞争到科学技术的竞争，引发了各国在教育方面的竞争，早期教育越来越受到国际社会的广泛关注。联合国儿童基金会在公布《2001年世界儿童状况》时指出，在儿童的健康、教育和教养方面进行早期投入是一种非常有效的方式，将来必然会产生丰厚的回报，因此，保障儿童权利应该尽早着手实施健康投资以及提供相应服务等多种措施。这表明，早期教育在人的一生的发展中有重要作用已成为国际社会的广泛共识。

1997年，美国为“保证每个美国公民拥有世界上最好的教育”，“在21世纪的知识经济竞争中获得成功”，在关于知识经济的《国情咨文》中，提出“头脑启动计划”——从生命诞生的时刻就实施计划。[①]

1997年，英国政府发起了规模宏大的学前教育改革，投入总计85亿英镑的资金，推动学前教育发展。实施的相关政策和举措包括：实施国家儿童保育战略；颁布《基础阶段课程指南》；建立儿童早期发展与保育合作组织；建立优质早期教育资源中心和教育行动区、健康行动区；批准法定不带薪产假和父母假；建立儿童保育税收信用制度；改善托幼机构中成人与幼儿的比例；为托幼机构从业

①中国关心下一代工作委员会儿童发展研究中心专家组，中国国际人才开发中心组织编写，程淮主编.儿童早期教育专业教程(上).北京:新星出版社，2011.

人员提供培训，促进专业发展。

从20世纪60年代起，日本开始婴儿教育计划，到90年代，日本三次改革学前教育，改善日本学前儿童的教育状况，对贫困家庭的儿童给予教育资助。日本一些有识的科学家、企业家都投身早期教育事业，他们从培养21世纪所需要的人才出发，热衷于婴幼儿教育研究。

1993年，新西兰启动了以前首相名字命名的三岁前婴儿教育的国家计划——“普鲁凯特计划”，该国教育部在《面向二十一世纪的教育》报告中明确指出：教育必须从出生开始。

加纳是世界上第一个批准《儿童权利公约》的国家。根据1990年世界儿童问题首脑会议通过的行动纲领，加纳制定了《儿童不能等待》国家行动方案，确立了促进儿童生存、保护与发展的行动计划。

1992年，秘鲁与联合国儿童基金会合作建立了包括教育部、卫生部、农业部、国家家庭福利研究所在内的“全国日托中心工程”，又称“娃娃之家工程”。到目前为止，“娃娃之家工程”已经建立了5500个为0—3岁儿童提供日托服务的社区教育中心。

1978年，菲律宾创立了“家长作用促进会”项目，它是菲律宾儿童行动计划大方案中一项有成效的工作。这个项目包括家长小组会、家访和家庭培训、无线广播节目，1992年增加家长教育广播节目——早期儿童保育与发展广播函授学校。1994年开设了非律宾家庭问题广播函授班，广播覆盖率达80%。

此外，世界银行还在一些欠发达国家如肯尼亚、南非、毛里求斯等，开展了早期儿童发展状况调查研究，帮助他们实施早期教育，进行针对贫困家庭的早期儿童发展试点项目，为3岁以下儿童提供计划免疫、维持营养水平、促进生长发育、感官刺激活动等服务；同时，也对家长进行教育，目的在于改变育儿习俗，促进儿童身心健康发展。

以上各国的实践使我们看到，儿童早期教育不仅在发达国家，而且在发展中国家均已引起政府和社会各方面的高度重视。21世纪，婴幼儿早期教育被视为人才培养的奠基工程，各国都开始重视国际关系多元化背景下学前教育的发展。

## 二、教育地位提升为学前教育营造了良好环境

儿童是国家的未来，是民族的希望，给所有儿童创造良好的家庭、社会和学

习环境，让幼儿健康、快乐、幸福地成长，一直是世界各国努力的目标。一年一度的“六一国际儿童节”及每年11月20日的“世界儿童日”就是专门为儿童们设立的。全世界0—6岁的婴幼儿多达六七亿，通过早期教育开发这些儿童的学习潜能，是整个教育事业发展的需求，是满足全球日益增长的教育需求的需要，也是提高各国国民素质，促进经济、社会持续健康发展的需要。

以往，在很多人看来，与中小学教育、高等教育相比，0—6岁的学前教育似乎并不重要，学前教育多附属于中小学教育体系之中。随着教育在社会体系中地位的不断提升，随着社会经济的进步，学前教育的地位也有了明显的提升。例如，全世界建立了大量学前教育师范院校，成立了大量全球连锁的幼教集团，幼儿影视出版业迎来繁荣景象，近些年出现了许多以儿童为对象的新工作岗位，等等。

随着社会的不断进步，各国日益重视本国教育事业的发展。教育重心的下移，使人们对学前教育的关注程度也在不断提高。科学研究也表明，6岁前是人脑发育最快的时期，是口语发展、概念掌握的关键期，是行为、性格的奠基期，是人一生中最富有可塑性的时期。因此，科学的学前教育能使幼儿很好地适应今后的学习与生活。

## 三、当代社会的急速变革对学前教育提出了新的挑战

学前教育愈原始，其作用范围也就愈有限；反之，学前教育愈发达，其作用范围也就愈广阔。古代学前教育的活动范围与内容基本局限在家庭之内；近代和现代初期的学前教育活动主要局限在蒙养院、幼稚园等托幼机构之内。当前的学前教育已经扩展到了社区、社会甚至全球的范围。因此，以往的学前教育活动范围可以说是地方性的。人类的活动范围从家庭扩展到地区，进而扩展到全球，导致幼儿所能接触到的外界信息已经呈现出多元化、全球化的趋势。

人们已经认识到了基础教育的重要性，因此，许多国家全面普及义务教育，但是由于考试制度的影响，中小学生面对的学习压力也在逐渐增大。如果错过了早期教育的关键期，又必须应对学校教育的压力，很多孩子会丧失学习的兴趣。然而，任何一个国家或社会的进步，都需要大批成熟的人才。如果幼儿能在良好的教育环境下让自己得到更好的发展，那就意味着未来的他们能为社会进步贡献出更多的力量。一旦形成这样持续良性发展的氛围，他们就会成为各个国家发展的强大动力。

## 拓展阅读

### 《儿童权利公约》

该公约于1989年11月20日第44届联合国大会第25号决议通过，是第一部有关保障儿童权利且具有法律约束力的国际性约定。1990年9月2日生效。截至2015年10月，缔约国为196个。该公约旨在为世界各国儿童创建良好的成长环境。

《儿童权利公约》共54条，实质性条款41条，其中被提到的儿童权利多达几十种，如姓名权、国籍权、受教育权、健康权、医疗保健权、受父母照料权、娱乐权、闲暇权、隐私权、表达权等。其最基本的权利可以概括为四种，即：

1. 生存权——每个儿童都有其固有的生命权和健康权；
2. 受保护权——不受危害自身发展影响的、被保护的权利；
3. 发展权——充分发展其全部体能和智能的权利；
4. 参与权——参与家庭、文化和社会生活的权利。

# 第二节
# 当代西方学前教育发展的新动态

## 一、当代西方学前教育政策的变革

当代国际学前教育有了进一步的发展，各国对学前教育有了更高的重视，不断推出各种法律法规，以保证和促进学前教育的发展，其内容涉及学前教育的各个领域，如教育的目标、内容、形式、管理、师资、督导及评价等。

美国在1956年的《社会安全法案》修正案中，提出了为职业妇女提供托儿服务的方案。1958年，美国政府又通过了《国防教育法》，该法案强调教育应该从孩子抓起，应该重视天才儿童的选拔和教育，对学前教育的发展起到了一定的推动作用。1970年和1981年，美国两次决定把发展托幼事业作为国家最重要最迫切的需要之一。1979年通过了《儿童保育法》。1984年，美国学前教育协会颁布《高质量学前教育机构的评价标准》，对密切家园关系、进行家园合作提出了许多具体的要求。1990年通过了《儿童早期教育法》，美国地方政府把普及学前一年的幼儿园教育作为学前教育的首要任务。学前一年教育属于义务教育，幼儿园多附设在公立学校，许多州还决定扩招部分4岁幼儿以利于学前教育的普及。2000年颁布的《2000年目标：美国教育法》中，突出了联邦政府对学前教育的高度重视，具体目标包括三个方面：第一，所有儿童都能够接受高质量的、具有发展适宜性的学前教育项目，以帮助他们为入学做好准备；第二，美国的每一位父母都应该成为儿童的第一任教师，每天应安排一定时间帮助其学龄前的孩子学习，同时家长们可以获得他们所需要的培训与支持；第三，儿童能够获得足够的营养、体育活动和保健，身心健康地步入校园，并具备学习所需的机敏心智，而低体重婴儿数量将通过促进孕期健康系统的完善而得以减少。[1]美国总统布什于2001年1月23日公布了《不让一个儿童落伍》,2002年1月8日,又正式签署了《2001年不让一个儿童落伍法案》,这是美国基础教育中第一部涉及学前儿童的立法。

日本现行的学前教育主要由幼儿园和保育所两种机构组成。幼儿园是根据《学校教育法》而设的幼儿教育机构,属文部省管辖;保育所是根据《儿童福利法》而设的儿童福利设施,属厚生省管辖。日本文部省1947年颁布的《学校教育法》在第1条中规定,学校是指小学、初中、高中、大学、聋学校、养护学校及幼儿园,这就明确了幼儿园是学校教育体系的一个组成部分。《学校教育法》第77条规定,幼儿园是以"养育学前阶段的幼儿,提供适应的环境,以发展健全的身心"[2]为目的的幼儿教育机构,招收3岁到入学前的儿童。该条款还将幼儿园分为国立、公(县、市)立和私立三种。国立幼儿园由国家设立,公立幼儿园由市、镇、村的公共团体设立,私立幼儿园由学校法人、其他法人及个人设立。国立幼儿园的经费由国家负担,公立幼儿园由地方政府支持,私立幼儿园由设立幼儿园的团体或个人负责。日本厚生省1947年颁布的《儿童福利法》第39条规定,保育所是接受保护者的委托,对缺乏保育条件的婴幼儿及特殊需要的幼儿进行保育的机构。《儿童福利法》规定,保育所分为公立和私立两种,其中公立的保育所主要是县立和村镇设立的,私立保育所则是由社会福利法人、公益法人(财团法人或社团法人)、宗教法人和个人设立的。保育所是一种福利机构,所以收费较便宜。1999年11月,日本文部省颁布《幼儿园教育纲领》,对日本幼儿园教育的基本方针做了如下规定:为了达到《学校教育法》第77条所规定的幼儿园的目的,应根据幼儿期的特性,通过环境来进行幼儿教育。为此,教师要与幼儿建立充分的信赖关系,与幼儿共同努力,创造美好的教育环境。具体来说,幼儿园的任务有以下几条:"第一,开展与幼儿期相适应的主体性活动;第二,通过游戏指导,全面实现幼儿教育的目的和内容;第三,应根据每个幼儿的特性进行教育。"[3]在这一年,日本全国福社协议会和全国保育协会颁布了《保育所保育指南》,对保育所的基本方针做了具体的规定,主要内容包括通过与家庭、社区的密切配合,去补充家庭保育,并通过创造能使儿童健康、安全、情绪稳定的生活环境,使之在充分发挥自我的过程中开展多种多样的活动,以求幼儿个体的身心健康发展。保育员应通过养护和教育的一体化培养人性丰富的儿童。2001年,日本文部科学省颁布的《幼

①美国国会.2000年目标:美国教育法[EB/OL].http://Thomas.loc.gov/bss/dl03/dl03laws.html,[2004-4].

②曹能秀,樊倧,张丽花等.当代美英日三国的幼儿教育改革研究.昆明:云南大学出版社,2010.

③卢清.中外学前教育史研究.贵阳:贵州人民出版社,2008.

儿教育振兴计划》明确提出“促进幼儿园教师和小学教师资格证通用”的主张。2004年日本中央教育审议会发表了《关于幼儿教育、保育一体化的综合机构》的咨询报告，提出了设立“‘幼保一体化’的综合机构”的构想，这一构想在2006年付诸实施。[①]2006年12月22日，日本正式公布新的《教育基本法》（后称“新法”），并将幼儿教育首次纳入此法，“新法”中新增的幼儿教育内容及条款，意味着幼儿保教观念的变化。在“新法”颁行之前，日本有两套为幼儿服务的体系，第一套是保育所，第二套是幼儿园，两者所对应的概念也不同，前者意为照管，后者意为教育，即前者是只保不育，后者是只育不保。2006年12月，日本将保育定义修改为“早期孩童时期的教育及照管”，目的是显而易见的，就是想调和这两类服务体系，也从法律上保证了所有孩子的受保育权。“新法”对幼儿成长的第一社会环境——家庭也进行了界定：“父母或其他抚养者，对于子女的教育负有道德上的第一责任，努力养成其生活上良好的习惯，培育其自立心，使其能身心和谐地发展。”[②]“新法”还主张“为父母提供必要的学习机会或信息”，使家庭教育告别了父母只凭自身经验进行育儿的时代。[③]

瑞典的学前教育起步于20世纪初期。20世纪50年代以后，随着国内经济的发展和观念的转变，人们对学前教育提出了迫切要求。1968年，瑞典全国儿童保育委员会提交了著名的《学前学校》报告，主要包含两大块内容：一是把传统的以济贫和教育为主的两种儿童教育形式合并为一种统一的形式，一律称为“学前学校”；二是把过去按照1—3岁和4—6岁的儿童同年龄分班分组的做法，改为混龄分班分组，并把特殊儿童和普通儿童合并为一个班级，取消特殊学前教育机构，让不同年龄、不同发展阶段和不同特点的儿童共同游戏、共同学习。[④]1975年，瑞典正式颁布了《学前学校法》，要求地方政府进一步完善公立学前教育系统，市政府每年要为本市区所有6岁儿童提供至少525学时的免费学前教育，而特殊儿童学前教育更是重中之重。该法令强调应该为儿童提供发展性和促进性的活动，把照看和教育结合起来。1995年，瑞典又颁布新的法律，明确规定每个市政府都有义务为儿童提供学前学校教育，不得拖延或者拒绝。新法律的颁布表明了政府推动学前教育的决心。从1996年到1998年，瑞典对本国的学前教育进行了有史以来最重大的变革。1996年，瑞典把学前教育纳入正规教育体系，强调儿童早

---

①曹秀能等．当前日本幼儿教育改革的新动向[J]．幼儿教育（教育科学版），2006(2)．

②卢清．中外学前教育史研究．贵阳：贵州人民出版社，2008．

③李世宏，肖珍教．韩国政府采取措施推进学前ICT教育发展．早期教育（教师版）[J]．2007(7)．

④卢清．中外学前教育史研究．贵阳：贵州人民出版社，2008．

期学习对个人终身学习的重要意义，明确指出儿童和青少年的教育活动都是终身学习过程的有机组成部分，这些活动应该是一个连续且完整的整体。学前教育工作者应通过生活中常见的活动、游戏等方式对儿童进行教育，以促进其学习和个人发展方面的进步。瑞典还在行政管理上做出了重大的变革，学前教育的管理部门从国家卫生部与社会福利部转为教育与科学部。1998年用《教育法》代替《社会服务法》指导儿童的教育工作，国家教育署取代国家卫生与福利委员会，负责儿童教育的监管工作。1998年在进行行政管理改革的同时，瑞典正式颁布了全国统一的学前教育课程，推出国家学前教育课程的目的在于"为儿童创设一种平等、公平的高质量学前教育环境，从而提高义务教育之前的早期教育质量"①。

## 二、当代学前教育课程领域的改革

当代关于儿童的研究表明，幼儿时期是个人发展的关键时期，是终身教育不可逾越的阶段。教育的结构从根本上讲就是课程的结构，纵观学前教育的改革与发展史，可以明显地看出，学前教育课程的改革既是学前教育发展的核心与突破口，也是贯穿学前教育发展的主要脉络之一。因此，各国政府或幼儿教育的专业组织纷纷推出新的幼儿教育纲要或幼儿教育教学计划，着手进行幼儿教育课程的改革。

### （一）多样化的课程模式

关于课程模式，埃利斯·伊文斯认为：课程模式是某个宏大的教育方案中的基本哲学要素、管理要素与教学要素的理想性概括，它包含了内部连贯一致的陈述，这些概念性的表述描绘了这个教育方案为了达到预期的教育效果而设计的被预先假定是有效的理论前提、管理政策和教学过程。②也就是说，课程模式是指一个思维框架和一种组织结构，这个思维框架和组织结构决定了教育需要优先考虑的问题、管理政策、教学方法和评价标准。伯纳德·斯波德科则认为课程模式是对课程方案的理想化描述，这些课程方案被认为是可以在不同环境中被

①STAFFAN LUNDH. Pre-school in transition: Descriptive data on childcare, a national evaluation of Swedish pre-school, a summary of report 239[EB/OL]. http://www.skolverket.se. [2006-08-15].

②Evans, E.D.(1982). Curriculum Models. In B. Spodek(Ed.), *Handbook of Research in Early Childhood Education*. New York: Free Press, p.107.

复制或者进行仿效的。[①]美国幼儿教育的课程研究专家斯泰斯·戈芬认为课程模式是一个理论架构，总是和特定的发展理论联系在一起。她觉得不如用方案模式这个术语来替代课程模式，那样更能够增加课程开发的灵活性，让幼儿教育阶段课程的理论基础更广泛，而不是仅仅从心理学中吸取营养。以下将介绍当代西方学前教育的主要课程模式。

### 1. 蒙台梭利课程模式

蒙台梭利在幼儿教育中仍然有着广泛的影响，蒙台梭利课程模式在世界许多国家仍然可见。由于前面已有详细介绍，在此仅作简要叙述。

（1）蒙台梭利课程模式的理论基础。

蒙台梭利作为教育家，在日常工作中非常重视遗传素质和内在的生命力，她认为遗传是第一位的，儿童生命力的表现就是自发的冲动，正是这种内在的冲动促使儿童不断地发展；另一方面，蒙台梭利相信环境对儿童的发展起到重要的作用。她认为儿童的生命力不仅通过自发活动呈现和发展，还表现出不同的敏感期。

蒙台梭利认为儿童具有一种很强的、天赋的内在潜力和继续发展的积极力。儿童不是被动接受知识的空器皿，任凭成人和外界环境去填补和塑造。儿童的发展既不是成人所强加的，也不是由遗传得来的，而是“儿童利用他周围的一切塑造了自己”。蒙台梭利认为，儿童具有一种下意识的、不自觉的感受能力，在生命的头几年，通过他与环境、与周围成人的密切接触和情感的联系，积极从周围环境中获得各种印象和文化模式，成为他心理的部分内容。

（2）蒙台梭利课程目标、内容和方法。

蒙台梭利教育法的主要目标是帮助儿童发展出自发性的人格和养成一种独立、自信、自律、自足及自我管理的活动习惯。为达到上述目标，蒙台梭利认为，应该对3至6岁的幼儿进行以下四个方面的训练。

第一，肌肉练习。蒙台梭利认为肌肉练习不仅有益于健康，而且可以训练儿童动作灵活，具有适应周围环境的能力。她为“幼儿之家”安排的体育活动包括自由游戏、放风筝、滚铁环等，主张为儿童提供平行的木栅、摇椅、绳梯等。

---

①Spodek. B(1973) Early Childhood Education. Upper Saddle River, NJ: Prentice Hall. Cited in Goffin, S. G. , &Wilson, C. (2001).Curriculum Models and Early Childhood Education: Appraising the Relationship (2nded.). Upper Saddle River, NJ: Merrill/Prentice Hall, p.4.

第二，日常生活训练。训练幼儿自己穿脱衣服，清洗室内用具，饲养小动物等。这不仅对肌肉活动有良好作用，而且有利于幼儿独立性、意志力和合作精神的培养。

第三，感官训练。感官训练包括触觉、视觉、嗅觉、味觉等训练，蒙台梭利精心设计出一套由16种教具组成的训练器材。感官训练的直接目的是使儿童的感官敏锐，间接目的在于培养儿童观察、判断、辨别、比较、归类等能力，这也是为幼儿适应环境做准备。

第四，初级知识教育，包括认识周围事物、发展语言、阅读、计算、写字和唱歌等。在"幼儿之家"，写字的练习先于阅读的练习。她提出了循序渐进的写字五步骤，当幼儿掌握了文字书写的正确方法后，就转入阅读学习。阅读教学可分解为字形的识别和语音的辨别，首先通过触觉和听觉的训练让儿童分别掌握语音和文字符号，然后再通过游戏的方式综合训练。

蒙台梭利的课程组织以儿童的内在需要为出发点，要求必须观察儿童并充分了解他们。课程内容的组织以教具为中心，教具依据儿童各敏感期设计，其顺序性很清楚，不需成人指定，儿童只要照自己的进度去操作，不必按年龄计划，儿童可以根据自身能力来选择教具。

### 2. 海伊斯科普课程模式

海伊斯科普课程始于1962年，是由韦卡特等人发起的一项早期教育课程，是美国"开端计划"中第一批帮助贫困的学龄前儿童摆脱贫困的学前教育方案。海伊斯科普课程在发展的过程中将美术、音乐、运动和计算机运用等纳入课程，因此，海伊斯科普课程至今在全世界范围内得到推广和运用。

海伊斯科普课程的主要理论基础是皮亚杰的认知发展学说。它的设计者们认定，主动学习是儿童发展过程的核心。他们根据这一信念以及皮亚杰有关前运算阶段儿童最为重要的认知特征的论述，确定了49条关键经验，以此作为促进学前儿童发展课程中的评价指标，充分体现了儿童作为知识建构者的思想。

在海伊斯科普课程方案的实施中，一日活动的安排要考虑三个方面的事情，包含订计划、做、回忆这三个环节，帮助幼儿在这一过程中探究、设计和完成自己制定的计划，以及在学习过程中做出自己的决定；提供小组和集体、教师和幼儿、幼儿和幼儿、教师和教师等多种相互作用的方式;给幼儿提供自主活动的时间和在教师指导下活动的时间,包括室内活动、户外活动、参观旅行、在不同活动区的活动等等。若能对一日活动做较好的安排,就能给教师和幼儿提供一个多功能的结构。在此结构中,教师和幼儿都能充分发挥主动性和创造性。

海伊斯科普课程方案中,一日生活的每一个环节都能给幼儿提供不同的经验。

(1)计划时间——由幼儿决定在工作时间做什么。幼儿将计划告诉教师,教师帮助他们思考和充实计划,记录和帮助他们执行计划。

(2)工作时间——幼儿进行他们计划的项目和活动,对材料进行探究,学习新的技能,尝试不同的想法,把他们认为有意义的知识经验组合在一起。

(3)整理和收拾时间——幼儿将其未完成的作品收起来,并把工作时间用过的材料分类、整理和放回原处。

(4)回忆、吃点心和小组活动时间——几名幼儿与一位教师在一起,回忆和表述他们在工作时间的活动。在小组活动时间,幼儿运用教师选择和提供的材料进行活动,教师则根据特定的关键经验观察和评价幼儿。

(5)户外活动时间——除了对幼儿的健康有益之外,主要作用是使幼儿在户外尝试工作时间的想法。

(6)集体活动时间——给幼儿提供参与大组活动、交流和表达思想、尝试和模仿他人想法的机会。全体幼儿和教师聚集在一起,唱歌、自编动作表演歌曲、玩游戏、讨论问题。

### 3. 瑞吉欧教育课程体系

用“风靡全球”来形容意大利瑞吉欧幼教体系在当今世界学前教育界的地位丝毫不为过。它在学前教育学理念、方法和管理等方面建构了一整套独具特色、富有创意的体系,让学前教育的理论和实践工作者从不同的角度和立场都能感受到它的价值,而这些价值正是当今世界学前教育改革所关注的内容。

(1)瑞吉欧的教育特征。

瑞吉欧幼教体系依据学前儿童的生活经验和兴趣,来确定某一主题为中心并加以扩散,编制主题网络,将概念予以分化、放大,让幼儿通过自主学习实现主动探索概念内涵的教育目的。同时,瑞吉欧幼教体系还鼓励幼儿运用美术语言或其他符号表征系统,记录和表达他们的记忆、想法、语言、假设和情感,在探索世界和表达自我的过程中增长智慧和才干。

(2)瑞吉欧课程的目标、内容和方法。

该教育体系所追求的目标是儿童愉快、幸福、健康地成长,儿童的主动性、创造性被视为个体愉快、幸福、健康的前提与核心。瑞吉欧幼教体系颇具人文主义特色的课程目标是"让儿童更健康、更聪明、更具潜力、更愿学习、更好奇、更敏感、更具随机应变的适应能力,对象征语言更感兴趣、更能反省自己、更渴望友谊"①。

瑞吉欧没有明确规定课程内容,更没有固定的教材或预先设计好的教育活动方案,课程的内容来自周围的环境,来自儿童的日常生活、感兴趣的事物、现象和问题,来自他们的各种活动。除了围绕幼儿自己感兴趣的事物和问题开展研究("项目工作")外,儿童尤其是年龄小一些的孩子还从事许多其他活动:积木游戏、角色游戏、听故事、游戏表演、家务活动以及穿衣打扮等自主性很强的活动,还有许多如颜料画、拼贴画和黏土手工等等②。

瑞吉欧的课程与教学主要是以项目工作或项目活动的方式展开的。项目活动是瑞吉欧教育方案的灵魂与核心,指儿童在教师的支持、帮助和引导下,像研究人员一样,围绕某个大家感兴趣的"题目"("主题"或"课题")或认识中的"问题"进行研究、探讨,在共同的研究探讨中发现知识、理解意义、建构认识的课程组织形式。

项目活动主要采取小组活动的方式,有时也是个人或全班集体的活动③。活动实施一般可以分成三个步骤:第一,创设一个学习的班级环境;第二,制定一个适宜的研究方案(主题);第三,实施方案。活动着重于符号的呈现,以培养幼儿的智能发展,教师鼓励幼儿使用他们的表达性、沟通性、认知性语言来探索环境和表达自我。④

### (二)课程内容的广泛化

当前的学前教育课程改革,在内容的选择与呈现方面更加重视课程的广泛性。当代学前教育课程以幼儿素质的全面发展为基础,体现出摆脱知识传授与习得的倾向,力求使每一个幼儿的各个方面都得到发展。因此,当代学前教育课

①冯晓霞.幼儿园课程.北京:北京师范大学出版社,2000.

②冯晓霞.幼儿园课程.北京:北京师范大学出版社,2000.

③冯晓霞.幼儿园课程.北京:北京师范大学出版社,2000.

④刘华,时萍.几种课程模式的介绍与分析[J].早期教育,2002(8).

程开发的内容不局限于课程某一方面教育功能的实现，而是将课程的功能广泛化，强化不同领域教育目标的综合化，以促进幼儿的全面发展。

课程内容的广泛化是当代课程的一个显著特征。按照《3—6岁儿童学习与发展指南》的规定，课程内容涵盖了语言、社会、数学、科学、健康、文化、应用、音乐、舞蹈、美术、体育、技能、情感等，体现出了最大的广泛性。以幼儿园的主题教学活动为例，为了保证课程内容的广泛性，教师在设计课程时，一般会围绕一个主题将丰富多彩的内容以综合课程的形式，把知识和能力有机地统一起来。在活动的具体实施过程中，幼儿园教师应当遵循以下基本原则：

(1)主题要直接和儿童的真实生活经验联系起来；

(2)要重视儿童的实践，在整个主题的教育过程中，教师要努力帮助儿童形成与主题相关的多种概念；

(3)凡是与主题相关的各种知识，教师要通过幼儿活动和积极提问来教给儿童；

(4)每位儿童都有不止一次和用多种方法接触同一内容的机会；

(5)在某些时刻，主题可以是几个课程领域的综合；

(6)每个主题都可以根据儿童所表现出来的兴趣和理解程度加以删减或修改。

# 第三节 当代西方学前教育发展的趋势

## 一、学前教育民主化

20世纪中叶以来，随着社会的不断发展与科学技术的日益进步，教育民主化逐渐成为世界各国制定教育政策与发展方针的重要出发点和归宿。与此向时，学前教育作为终身教育的奠基阶段，学前教育民主化问题引起了社会的关注，也被提到议事日程上来，成为世界学前教育改革与发展的主要趋势。

### （一）对环境不利儿童的早期补偿教育

在教育民主化浪潮的推动下，从学前教育开始，让不同种族、阶层、文化背景的儿童能够都有接受教育的机会，是世界各国共同追求的理想。许多国家根据《儿童权利公约》的基本精神和本国的具体情况，通过立法的形式确立了学前教育的地位，在发达国家甚至出现了把学前教育纳入义务教育体系的倾向。如美国1985年9月规定，5岁儿童的教育纳入公立学校教育中。这一规定使得全国90%以上的5岁儿童进入学校的幼儿班接受学前教育。法国政府规定，学前教育与初等教育处于同一系统，属于初等教育的准备性教育。自20世纪80年代初开始，法国的4岁和5岁儿童的入园率已达到100%。其他一些发达国家，如比利时、英国等，也已经将学前教育作为一种不完全意义上的义务教育实施。

20世纪60年代，发达国家出现了教育民主化的呼声，这为解决环境不利儿童的受教育问题带来了希望和新的契机。美国从1965年开始实施的、旨在为贫困儿童和少数民族儿童提供补偿教育的“开端计划”影响最大，这一计划是在当时民权运动的推动下出台的，目的在于通过对贫困家庭的幼儿进行早期补偿教育，使这些家庭走出代代贫穷的恶性循环。

20世纪70—80年代，许多发达国家把教育民主化作为一切教育政策的出发点和归宿。1982年，法国制定了“优先教育区”政策，以对地理位置和社会处境不利的儿童给予更大的帮助。

### (二)改革课程与教学，努力实现教育过程的公平性

教育民主化、教育机会均等即教育公平。瓦特认为，公平的观念是20世纪以来最重要的改革之一。它对教育制度的影响，是要求教育公平，即要求教育机会的均等化。教育机会均等已经成为20世纪后期世界各国教育改革的动向。教育机会均等的概念，随着社会和教育的发展，随着研究者的不断探讨和各国的积极努力而逐渐发展，由最初的入学机会均等，扩展到教育选择的自由、“资源分配的公平”，再延伸到教育过程的平等，重视个人潜能的充分发挥等。近年来，在努力实现入学机会、资源分配等方面的公平之外，人们的注意力又开始转向教育过程的公平，并尽量采取更积极的方式来保证它的实现。所以，有些国家除实行贫困学生免费教育、提供助学金之外，也注意到一般儿童的膳食供应、健康检查、疾病治疗、免费供应书籍和服装等各种福利服务。同时，通过制定、颁布各种有关的教育法令，要求教育机构积极地推行教育改革，力求保障每个儿童获得同等的发展机会。例如，日本1998年12月颁布的《幼儿教育要领》中，强调个性化教育，要求一定要面向每个幼儿的实际需要，根据家庭以及地区的实际情况进行有针对性的教育，并将“适应每个幼儿不同的个性特点和幼儿发展的课题”列为幼儿教育的原则。新西兰的幼儿教育课程文件中明确规定，“要让每个幼儿有平等的学习机会，不应因性别、能力、年龄、种族及其背景等而受到歧视”。美国国家课程标准特别强调教育要关注每一个学生。如《国家科学教育标准》中规定：“科学是面向所有小学生的……不问其年龄、性别、文……化背景或族裔背景，不论他们患何残疾、有无志向，也不管他们对学科怀有什么兴趣、受到什么激励，都应该有机会接受科学教育以使自己具有高度的科学素养。”其他各科标准中都无一例外地强调教育的公平性，例如，《国家艺术教育标准》中也强调：“艺术教育是为全体学生的：不论其背景、天赋或残疾，都有权享受艺术教育及其提供的丰富内容。学生在各种艺术中有能力的差异，但是差异不等于没有资格。”

## 二、学前教育一体化

20世纪90年代以来，随着科学技术的快速发展和社会对学前教育要求的不

断提高,世界各国越来越倾向于将学前教育放在终身教育和全球化社会的背景下来思考。在这种背景下,“托幼一体化”“幼小一体化”和“幼儿园、家庭和社会一体化”开始成为世界学前教育变革和发展的趋势。

### (一)幼小一体化

1972年,联合国教科文组织在《学会生存——教育世界的今天和明天》中提出了终身学习和教育社会化的观点,为学前教育的变迁和发展指明了方向。自20世纪70年代中期开始,人们开始关注托幼衔接、幼小衔接以及幼儿园与家庭、社区的合作等问题,使学前教育得到快速的发展。

美、英等国主要采取教育体制改革和机构调整等措施来加强“幼小一体化”。美国从1985年开始把5岁儿童的教育纳入学校教育体系,目前正致力于把4岁儿童的教育也纳入学校教育的计划。1996年出台的美国国家科学教育标准,也将幼儿园至高中的科学课程一体化。法国20世纪90年代颁布的《教育法实施条例》将2—11岁的儿童分为两个阶段,每个阶段由几个年龄层构成:第一阶段称为“前学习阶段”,包括幼儿园的小班和中班;第二阶段称为“基础学习阶段”,包括幼儿园的大班和小学一、二年级;第三阶段称为“巩固学习阶段”,包括小学的最后两个年级。英国的学前教育机构包括幼儿园、小学中的幼儿班以及预备班,招收5岁前的幼儿,其初等教育分为两个层次:幼儿学校招收5—7岁儿童,小学招收7—11岁儿童。瑞士通过让4—8岁的儿童(即幼儿园小、大班幼儿和小学一、二年级的学生)同在一所学校学习来解决幼小衔接问题。荷兰则把4—7岁儿童的教育合计为统一体制,取代幼儿园和小学分立的制度。

多数国家采用教师资格互换、幼教机构和小学合作等措施来加强幼小衔接,谋求两者的一体化。日本从1990年开始在全国小学低年级开设以儿童游戏和儿童自主获得直接经验为主要学习方式的综合课程——生活课,以减缓两个教育阶段的坡度。2001年,日本文部科学省颁布《幼儿教育振兴计划》,提出了“促进幼儿园教师和小学教师资格证通用”的主张。此外,美国、澳大利亚、法国等也采取了幼儿园教师和小学教师共同培养、资格互换等措施来促进“幼小一体化”。

### (二)幼教机构与家庭、社区的合作

在充分利用家庭、社区资源为幼教机构服务的同时,世界各国的幼教机构也开姑倡导和实践走向社会的、开放的、与社会融合的幼儿教育,提高为幼儿、家长和社会服务的意识。

(1)为0—6岁幼儿提供保教整合的服务。近年来,早期儿童保育和早期儿

童教育这两个具有不同含义而又相互关联的词语，开始被“早期儿童保育和教”这一整合性词语所替代。[①]此外，另一个融合保育和教育的新词“保教”也开始形成。自20世纪90年代后期以来，一些国家开始改革幼儿教育的管理体制，以促进保教的整合。

（2）为家长提供更优质的教育服务。各国的幼教机构都重视和家长建立良好的家园联系，通过“家长开放日”，使用“家长手册”和“家长通知栏”，定期发放“幼儿园通讯”等，让家长了解幼儿的在园表现。为了满足家长对幼教机构的需求，很多国家都采取了灵活多样的办园形式，如全日制、半日制、寄宿制、短时保育、夜间保育、临时保育、延时保育等形式。此外，幼教机构还与社区合作、通过多种途径为家长提供支持和帮助，向家长发放幼教信息资料，举办家长培训班，组织家长与幼教专家交流，寻求政府对家庭教育的支持等。

（3）为社区提供力所能及的服务。很多国家的幼教机构在做好本职工作的同时，成立“社区儿童保育和教育中心”，将幼儿教育推广到社区中的每一个家庭。具体做法包括：首先，开放幼教机构，根据社区居民的需要，为未进入幼教机构的幼儿提供短时保育、夜间保育、节假日保育等；其次，提高社区居民的教育能力，为社区居民开展育儿咨询活动，开设专题讲座，在考虑幼儿最佳利益的基础之上解决社区居民育儿面临的实际问题。

## 三、学前教育个性化

学前教育个性化，是指学前教育的实施不仅要因人而异，而且要因地而异，充分适应每个幼儿身心发展特点，促进其健康成长。

日本的幼教大纲强调个性化教育，要求一定要面向每个幼儿的实际需要，根据家庭以及地区的实情开展创造性的、选择性的、多样化的教育，将“根据每个幼儿发展的特点进行指导”列为幼教的三大原则之一。

美国早期教育协会将能否“尊重每一个儿童学习和发展的权利”作为衡量幼教机构质量的标准之一，提出“所有儿童和家庭都应得到高质量的、适宜的发展服务”，“每一个儿童都是有自己的人格、学习方式和家庭背景以及个人的成长类型和进度的独特个体”。教育必须尊重差异，有效地去培养“每一个”，而不仅仅关注那些处境优越的幼儿。由此，美国国家课程标准面向从幼儿到高中的所有儿童，特别强调了教育要关注每一个学生，进而提出了个性化课程。这种课程要

①朱家雄.幼儿园课程.上海:华东师范大学出版社,2003:293.

求把儿童看成一个个体，而不是一个同年龄的群体。学前教育必须一切从实际出发，用新的方式去对待差异化发展的儿童，做到因材施教。这意味着教育要尊重儿童，教育者要用发展的态度看待他们的各种能力，重视其家庭、文化、社会以及以往的生活经历、知识经验和现实环境对他们的影响。①

芬兰学前教育计划是以儿童的发展水平或兴趣为出发点来设计教育内容的，教师以每个儿童的兴趣爱好、已有的知识经验、特殊才能、家庭背景和班级儿童数、社区环境为基础，来设计长远教育计划，以每位幼儿现有的发展水平和心理需要为基础来设计每日计划。②

在澳大利亚，专家要求幼儿教师在一日活动的各个环节，特别是入园、离园时，要从儿童的角度思考问题，向他们点头微笑，和他们亲切交谈，拥抱他们，重视与每个儿童进行个别谈话。幼儿园课程目标的确定、课程内容的选择、课程的实施等均要求考虑到儿童的个性特点。③

在新西兰，教师在编制幼儿园课程时，要满足每个儿童在某一特别方面、特别时间、特别地点、特别的一天或特别的发展水平的特别需要，儿童年龄越小，越容易加大课程的变化性和个体性的力度。④

## 四、学前教育多元化

为了推动学前教育的发展，世界各国都灵活运用各种策略，积极创造条件，促进学前教育多元化发展。

### （一）多元化的学前机构

美国主要有托儿所、儿童保育中心、幼儿园、学前班、蒙台梭利学校、早期补偿教育中心等；英国主要有幼儿学校、幼儿班、日托中心、游戏小组、幼儿保育学校等；德国学前教育机构主要有普通幼儿园、学校附设幼儿园、学前班、特殊幼儿园等；瑞典主要日托中心、托管中心、学前教育中心、家庭日托、儿童护理中心、公园游戏场所、玩具图书馆等；澳大利亚有学前教育中心、儿童保育中心、家庭日

---

①Kostelnik. M. Sokerman. A. & Whiren, A. (1993).Developmentally appropriate program in early childhood education. New York, NY: Merrill.

②Mikko Ojala and Martti T. Kuikka, Early Childhood Education in Finland, Garland Publishing, 1992, p193.

③N EDINE L. Mccrea and Barbara Piscitelli, Handbook of High Quality Criteria for Early Childhood Programs, Brisbane College of Advanced Education, School of Early Childhood Studies, 1990, p.11-13.

④Weaving Patterns: Developing National Early Childhood Curriculum Guidelines in Aotearoa ——New Zealand, AECA Australian Journal of Early Childhood, Volume 19—Number 1, March 1994, p.30.

托、游戏小组等。多元化的学前教育机构，满足了社会不同层次的需要，也促进了学前教育的不断发展。

### (二)多元化的学前课程

在美国，教师给儿童提供多元文化课程，一般通过在课堂上讨论来培养并促进儿童潜能的充分发展。教师要尽量保证所使用的教具(书籍、玩具等)能反映多元文化的要求。[①]澳大利亚幼儿园的多元文化课程，要求儿童能了解本国文化和别国文化，对本国文化有自豪感，意识到每个国家的文化背景虽然不同，但都是平等的，使儿童学会理解和尊重各国儿童的独特性。[②]瑞典是一个多民族国家，为了保证来自不同文化背景的儿童能够接受到适当的学前教育，瑞典采用了两条措施：第一，对教师进行双语培训，使他们更好地为外来文化背景的儿童服务，促进儿童之间的交往；第二，在学前教育机构中，为学前儿童提供使用多种语言的教育机会，让幼儿自己选择使用哪种语言，每周受训4小时。[③]丹麦学前教育机构不仅给移民儿童安排同种语言的教师和教育辅助人员，还专门为移民儿童培训教师，使教师了解不同国家的文化，会讲不同国家的语言。法国也把发展多元化课程作为未来学前教育的努力方向。

## 五、学前教育现代化

学前教育现代化主要体现在学前教育内容的现代化和学前教育手段的现代化，主要内容如下。

### (一)学前教育内容的现代化

1. 多元文化教育。随着我国与世界各国的政治、经济、文化、体育等各方面的交往日益频繁，每个人都需要了解世界。幼儿园通过精心设计课程内容，让幼儿了解世界各国的文化传统、风俗习惯、价值观念等，使幼儿接触多元文化，初步培养对国家和社会的责任感。

2. 环境保护教育。随着工业社会的飞速发展，大气污染、土壤污染、水源污染等各种环境问题也不断出现，需要唤醒人们的环保意识。幼儿园通过课程向幼儿实施环境保护教育，可以使他们初步了解人与自然、人与环境的关系，了解

①严仲连，陈时见.美国幼儿园课程的改革及启示[J].长沙:学前教育研究，2000(6).

②李生兰.比较教育学.上海:华东师范大学出版社，2000.

③李生兰.比较教育学.上海:华东师范大学出版社，2000.

环境污染的危害，培养幼儿保护环境的意识。

3. 相互协作教育。相互协作的能力对儿童未来的生活和工作都有非常重要的意义。因此，在幼儿园通过课程对幼儿进行相互协作的教育，就是要从小培养他们相互协作的技能、乐于合作的态度、善于合作的能力，发展幼儿的社会性。

### （二）信息技术在幼儿园得到普及

信息技术在幼儿园的广泛运用，应该说是当今学前教育现代化的显著表现。在美国，所有的幼儿园都普及了电脑并有专业电脑教师，学前儿童在键盘和鼠标前“触摸未来”。同意孩子们玩电脑的家长认为，玩电脑可以培养孩子“认识世界的逻辑能力”[①]。因此，美国不仅在幼儿园里提供电脑，社区也为儿童提供电脑，儿童可以在社区里边活动边玩电脑。英国的幼儿园为了使儿童学得轻松愉快，取得好的教育效果，比较重视运用信息技术辅助教学，班级多备有电脑等电子产品，儿童可以任意使用。加拿大为幼儿园到12年级的儿童开设的“虚拟学校”课程已非常普遍，儿童不再需要每天到学校接受教育。芬兰政府1995年公布了第一个国家教育信息战略，购买设备建立网络；1999年强调提高网络的质量，教育部专家小组在2000—2004年教育信息战略实施大纲中提出，到2004年，至少要有一半以上的教师掌握最先进的信息教学技术；同年秋季，于韦斯屈大学信息技术学院开发出名为“远方”的虚拟学校，每周提供1小时的即时语音和画面教学，为长期脱离母语环境的儿童提供学习母语的机会。[②]法国、澳大利亚、瑞典也都把计算机、网络等纳入了学前教育规划。

## 【小结】

当前世界各国的竞争归根结底是教育的竞争，学前教育作为学校教育和终身教育的奠基阶段，其改革已在世界各国取得一定的成就，并沿着健康的方向发展，但要赶上社会发展的步伐，还需要不断创新和努力，学前教育的改革与发展也势在必行。西方各国为适应日益频繁的联系和交往趋势，普遍重视多元文化背景下学前教育的改革与发展，提倡在学前教育阶段开始多元文化教育，对教师和教学提出了更高的要求，即教师在组织各种教学活动时，应教育儿童尊重所有的人及文化，尊重来自不同文化背景的儿童，促使他们同来自不同文化背景的幼儿愉快交往；教师所使用的教具（玩具、音乐、书籍等）能反映多元文化的要求。

---

①洪国伦. 知识经济的呼唤:科学启蒙教育[J]. 教育导刊（幼儿教育版），1991(1).

②Mikko Ojala and Martti T. Kuikka, Early Childhood Education in Finland, Garland Publishing, 1992, p.198.

## 真题模拟

1. 日本第一部《幼稚园令》制定于(　　)

A.1861 年　B.1890 年　C.1912 年　D.1926 年

2. 第二次世界大战后德国学前教育机构的主要类型之一是(　　)

A. 开端计划　B. 母育学校　C. 游戏场　D. 白天的母亲

3. 皮亚杰认为,儿童教育的根本和主要任务是发展(　　)

A. 身体　B. 道德　C. 智力　D. 审美能力

**思考与练习**

简评蒙台梭利的感官教育论。

参考答案

# 参考文献


[1]舒新城.中国近代史资料(上册).北京:人民教育出版社,1961.

[2]张焕庭.西方资产阶级教育论著选.北京:人民教育出版社,1964.

[3]王充.论衡.上海:上海人民出版社.1974.

[4]杨中新.王充的胎教思想.人口学刊,1981(2).

[5](英)洛克.傅任敢译.教育漫话.北京:人民教育出版社,1983.

[6](法)卢梭.李平沤译.爱弥儿.北京:商务印书馆,1983.

[7]中央教育科学研究所.中华人民共和国教育大事记1949—1982,北京:教育科学出版社,1984.

[8]张沪.张宗麟幼儿教育论集.长沙:湖南教育出版社,1985.

[9]梅根悟.世界幼儿教育史(上册).长春:吉林人民出版社,1986.

[10]中国学前教育史编写组.中国学前教育史资料选.北京:人民教育出版社,1989.

[11]国家教育委员会基础教育司.幼儿园管理工作法规文件选编,长沙:湖南师范大学出版社,1989.

[12](德)福禄贝尔.孙祖复译.人的教育.北京:人民教育出版社,1991.

[13]夏之莲等译.裴斯泰洛齐教育论著选.北京:人民教育出版社,1992.

[14]王天一,夏之莲,朱美玉.外国教育史.北京:北京师范大学出版社,1993.

[15]唐淑,钟昭华.中国学前教育史.北京:人民教育出版社.1993.

[16]张斌贤,褚宏启等.西方教育思想史.成都:四川教育出版社,1994.

[17]潘国琪,张继昌.恽代英的教育思想简论.杭州大学学报,1996(4).

[18]丁湘.试述民族幼儿现代公育的发展历程.民族教育研究,1998(4).

[19]杨汉麟,周采.外国幼儿教育史.南宁:广西教育出版社.1998.

[20]中国学前教育研究会.中华人民共和国幼儿教育重要文献汇编,北京:北京师范大学出版社,1999.

[21](意)蒙台梭利.金晶,孔伟译.童年的秘密.北京:中国发展出版社,2003.

[22]黄仁贤.中国教育史.福州:福建人民出版社,2003.

[23]孙培青.中国教育史.上海:华东师范大学出版社,2003.

[24]孙玲.王守仁的儿童教育思想及其现实意义.太原教育学院学报,2005(s1).

[25]于开莲.张宗麟的社会领域课程建构思想述评.幼儿教育(教育科学版),2006(5).

[26]谭敏,范怡红.西方当代全人教育思想探析.外国教育研究,2006(9).

[27]魏彦红.卢梭自然教育观的发展及其影响.陕西教育学院学报,2006(2).

[28]何梦焱.英美早期语言学习标准化运动及其对我国的启示.学前教育研究,2007(9).

[29]周采.外国教育史.上海:华东师范大学出版社, 2008.

[30](古希腊)柏拉图著,顾寿观译.理想国.长沙:岳麓书社,2010.

[31]杨汉麟.外国幼儿教育史.北京:人民教育出版社,2011.

[32]杨汉麟.外国幼儿教育名著选读.武汉:华中师范大学出版社,2010.

[33]杜成宪,单中惠.幼儿教育思想史.北京:人民教育出版社,2010.

[34]贺国庆,于洪波,朱文富.外国教育史.北京:高等教育出版社,2011.

[35]胡金平,周采.中外学前教育史.北京:高等教育出版社,2011.

[36]蔡东霞等.瑞吉欧方案教学的特点及其对我国幼儿教育改革的启示.教育探索,2011(10).

[37]刘生龙.中国古代教育的那些事.北京:国家行政学院出版社,2012.

[38]徐宝良.中外学前教育史.北京:教育科学出版社,2012.

[39]陈文华.中外学前教育史.北京:科学出版社,2012.

[40]王莉娅,麦少美.中外学前教育史.北京:高等教育出版社,2012.

[41]刘新科.外国教育史.武汉:武汉大学出版社,2012.

[42]张斌贤.外国教育史.北京:教育科学出版社, 2012.

[43]史静寰,周采.学前比较教育.大连:辽宁师范大学出版社,2013.

[44]明翠翠.张雪门幼儿教育思想及其当代意义.山东师范大学硕士学位论文,2013.

[45]吴式颖.外国教育史教程.北京:人民教育出版社,2014.

[46]郑晓沧译.柏拉图论教育.北京:人民教育出版社,2014.

[47](古希腊)亚里士多德,吴寿彭译.政治学.北京:商务印书馆,1958.

[48]田景正,杨佳.中外学前教育史.北京:北京师范大学出版社,2015.

[49]何晓夏.简明中国学前教育史.北京:北京师范大学出版社,2015.

[50]郑健成.学前教育学.上海:复旦大学出版社,2015.

[51]郭法奇.外国学前教育史.北京:北京大学出版社,2015.

[52]周采,杨汉麟.外国学前教育史.北京:北京师范大学出版社,2015.

[53](英)葛怀恩,黄汉林译.古罗马的教育:从西塞罗到昆体良.北京:华夏出版社,2015.

[54]张建琴,单智伟.张履祥的教育思想与当代大学生的德育培养.嘉兴学院学报,2016(5).

[55]马睿.王守仁的儿童教育思想及其启示.开封教育学院学报,2016(8).

[56]单中惠.西方教育思想史.北京:中国人民大学出版社,2017.